高等职业教育（本科层次）财经商贸类专业系列教材

国际贸易实务

International Trade Practice

主　编　刘　红
副主编　顾莉莉
参　编　朱　简　王　莎　何有良

本教材基于国际贸易实践对人才的基本素质和专业技能要求编写，紧跟国际经济与贸易领域的新发展，力求满足社会对国际贸易技能型人才培养的需要。

本教材秉承理论与实践一体化的教学理念，共分为四篇。第一篇为国际贸易基础，第二篇为国际贸易惯例及术语，第三篇为国际货物贸易合同条款，第四篇为国际货物贸易合同的签订与履行。本教材力求做到结构清晰、文风简洁、内容翔实丰富。

本教材内容新颖，紧跟行业发展动态，能有效地帮助读者掌握国际贸易业务所需要的知识和技能，可供职业教育本科、应用型本科和专科院校的国际经济与贸易专业及相关财经商贸类专业的学生使用，也可供国际贸易从业人员参考使用。

本教材每章配备学习目标、导入案例、导入案例分析、本章小结、思考与练习以及小资料等内容，还配备了教学电子课件和思考与练习的答案等学习资料。

图书在版编目（CIP）数据

国际贸易实务 / 刘红主编. —北京：机械工业出版社，2021.8（2025.7 重印）
高等职业教育（本科层次）财经商贸类专业系列教材
ISBN 978-7-111-68665-1

Ⅰ. ①国… Ⅱ. ①刘… Ⅲ. ①国际贸易—贸易实务—高等职业教育—教材 Ⅳ. ①F740.4

中国版本图书馆 CIP 数据核字（2021）第 132675 号

机械工业出版社（北京市百万庄大街22号 邮政编码100037）
策划编辑：孔文梅　　　　　责任编辑：孔文梅　董宇佳
责任校对：王　欣　史静怡　封面设计：王　旭
责任印制：常天培
河北虎彩印刷有限公司印刷
2025 年 7 月第 1 版第 3 次印刷
184mm×260mm・15.25 印张・381 千字
标准书号：ISBN 978-7-111-68665-1
定价：49.80 元

电话服务　　　　　　　　　　网络服务
客服电话：010-88361066　　　机　工　官　网：www.cmpbook.com
　　　　　010-88379833　　　机　工　官　博：weibo.com/cmp1952
　　　　　010-68326294　　　金　书　网：www.golden-book.com
封底无防伪标均为盗版　　　　机工教育服务网：www.cmpedu.com

Foreword 前 言

加入WTO（世界贸易组织）以来，我国的涉外经济与贸易活动一直很活跃，然而当前国际贸易的外部环境严峻复杂，从业人员需要拥有正确的人生观、价值观、世界观，掌握国际贸易知识和技能，在国际经济贸易活动中正确贯彻我国对外贸易的方针政策和企业自身的经营意图，确保获得最佳经济效益，成为按国际规范办事的外贸人才。

高等学校人才培养是育人和育才相统一的过程，为了解决好专业教育和思政教育有机结合的问题，需要注重新时代课程思政的构建。根据这一指导思想，本教材编写融入了国际贸易专业和行业领域的国家战略、法律法规和相关政策，注意引导学生关注我国经济贸易领域的热点问题，科学合理地拓展专业课程教材的广度和深度，从教材所涉国内或国际、文化、历史、行业等角度，提升教材的引领性、时代性和开放性，努力构建科学合理的课程思政体系。

2019年年底，教育部印发了《职业院校教材管理办法》，对职业教育的教材做出了产教融合的顶层设计，要求专业课程教材充分反映产业发展最新状况，对接行业、产业发展趋势和市场需求，突出理论和实践相统一的特征，强调实践性和创新性。本教材在编写过程中，积极与外贸企业合作，所使用的外贸单据都来源于真实企业，案例多改编于真实事件。同时，注意紧跟国际贸易实践和国际贸易规则的发展，及时对相关内容进行更新和补充，增加了跨境电子商务、市场采购等外贸新业态内容的编写，充分体现了产教融合的元素。

本教材共分为四篇。第一篇"国际贸易基础"，主要对国际贸易的概念、特点、分类、流程及国际贸易方式进行了介绍，使学习者初步了解国际贸易；第二篇"国际贸易惯例及术语"，介绍了当前国际贸易适用的法律、惯例以及《2020年国际贸易术语解释通则》，帮助学习者掌握最新的国际贸易惯例及术语的相关知识；第三篇"国际货物贸易合同条款"，主要介绍国际货物贸易合同条款的相关知识；第四篇"国际货物贸易合同的签订与履行"，主要介绍贸易合同签订与履行过程中的注意事项和相关知识。本教材系统地介绍了国际货物贸易涉及的相关知识点，每章还配备学习目标、导入案例、导入案例分析、本章小结、思考与练习以及小资料等内容，帮助学习者在明确学习目标的基础上，通过导入案例进入学习情境，循序渐进地掌握相关知识要点，同时通过小资料拓展知识领域，最后通过思考与练习检验学习效果，达到学习目标。

本教材由南京工业职业技术大学刘红担任主编，南京工业职业技术大学顾莉莉担任副主编。具体分工为：南京工业职业技术大学刘红编写第二、五、八、九、十、十一、十三、十四章，南京工业职业技术大学顾莉莉编写第六、七章，浙江义乌工商职业技术学院朱简编写第三、四章，南京工业职业技术大学王莎编写第十二章，广西职业师范学院何有良编写第一章。本教材由刘红进行统稿、定稿。

在此对向本教材编写提供帮助的南京锐意国际贸易有限公司业务总管李会会女士、广西福斯派环保科技有限公司销售总监赵将先生表示感谢。同时，也对南京工业职业技术大学商贸学院院长阮晓文、副院长朱玉赢和毕甫清老师、广银芳老师给予的帮助表示感谢。由于时间仓促，加之编者水平有限，书中不妥和疏漏之处在所难免，恳请广大读者批评指正。

为方便教学，本教材配备电子课件等教学资源。凡选用本教材的教师均可登录机械工业出版社教育服务网（www.cmpedu.com）下载。咨询电话：010-88379375；服务QQ：945379158。

编 者

Contents
二维码索引

序号	微课名称	二维码	页码	序号	微课名称	二维码	页码
1	跨境电子商务的形成与发展		21	10	海运货物保险条款		113
2	国际贸易术语的发展		42	11	佣金的计算与支付		124
3	国际贸易术语——FOB		51	12	汇票的填制		135
4	《2020 年通则》对《2010 年通则》的改变		54	13	进出口货物报关报检		168
5	品质的表示方法		61	14	从疫情解读不可抗力		179
6	运输标志的设计		69	15	交易磋商		190
7	班轮运费的计算		78	16	出口履约流程		206
8	海运提单		85	17	进口履约流程		224
9	货物海运中的风险及损失		98				

目 录

前言

二维码索引

第一篇　国际贸易基础

第一章　国际贸易概述 2
第一节　国际贸易的概念和特点 2
第二节　国际贸易的分类 3
第三节　国际货物贸易的流程 5
思考与练习 6

第二章　国际贸易方式 7
第一节　一般贸易 8
第二节　经销与代理 8
第三节　寄售与展卖 11
第四节　拍卖与招标投标 13
第五节　加工贸易 16
第六节　对销贸易 17
第七节　期货交易 19
第八节　市场采购 20
第九节　跨境电子商务 21
思考与练习 27

第二篇　国际贸易惯例及术语

第三章　国际贸易适用的法律与惯例 32
第一节　国际贸易适用的法律与惯例概述 32
第二节　国际贸易惯例的性质、特点和作用 36
思考与练习 40

第四章　国际贸易术语 42
第一节　贸易术语概述 42
第二节　《2020 年通则》对贸易术语的解释 44
思考与练习 55

第三篇　国际货物贸易合同条款

第五章　国际货物贸易合同的标的 60
- 第一节　合同中的品名、品质条款 60
- 第二节　合同中的数量条款 64
- 第三节　合同中的包装条款 67
- 思考与练习 72

第六章　国际货物运输 76
- 第一节　国际货物运输方式 76
- 第二节　国际货物运输单据 84
- 第三节　合同中的装运条款 90
- 思考与练习 94

第七章　国际货物运输保险 97
- 第一节　海上货物运输保险承保的范围 98
- 第二节　我国海洋运输货物保险 103
- 第三节　英国伦敦保险协会海运货物保险 107
- 第四节　其他运输方式下的货运保险 110
- 第五节　合同中的保险条款和我国货运保险实务 113
- 思考与练习 118

第八章　进出口商品的价格 121
- 第一节　影响进出口商品价格的因素 121
- 第二节　作价方法与计价货币的选择 122
- 第三节　佣金与折扣 124
- 第四节　进出口商品价格核算 126
- 第五节　进出口合同中的价格条款 129
- 思考与练习 131

第九章　国际货款的支付 134
- 第一节　票据 134
- 第二节　汇付和托收 140
- 第三节　信用证 146
- 第四节　各种支付方式的选用 157
- 第五节　进出口合同中支付条款实务 158
- 思考与练习 161

第十章 进出口商品的检验 ... 164
- 第一节 进出口商品检验的意义和作用 ... 164
- 第二节 进出口商品检验的时间和地点 ... 166
- 第三节 进出口商品检验机构 ... 167
- 第四节 我国进出口商品检验的程序、内容、方法和标准 ... 168
- 第五节 我国进出口商品检验证书 ... 171
- 第六节 进出口商品检验条款的订立 ... 173
- 思考与练习 ... 174

第十一章 国际货物贸易争端与处理 ... 177
- 第一节 索赔 ... 177
- 第二节 不可抗力 ... 179
- 第三节 仲裁 ... 181
- 第四节 贸易争端解决机制 ... 182
- 思考与练习 ... 185

第四篇 国际货物贸易合同的签订与履行

第十二章 国际货物贸易合同的签订 ... 190
- 第一节 交易磋商 ... 190
- 第二节 合同的签订 ... 196
- 思考与练习 ... 202

第十三章 国际货物贸易出口合同的履行 ... 206
- 第一节 落实信用证 ... 206
- 第二节 备货和检验 ... 209
- 第三节 租船订舱、投保、报关和装运 ... 211
- 第四节 制单结汇 ... 213
- 思考与练习 ... 220

第十四章 国际货物贸易进口合同的履行 ... 224
- 第一节 开立信用证 ... 224
- 第二节 办理运输与保险 ... 225
- 第三节 审单和付款 ... 227
- 第四节 进口报关、验收和拨交 ... 227
- 第五节 进口索赔 ... 228
- 思考与练习 ... 230

参考文献 ... 233

Passage 1

第一篇

国际贸易基础

第一章 国际贸易概述

Chapter One

学习目标

- ▲ 了解国际贸易的发展历程
- ▲ 掌握国际贸易的分类
- ▲ 掌握国际贸易的概念、特点
- ▲ 了解国际货物贸易进出口基本流程

导入案例

我国某家具加工厂需要从加拿大 A 公司进口价值 1 亿元的橡木。按照德国 B 公司的要求进行加工后向欧盟出口家具产品。你作为该加工厂负责商品进出口业务的主管,在与国外原材料出口企业和商品进口企业签订贸易合同前,要考虑哪些问题?

第一节 国际贸易的概念和特点

国际贸易起源于奴隶社会,由于当时的生产力水平低,国际贸易交易量有限,交易的商品主要是奴隶和供奴隶主消费的奢侈品。到了封建社会,随着社会经济的发展,国际贸易也有所发展,同时期的地理大发现也大大推动了国际贸易的发展。随着资本主义生产方式的产生,特别是第一次工业革命以后,由于生产力迅速提高,商品生产规模不断扩大,国际贸易迅速发展,并开始具有世界规模。第二次世界大战后,国际贸易进一步扩大和发展,美国成为国际贸易中的头号大国。随着生产的社会化、国际化程度的不断提高,特别是新一轮科技革命带来的生产力的迅速发展,当前国际贸易在世界各国/地区的经济发展中都具有举足轻重的地位。

一、国际贸易的基本概念

贸易(Trade)是买卖或交易行为的总称,通常是指以货币为媒介的一切交换活动或行为。柯林斯 COBUILD 高级英语词典中对 Trade 一词的英文解释是:"Trade is the activity of buying, selling, or exchanging goods or services between people, firms, or countries." "贸易"一词来源于《商君书·开塞》所述的"二者名贸实易,不可不察也"。贸易从交易活动的范围角度,可按照地域划分为国内贸易和国际贸易。

1. 国内贸易

国内贸易(Domestic Trade),是指发生在国家地域范围之内的各种贸易活动、贸易关系的总和,它既以实物贸易为主体,同时又包含生产要素贸易、服务技术贸易、证券贸易等。

2. 国际贸易

国际贸易(International Trade),也称世界贸易,泛指世界各国/地区之间所进行的以货币为媒介的商品交换活动。它既包含着有形商品(实物商品)的交换,又包含着无形商品(劳务、技术）的交换。

二、国际贸易的特点

国际贸易与国内贸易在性质上并无不同，但由于它是在不同国家或地区间进行的，所以与国内贸易相比具有以下特点：

（1）国际贸易涉及不同国家或地区，在政策措施、法律体系方面可能存在差异和冲突，以及在语言文化、社会习俗等方面也可能有所不同，因此所面临的问题比国内贸易更复杂。

（2）国际贸易的交易数量和金额一般较大，由于交易双方相距较远，运输和履约时间较长，因此交易双方承担的风险比国内贸易要大。

（3）国际贸易容易受到交易双方所在国家或地区的政治、经济、双边关系及国际局势变化等条件的影响。

（4）国际贸易除了交易双方外，还会涉及不同国家或地区的运输、保险、银行、海关等部门的协作、配合，操作过程较国内贸易更复杂。

国际贸易由于运输距离长、环节多、涉及面广、所面临的风险较大，因而对外贸从业人员要求也更高。从事外贸工作的人员不仅要掌握国际贸易的理论、相关政策、适用的法律和惯例，还需要具有丰富的从业经验以及分析、处理实际问题的能力。

> **小资料**
>
> **国际经济与贸易专业**
>
> 国际经济与贸易专业属于经济学学科范畴。该专业学生需要系统地掌握经济学原理和国际经济、国际贸易的理论，掌握国际贸易的知识与技能，了解当代国际经济贸易的发展现状，熟悉通行的国际贸易规则和惯例，以及我国对外贸易的政策法规，了解世界上主要国家与地区的社会经济情况，能在涉外经济贸易部门、外资企业及政府机构从事实际业务、管理、调研和宣传策划等工作。

第二节 国际贸易的分类

国际贸易从不同的角度有多种分类，本节主要介绍以下几种分类情况：

一、根据货物的移动方向划分

根据货物的移动方向划分，可以分为出口贸易、进口贸易和过境贸易。

1. 出口贸易

一国/地区将其生产和加工的产品运往他国/地区市场销售，称为出口贸易（Export Trade）或输出贸易。

2. 进口贸易

一国/地区将他国/地区生产和加工的产品运进本国/地区市场销售，称为进口贸易（Import Trade）或输入贸易。

3. 过境贸易

过境贸易（Transit Trade）指别国/地区出口货物通过本国国境，未经加工改制，在基本保持原状条件下运往另一国/地区的贸易活动。

二、根据货物的形态划分

根据货物的形态划分，可以分为有形贸易和无形贸易。

1. 有形贸易

有形贸易（Visible Trade），又称"有形商品贸易""有形进出口""有形交易"，是指有实物形态的商品的进出口。例如，机器、设备、家具等都是有实物形态的商品，这些商品的进出口称为有形贸易。

2. 无形贸易

无形贸易（Invisible Trade）是指没有实物形态的技术和服务的进出口。专利使用权的转让，以及旅游、金融保险企业跨国/地区提供服务等都是没有实物形态的商品，其进出口称为无形贸易。

三、根据国际贸易的内容划分

根据国际贸易的内容划分，可以分为货物贸易、服务贸易和技术贸易。

1. 货物贸易

货物贸易（Goods Trade）是指有形的、以实物形态表现的各种商品的贸易。不同国家（或地区）之间通过物资交换，可发挥比较优势，进行资源合理配置，增加社会财富。

2. 服务贸易

服务贸易（Services Trade）是指一国（或地区）的法人或自然人在其境内或进入他国（或地区）境内向外国（或地区）的法人或自然人提供服务的贸易行为。服务贸易类型包括商业服务，通信服务，建筑及有关工程服务，销售服务，教育服务，环境服务，金融服务，健康与社会服务，与旅游有关的服务，娱乐、文化与体育服务，运输服务等。

3. 技术贸易

技术贸易（Technology Trade）是指国际商业性技术转让，即当事人双方按照商定的条件，通过买卖方式把某种内容的技术从卖方转让给买方的行为。技术贸易的主要方式有两种：一种是买卖专利、专有技术或商标使用权；另一种是在包含专利、专有技术，或使用专利、专有技术生产，或需要支付商标使用费等条件下成交的货物，例如成套设备、芯片、集成电路或其他高新技术产品。后者是复杂的国际贸易行为，但也是常见的国际贸易方式。

四、根据贸易参与国/地区的数量划分

根据贸易参与国/地区的数量划分，可以分为双边贸易和多边贸易。

1. 双边贸易

双边贸易（Bilateral Trade）是指两国/地区之间彼此保持进出口收支平衡的贸易。双边贸易是在双边结算的基础上进行的贸易，这种贸易双方各以本国/地区的出口支付从对方国/地区的进口，而不用为对方国/地区的出口支付从第三国/地区的进口。双方的进出口额应基本平衡。

2. 多边贸易

多边贸易（Multilateral Trade）是指多个国家/地区政府之间在商定的贸易规则和调节机制下进行的贸易。多个国家/地区政府之间需要通过签订贸易条约或协定来规定贸易规则和调节机制，且这些贸易规则和调节机制不适用于任何一个签约国/地区与其他非签约国/地区之间的

贸易。

第三节 国际货物贸易的流程

国际货物贸易根据货物的移动方向，可以分为出口贸易和进口贸易。无论是出口贸易还是进口贸易，其操作流程大体都分为交易前的准备、签订合同和履行合同三个阶段。

一、出口贸易的基本流程

1. 交易前的准备

出口交易前的准备工作，主要包括下列事项：

（1）对生产、货源进行调查研究，进行可行性分析。

（2）调查研究国际市场，选择目标市场和客户。

（3）制订出口商品营销方案或价格方案。

（4）办理各类出口管理文件。

2. 签订出口合同

在做好上述准备工作之后，即可通过通信网络联系或当面洽谈等方式，就出口交易的具体内容同境外客户进行交易磋商。当发盘被接受后，交易即告达成，合同成立。

3. 出口合同的履行

出口合同订立后，交易双方要根据"重合同、守信用"原则，履行各自承担的义务。

以CIF术语（成本、保险费加运费）和信用证付款方式达成的出口合同为例，主要包括以下环节的工作：

（1）按时、按质、按量交付约定的货物。

（2）落实信用证，做好催证、审证、改证工作。

（3）及时租船订舱，安排运输、保险，并办理出口报关手续。

（4）缮制、备妥有关单据，及时向银行交单结汇和收取货款。

二、进口贸易的基本流程

1. 交易前的准备

进口交易前的准备工作，主要包括下列事项：

（1）制订进口商品营销方案或价格方案。

（2）选择适当的采购市场和供货对象。

2. 签订进口合同

进口贸易的交易磋商和合同订立的做法与出口贸易基本相同，需要做好比价工作，以便在与外商谈判中争取对自己有利的条件。

3. 进口合同的履行

以FOB（船上交货）条件和信用证付款方式成交的进口合同为例，主要包括以下环节的工作：

（1）按合同规定向银行申请开立信用证。

（2）租船订舱，通知卖方，催促卖方备货装船，并及时到口岸接运货物。

（3）审核有关单据，在单证相符时付款赎单，办理进口报关手续并验收货物。

导入案例分析

国际货物贸易可以分为进口贸易和出口贸易。无论是进口贸易还是出口贸易，其操作流程大体都分为交易前的准备、签订合同和履行合同三个阶段。此案例中，我国某家具加工厂涉及一进一出两个合同，需要考虑到两个合同的衔接问题，需要在进口前取得相应的进出口许可证等管理文件，以确保合同的顺利完成。

本章小结

国际贸易起源于奴隶社会，至今已有几千年的历史。国际贸易在当今世界各国／地区的经济发展中具有举足轻重的地位。本章主要介绍了国际贸易的基本概念、特点、分类，以及国际货物贸易的进出口基本流程。

思考与练习

一、填空题

1. 国际贸易也称为世界贸易，是一种跨越国境的_____交易行为，也称为进出口贸易。
2. 国际贸易起源于奴隶社会，随着_____的产生，特别是第一次工业革命以后，由于生产力迅速提高，商品生产规模不断扩大，国际贸易迅速发展，并开始具有世界规模。
3. 根据货物的移动方向划分，国际贸易可以分为_____、_____和_____。
4. 根据货物的形态划分，国际贸易可以分为_____和_____。
5. 根据其内容划分，国际贸易可以分为_____、_____和_____。
6. 根据贸易参与国的数量划分，国际贸易可以分为_____和_____。
7. 无论是进口贸易还是出口贸易，其操作流程大体都分为_____、_____和_____三个阶段。

二、思考题

1. 国际贸易有哪些特点？
2. 国际经济与贸易专业属于什么学科范畴，需要学习哪些专业知识？

第二章　国际贸易方式

Chapter Two

学习目标

- ▲ 了解国际贸易方式的概念与种类
- ▲ 掌握一般贸易的概念
- ▲ 掌握经销与代理的概念、种类与协议内容
- ▲ 掌握寄售的概念、特点、优缺点与协议内容，掌握展卖的概念、特点和种类
- ▲ 掌握拍卖的概念、特点与一般程序，掌握招标投标的概念和一般程序
- ▲ 掌握加工贸易的概念、形式与加工装配业务协议内容
- ▲ 掌握对销贸易的概念、形式与优缺点
- ▲ 掌握期货交易的概念、特点与种类
- ▲ 掌握市场采购的概念、优势与试点地区
- ▲ 掌握跨境电子商务的概念、特征、发展历程、分类与主要代表企业

导入案例

对于我国外贸企业来说，2020年开始得并不顺利。国内办公家具知名品牌圣奥集团国际营销事业部总经理说，"我们当时没想到全球疫情会持续这么长时间，这超出了我们的判断。对于一家做办公家具的企业来讲，虽然我们在海外业务覆盖100多个国家或地区市场，但由于海外大多数客户都还没有复工，很多大型工程项目暂停，商业办公家具的需求在一段时间内会出现较大的减弱。"

因此，这家在办公家具行业深耕了近30年的中国传统外贸企业不得不思考贸易方式的改变，而发展跨境电子商务成为摆在圣奥集团面前最好的选择。

圣奥集团是一家B2B（企业对企业）的企业，过去比较注重线下推广，如采用线下设计师活动、新品发布会、国际展会等。面对疫情，圣奥集团快速反应，进行业务模式和产品的调整，在贸易方式的转变过程中迅速向线上转型，收获了大量询盘。

圣奥集团还将已有的产品重新包装，让个人用户了解到其居家办公场景下的优势。而当疫情缓解，复工需求提上日程，圣奥集团又推出安全复工的解决方案，同时满足了企业用户和个人用户的需求。此外，圣奥集团还搭建了面向个人端的海外电商独立站，这也是圣奥集团对市场发出的信号：我们虽然是一家B2B的外贸企业，但变化来了，拥抱变化，C（消费者）端我们也能做得很好。

请思考：圣奥集团贸易方式的转变对你有何启发？

国际贸易方式是指国际贸易中买卖双方采用的交易方式。在国际贸易活动中，买卖双方采取的贸易方式随着交易中的商品、地区和交易对象的不同而不同。当前，国际贸易方式呈现出多样化态势，不仅包括一般贸易、经销、代理、寄售、展卖、拍卖、招标投标、加工贸易、对销贸易、期货交易等传统贸易方式，还包括快速发展的市场采购、跨境电子商务等新兴贸易方式。

第一节　一般贸易

一般贸易（General Trade）是指一国/地区境内有进出口经营权的企业单边进口或单边出口的交易方式。按照《现代物流实用词典》的解释，一般贸易指单边输入关境或单边输出关境的进出口贸易方式，其交易的货物是企业单边售定的正常贸易的进出口货物。这是国际贸易最普遍的一种交易方式。

需要注意的是，报关单监管方式中的"一般贸易"和国际贸易方式的"一般贸易"概念不同。按一般贸易方式交易的货物即为一般贸易货物。一般贸易货物在进出口报关时，可以按一般进出口监管制度办理海关手续，这时它就是一般进出口货物，货物监管方式为"一般贸易"；也可以按特定减免税监管制度办理海关手续，这时一般贸易货物是特定减免税货物；也可以经海关批准保税，按保税监管制度办理海关手续，这时一般贸易货物是保税货物。后两种情况的货物监管方式不是"一般贸易"，因此，要正确区分海关监管方式中的"一般贸易"和国际贸易方式的"一般贸易"的区别和联系。

第二节　经销与代理

一、经销

（一）经销的概念

经销（Distribution）是指出口商与境外经销商达成协议，在约定经销期限和地域内，由境外经销商就地推销指定商品的一种方式。经销商与供货商之间为买卖关系，经销商以自己的名义和资金进行买卖业务。因此，经销属于转卖行为的一种贸易方式，在国际贸易中广泛使用。

（二）经销的种类

经销根据经销权不同，可分为一般经销和独家经销。

1. 一般经销

一般经销（General Distribution）是指出口商根据经销协议向境外经销商提供一定地区、一定期限内经营某项商品的销售权。经销商有义务维护出口商的利益，必要时还要对所经销商品组织技术服务、进行宣传推广；而出口商也需要向经销商提供帮助。一般经销的经销商不享有专营权，供货商可在同一时间、同一地区委派几家经销商来经销同类商品。

2. 独家经销

独家经销（Sole Distribution），又称为包销（Exclusive Sales），是指出口商（委托人）通过协议把某一种商品或某一类商品在某一个地区和期限内的专营权给予境外某个客户或经销商的贸易方式。专营权是指独家经销商行使专卖和专买的权利。其中，专卖权是委托人（出口商）将指定商品在规定的地区和期限内给予独家经销商独家销售的权利，出口商负有不向该区域内的客户直接售货的义务；专买权是独家经销商承担向出口商购买约定的商品，而不得向第三者购买同类商品的义务。

采用独家经销方式，买卖双方的权利与义务是用独家经销协议确定的，两者签订的买卖合同也必须符合独家经销协议的规定。独家经销方式下，双方的关系属于售定性质，经销商自行销售、自负盈亏、自担风险。

一般经销和独家经销的区别在于经销商是否享受专营权。

（三）经销协议

经销协议是出口商和经销商订立的确定双方法律关系的契约，协议内容根据商品特点、经销地区的情况以及双方当事人的意图约定。在实际业务中，我国一般只在经销协议中规定买卖双方的权利义务和一般交易条件，而每批货的交付要依据经销协议订立具体的买卖合同，明确价格、数量、交货期、支付方式等具体交易条件。通常，经销协议主要包括以下几方面的内容：

1．经销商品的范围

经销商品的范围可以是供货商经营的全部商品，也可以是某一类或某几类商品。因此，在经销协议中要明确规定商品的范围，以及同一类商品的不同牌号和规格。确定经销商品的范围要同供货商的经营意图和经销商的经营能力、资信状况相适应。如商品范围规定为供货商经营的全部商品，为避免争议，最好在协议中明确当经销商品停止生产或有新产品推出时协议是否适用。

2．经销地区

经销地区是经销商行使经营权的地理范围。它可以是一个或几个城市，也可以是一个甚至是几个国家，其大小的确定，除了要考虑经销商的规模、经营能力及其销售网络外，还要考虑经销地区的政治区域划分、地理和交通条件以及市场差异程度等因素。

在独家经销的方式下，供货商在该区域内不得再指定其他经销商经营同类商品，以维护经销商的专营权。

3．经销数量或金额

经销协议还应规定经销商在一定时期内的经销数量和金额，在独家经销协议中这更是一项必不可少的内容。此项数量或金额的规定对协议双方有同等的约束力，经销商必须向出口商购买规定的数量和金额，出口商也应供应规定的数量和金额。经销数额一般采用最低承购额的做法，即规定一定时期内经销商应承购的数额下限，并明确经销数额的计算方法。

4．作价方法

经销商品有不同的作价方法。经销商品可以在规定的期限内一次作价，结算时以协议规定的固定价格为准。这种方法中，交易双方要承担价格变动的风险，故在实际业务中采用较少。多数经销协议采用分批作价的方法，可由交易双方根据市场情况协商定价。

5．经销期限

经销期限即协议的有效期，可规定为自签字生效之日起一年或若干年。协议中一般还要规定延期条款，经双方协商后可以延期，也可规定"在协议到期前若干天如没有发生终止协议的通知，则可延长一期"。

此外，经销期限届满，在协议中还应规定终止条款，明确在什么情况下解除协议。

6．经销商的其他义务

对经销商来说，要负责做好广告宣传、市场调研和维护供货人权益等工作。通常，经销商有促进销售和广告宣传的义务，广告宣传的方式以及有关费用的负担问题也应明确规定，一般由经销商担负。在协议中，还可规定经销商需要承担市场调研的义务，以供出口商参考制定销售策略和改进产品质量。有的独家经销协议还规定，如在独家经销地区内发现供货商的商标权或专利权受到侵害，独家经销商要及时采取保护性措施。

除上述主要内容外，经销协议还应规定不可抗力及仲裁条款等一般交易条件，其规定方法与一般买卖合同大致相同。独家经销协议中还应规定专营权，这是独家经销协议的重要内容。

二、代理

（一）代理的概念

代理（Agency）是指代理人按照本人的授权代本人同第三者订立合同或实施其他法律行为。在国际贸易中，代理是指货主或生产厂商（委托人），在规定的地区和期限内，将指定商品交由境外客户代销的一种贸易方式。代理双方是一种委托和被委托的代销关系，而不是买卖关系。

（二）代理的种类

代理的种类有很多，按照委托人对代理人授权的大小，可分为总代理、独家代理和佣金代理，其中总代理的权限最大。

1. 总代理

总代理（General Agency）是在指定地区委托人的全权代理。总代理除了有权代理委托人进行签订买卖合同、处理货物等商业活动外，也可进行一些非商业性的活动，如有权指派分代理，并可分享代理的佣金。

2. 独家代理

独家代理（Exclusive Agency / Sole Agency）是指委托人给予代理人在规定地区和一定期限内享有专营权的代理。委托人在指定地区和时间内，不得委托其他代理人。独家代理的专营权指专门代理权。在代理业务中，商品出售前的所有权仍归委托人，由委托人负担风险和费用。

3. 佣金代理

佣金代理（Commission Agency）又称一般代理，是指在同一代理地区及期限内，不享有专营权，同时有几个代理人代表委托人行为的代理。佣金代理根据推销商品的实际金额以及协议规定的办法和百分率向委托人计收佣金。

（三）代理协议

代理协议是明确委托人与代理人之间的权利与义务的法律文件，内容主要包括：

1. 代理的商品和区域

代理协议要明确规定代理商品的品名、规格、金额、作价方法以及代理权行使的地理范围。在独家代理的情况下，其规定方法与独家经销协议大致相同。

2. 代理人的权利与义务

代理人的权利与义务是代理协议的核心部分。代理人在代理业务中，只负责代表委托人招揽客户、招揽订单、签订合同、处理委托人的货物、收受货款等，并从中赚取佣金，代理人不必动用自有资金购买商品，不负盈亏。代理人的权利与义务一般应包括以下内容：

（1）明确代理人的权利范围。

（2）规定代理人在一定时期内应推销商品的最低销售额，并说明核定方法。

（3）代理人应在代理权行使的范围内，保护委托人的合法权益。

（4）代理人应承担市场调研、广告宣传和商标保护等义务。

3. 委托人的权利与义务

委托人通过代理方式，委派代理人去开拓市场，组织销售和进货，进行售后服务，传播信息等。对于代理人在授权范围内按委托人规定的条件与客户订立的合同，委托人应保证执行。委托人有义务维护代理人的合法权益，保证按协议规定的条件向代理人支付佣金。在独家代理的情况下，委托人要尽力维护独家代理人的专营权。如由于委托人的责任给独家代理人造成损失，委托人应予以赔偿。

4. 佣金的支付

佣金是代理人为委托人提供服务所获得的报酬。代理协议要规定在什么情况下代理人可以获得佣金。在独家代理的协议中，常常规定"如委托人直接与代理区域内的客户签订买卖合同，独家代理人仍可获取佣金"。协议中还要规定佣金率、佣金的计算条件、佣金的支付时间和方法。

除上述基本内容外，代理协议还需规定协议的有效期、中止、不可抗力和仲裁等条款。

在我国的对外贸易中，代理是一种较常用的贸易方式，但在我国实际业务中对代理的运用与某些国家/地区的法律规定和商业惯例的解释并不完全一致。因此，签订代理协议时，必须注意交易对象国/地区的有关法律和商业惯例以及国际上有关代理商方面公认的准则。

第三节 寄售与展卖

一、寄售

（一）寄售的概念

寄售（Consignment）是一种委托代售的贸易方式，是指寄售人（委托人，即货主）先将货物运往寄售地，委托境外代销人（受委托人）按照寄售协议规定的条件在当地市场进行销售，并在货物出售后向货主结算货款的贸易方式。

（二）寄售的特点

寄售是国际贸易习惯做法之一，但在我国进出口业务中，运用并不普遍。寄售与一般贸易方式相比，有以下特点：

1. 寄售是一种先发运后销售的现货交易方式

寄售人先将货物运至目的地市场（寄售地），然后由代销人在寄售地的当地市场销售。因此，它是凭实物进行买卖的现货交易方式。

2. 寄售是委托代售关系

寄售人与代销人之间是委托代售关系，而非买卖关系。代销人只根据寄售人的指示处置货物，货物的所有权在寄售地出售之前仍属寄售人。

3. 寄售人承担货物出售前产生的所有风险和费用

寄售货物在售出之前，包括运输途中和到达寄售地后的一切费用和风险，均由寄售人承担，代销人按寄售协议照管货物，不承担货物运输、出售过程中的费用和风险。

（三）寄售的优缺点

1. 寄售的优点

（1）寄售是一种先发运后销售的现货交易方式。货物出售前，寄售人持有货物的所有权，有利于随行就市，及时根据市场行情确定价格，从而促进销售。

（2）寄售方式凭实物买卖，买家在购买货物前，可以直接看到实物，有利于促进成交，有利于新商品上市，开拓新市场。

（3）寄售方式下，由寄售人垫资，代销人既不承担风险，也不占用资金，可以调动其经营积极性。

2．寄售的缺点

寄售对于出口商（寄售人）来说，主要有以下几方面缺点：

（1）寄售方式，出口商要承担货物出售前的一切风险，包括运输和储存过程中的风险、价格波动风险、货物不能正常售出而退回或转运的风险以及代销人资信不佳而导致的风险。因此，此种方式中，出口商承担的风险较大，费用也较高。

（2）寄售货物的货款回收较缓慢，资金周转时间较长。由于货物在未售出之前发运，售后才能收回货款，对寄售人来说，资金负担较重。货物滞销时，需要运回或转运其他口岸，出口商也将遭受损失。此外，如果代销人不守协议（例如不能妥善代管货物，或是货物出售后不及时汇回货款），都会给出口商带来损失。

（四）寄售协议

寄售协议规定了有关寄售的条件和具体做法，是寄售人和代销人为明确双方的权利、义务而签订的协议，其主要内容如下：

1．协议双方的基本关系

寄售人和代销人之间是一种委托代理关系。寄售人拥有货物出售前的所有权，代销人应按协议规定，以代理人身份出售商品、收取货款、处理争议等，由此产生的费用由寄售人承担。

2．寄售商品的价格

寄售商品价格有三种规定方式：①规定最低售价；②由代销人按行情自行定价；③由代销人向寄售人报价，征得寄售人同意后确定价格。其中第三种做法应用较为普遍。寄售协议应该规定商品价格的制定方式。

3．佣金条款

寄售协议的佣金条款应规定佣金的比率和佣金的支付方法，有时还可增列佣金比率增减额的计算，通常佣金由代销人在货款中提取。

4．协议双方的基本义务

寄售双方的义务主要包括：代售人保管货物、及时向寄售人通报商情、代寄售人出售货物并汇回货款给寄售人；寄售人按规定出运货物，并偿付代销人所垫付的费用等。

二、展卖

（一）展卖的概念

展卖（Fairs and Sales）是指利用博览会、展览会及其他交易会形式，把出口商品的展览和销售结合起来，以展促销、以销为主的做法。

（二）展卖的特点

展卖的特点主要表现在下列几个方面：

（1）有利于宣传产品，扩大影响，招揽潜在买主，促进交易。

（2）有利于建立和扩展客户关系，扩大销售地区和范围。

（3）有利于开展市场调研，了解客户需求，提高商品质量，增强出口竞争力。

（4）有利于了解其他参展商的情况，掌握同行竞争对手情况和市场动态。

（三）展卖的种类

展卖按其形式，主要可分为国际博览会和国际展览会。

1. 国际博览会

国际博览会是一种以国家/地区组织形式在同一地点定期由有关国家/地区的厂商举行商品交易的贸易方式。国际博览会可分为以下两种形式：

（1）综合性国际博览会，又称"水平型博览会"，即各种商品均可参展并洽谈交易的博览会。这种博览会的规模较大，产品齐全，且会期较长。

（2）专业性国际博览会，又称"垂直型博览会"，是指仅限于某类专业性产品参加展览和交易的博览会。这种博览会的规模较小，会期较短。

2. 国际展览会

国际展览会是指举办国/地区通过选择适当的场所，将商品集中进行展卖的贸易方式。国际展览会是不定期举行的，通常展示各国/地区在产品、科技方面所取得的新成就。

中国进出口商品交易会是我国目前最有影响力的综合性国际商品展销会，被誉为"中国第一展"。

> **小资料**
>
> **中国进出口商品交易会**
>
> 中国进出口商品交易会（China Import and Export Fair），简称广交会，创办于1957年4月25日，每年春秋两季在广州举办，由商务部和广东省人民政府联合主办、中国对外贸易中心承办。广交会是我国目前历史最长、层次最高、规模最大、商品种类最全、到会采购商最多且分布国别地区最广、成交效果最好的综合性国际贸易盛会，被誉为"中国第一展"。
>
> 广交会的贸易方式灵活多样，除传统的看样成交外，还举办网上交易会。广交会以出口贸易为主，也做进口贸易，还开展多种形式的经济技术合作与交流，以及商检、保险、运输、广告、咨询等业务活动。
>
> 受全球新冠肺炎疫情的影响，2020年6月15日至24日，第127届广交会在网上举办，为期10天。

第四节　拍卖与招标投标

一、拍卖

（一）拍卖的概念

拍卖（Auction）是由专营拍卖行接受货主的委托，在规定的地点和时间，按照一定的章程和规则，以公开叫价竞购的方法，把货物出售给出价最高的买主的一种现货交易方式。在国际贸易中，采取拍卖方式交易的商品一般都是品质不易标准化、难以长久保存或习惯上采用拍卖销售的商品。

（二）拍卖的特点

1. 拍卖必须有两个以上的买主

拍卖通常只有一个卖主（通常由拍卖机构充任），而有许多可能的买主，从而使后者相互之间能够就其欲购的拍卖物品展开价格竞争。

2. 拍卖必须有不断变动的价格

拍卖物品不以固定标价待售或买卖双方就拍卖物品讨价还价成交，而是由买主以卖主当场公布的起始价为基准另行报价，直至最后确定成交价为止。

3. 拍卖必须有公开竞争的行为

拍卖都是不同的买主在公开场合对同一拍卖物品竞相出价，争相购买。倘若所有买主对拍卖物品均无意思表示，没有竞争行为发生，拍卖就将失去任何意义。

（三）拍卖的出价方法

常用的拍卖出价方法主要有以下三种：

1. 增价拍卖

增价拍卖，又称英式拍卖。这是最常用的一种拍卖出价方式。拍卖时，由拍卖人提出一批货物，宣布预定的最低价格，估价后由竞买者相继叫价，竞相加价。有些增价拍卖还会规定每次加价的金额额度，直到拍卖人认为无人再出更高的价格时，用击槌动作表示竞卖结束，将这批货物卖给出价最高的人。

2. 减价拍卖

减价拍卖，又称荷兰式拍卖。这种方法先由拍卖人喊出最高价格，然后逐渐降低叫价，直到有某一竞买者认为已经低到可以接受的价格，表示买进。

3. 密封递价拍卖

密封递价拍卖，又称招标式拍卖。采用这种方法时，先由拍卖人公布每批商品的具体情况和拍卖条件等，然后由各买方在规定时间内将自己的出价密封递交拍卖人，以供拍卖人进行审查比较，决定将该货物卖给哪一个竞买者。这种方法不是公开竞买，拍卖人有时要考虑除价格以外的其他因素。有些国家/地区的政府或海关在处理库存物资或没收货物时往往采用这种拍卖方法。

（四）拍卖的一般程序

拍卖的一般程序可分为以下三个阶段：

1. 准备阶段

货主把货物运到拍卖地点，委托拍卖行进行挑选和分批，拍卖行编印目录并招揽买主。参加拍卖的买主可以在规定的时间内到仓库查看货物，了解商品品质，拟定自己的出价标准，做好拍卖前的准备工作。拍卖行一般还会提供各种书面资料，进行宣传以扩大影响。

2. 正式拍卖

正式拍卖是在规定的时间和地点，按照拍卖目录规定的次序逐笔喊价成交。拍卖过程中，买主在正式拍卖的每一次叫价，都相当于一项发盘。拍卖主持人以击槌的方式代表卖主表示接受后，交易即告达成。

3. 付款交货

拍卖成交后，买主即在成交确认书上签字，拍卖行分别向委托人和买主收取一定比例的佣金。买主通常需在规定的期限内按仓库交货条件到指定仓库提货。由于拍卖前买主可事先看货，所以事后的索赔现象较少。但如果货物确有瑕疵，或拍卖人、委托人不能保证其真伪的，必须事先声明，否则拍卖人要承担责任。

二、招标投标

（一）招标投标的概念

招标（Invitation to Tender）是指招标人在确定的时间、地点，发出招标公告或招标单，提出所需采购项目的性质及其数量、质量、技术要求、期限、资格要求等招标采购条件，邀请卖方投标的行为。

投标（Submission of Tender）是指投标人应招标人的邀请，根据招标公告或招标单的规定条件，在规定的时间内向招标人递盘的行为。

招标与投标是一种贸易方式的两个方面。投标人是供货人，其根据招标人的条件互相竞争，最后由招标人选择最有利的条件成交。因此，投标是一种竞卖方式。国际工程承包多采用招标投标方式进行，通过国际工程承包，可以实现技术、劳务、设备和商品等多方面的出口。

（二）招标投标的一般程序

招标投标与一般交易方式的程序有所不同，一般包括招标、投标、开标与评标、签约四个阶段。

1. 招标

招标包括编制招标文件、发布招标公告（邀请）、投标资格预审三个环节。

（1）编制招标文件。招标文件又称标书，是招标的贸易条件和技术条件。主要应列明商品名称、各种交易条件和投标人须知，如投标人资格、投标日期、投标保证金和投标单寄送方法等；工程项目还应包括项目规范、工程量表、合同条件及图表等。

（2）发布招标公告（邀请）。招标根据其进行的方式可分为公开招标和非公开招标两种。采用公开招标，招标人要在国内外主要媒介上发布招标公告，凡对该项招标内容有兴趣的人均有机会购买招标资料进行投标。非公开招标又称邀请招标，它是有限竞争性招标。采用这种做法，招标人一般不在媒介上发布公告，而是由招标人对客商进行邀请，进行资格预审后，再由客商进行投标。

（3）投标资格预审。资格预审主要是审核投标人的能力和资信情况，如投标人概况、经验与信誉、财务能力、人员能力和施工设备等。

2. 投标

投标人在接到招标邀请后，应该从以下几方面着手准备：

（1）投标前的准备工作。投标人在投标前，应研究招标文件，确定相应的指标和措施。

（2）提供投标保证金。为了防止投标人在中标后拒不签订合同，招标人一般要求投标人提供一定比例或金额的投标保证金。保证金可以是现金，也可以是银行保函或备用信用证；如未中标，保证金可以退回。

（3）制作投标文件。投标文件实质上是一项有效期到开标日期为止的发盘，内容必须十分确定。因此，投标人在制作投标文件时，必须慎重考虑。

（4）递送投标文件。投标文件应在投标截止日期之前送达招标人或其指定的人，逾期无效。投标文件一般采用密封挂号信邮寄，也可派专人送达。

3. 开标与评标

开标有公开开标与秘密开标两种方式。公开开标是按照招标人规定的时间、地点，在投标人或其代理出席的情况下，当众拆开密封的投标文件，宣读文件内容。秘密开标是没有投标人参加，由招标人自行开标选定中标人。

评标是指招标人开标后，进行评审、比较，选择最佳投标人的过程。

如果招标人认为所有投标均不理想，可以宣布招标失败，并拒绝全部投标。

4. 签约

招标人选定中标人之后，发出中标通知书，中标人依约与招标人签订协议。

第五节　加工贸易

一、加工贸易的概念

加工贸易（Processing Trade）是指经营企业进口全部或者部分原辅材料、零部件、元器件、包装物料，利用本国/地区境内的生产能力和技术，经加工或装配后，将制成品销往境外的经营活动。

二、加工贸易的形式

常见的加工贸易形式包括进料加工和对外加工装配两种。

（一）进料加工

进料加工（Processing with Imported Materials）又称以进养出，指以自有外汇购入境外的原材料、辅料，利用本国境内的技术、设备和劳力，加工成成品后，销往境外市场。进料加工业务中，经营企业既要以买主的身份与境外客户签订购买原材料的进口合同，又要以卖主的身份签订成品的出口合同。两个合同为两笔不同货物的交易，它们都是以所有权转移为特征的货物买卖。进料加工要承担价格风险和成品的销售风险，经营企业必须自担风险、自负盈亏。

（二）对外加工装配

对外加工装配，又称来料加工业务，是指由境外客户提供全部或部分原材料、辅料、零部件、元器件、配套件和包装物料，必要时提供设备，由我方按对方的要求进行加工装配，最后成品交由对方销售，我方收取工缴费，我方用工缴费偿还对方提供的作价设备价款的交易形式。对外加工装配包括来料加工和来件装配两种形式。

1. 来料加工

来料加工（Processing with Supplied Materials）是指境外委托方提供原料、辅料和包装材料，委托加工承接方按照双方商定的质量、规格、款式加工成成品，交给委托方在境外销售，加工承接方收取加工费。来料加工中，有的是全部由对方来料，有的是一部分由对方来料，一部分由加工方采用本国/地区境内原料为辅料。此外，有时对方只提出式样、规格等要求，而由加工方使用当地的原料、辅料进行加工生产。来料加工业务中，委托方对其提供的原料、辅料和包装材料，以及加工后的成品拥有所有权。

2. 来件装配

来件装配（Assembling with Foreign Spares）指由境外委托方提供装配所需设备、技术和有关元件、零件，有的还提供包装材料，委托本国境内承接方按其工艺要求进行装配，成品交由委托方。

来料加工和来件装配业务都包括两个贸易进程：一是进口原料，二是产品出口。这两个进程是同一笔贸易的两个方面，而不是两笔交易。原材料的提供者和产品的接受者是同一家企业，交易双方是委托加工关系，加工方赚取劳务费。

三、加工贸易协议

加工贸易协议与一般贸易协议相比更为复杂，涉及一进一出两笔货物交易。下面以加工装配业务协议为例，介绍加工贸易协议的主要内容。

（1）合同标的。加工装配业务与一般贸易合同的标的不同，体现为把原材料或零部件加工成指定成品而付出的劳动以及一定的技术或工艺。因此，合同的标的应规定与劳动或技术相关的产品种类和标准，以及委托加工的具体事项。

（2）来料、来件的规定。在加工装配业务协议中，应具体规定委托方送交件的时间、地点，并列明对料件品质、数量的具体要求以及委托方来料、来件不符合合同要求的处理方法。

（3）成品交付的规定。在合同条款中，要对成品的品质、规格及交货期做出明确规定；通常还要规定违约的处理办法。

（4）耗料和残次品率。委托方需要在合同中约定在承担方生产装配过程中，产品消耗原材料或零部件的具体数额，以及残次品的比例。

（5）工缴费的规定。工缴费是承接方为委托方加工装配所收取的劳务报酬。在合同中，交易双方需要约定工缴费的计算和支付方法。在加工装配业务中，可采用国际贸易中各种惯常的支付方式。

（6）运输的规定。对外加工装配业务涉及原材料、零部件的运进及成品的运输问题。按照对外加工装配业务的性质，这两段运输责任及费用应由委托方承担，但在实际业务中，由委托方办理两段运输业务有困难，承接方应协助代办。因此，在合同中需要约定料件和成品的运输事项。

（7）保险的规定。从法律上来讲，承接方只承担加工装配，保险应由委托方负责，但实际业务操作中，承接方办理保险更为方便。因此，在加工装配业务协议中应约定保险的办理事项。中国人民保险公司为开展对外加工装配业务的需要设立了来料加工一揽子综合险，投保这种险别，保险公司承担两段运输及存仓财产险。

第六节 对销贸易

一、对销贸易的概念

对销贸易（Counter Trade）也称对等贸易、反向贸易或互抵贸易，是以货物、劳务、工业产权和专有技术作为偿付货款手段的一种贸易方式。它把进口和出口结合起来，组成相互联系的整体交易，交易双方都有进有出。

二、对销贸易的形式

对销贸易有多种形式，但基本形式为三种，即易货贸易、互购贸易和补偿贸易。

（一）易货贸易

易货贸易（Barter Trade）是指在换货的基础上，把等值的出口货物和进口货物直接结合起来的贸易方式。传统的易货贸易，一般是买卖双方各以等值的货物进行交换，不涉及货币支付，也没有第三者介入。在国际贸易中，使用较多的是通过对开信用证的方式进行易货贸易。

易货贸易又可分为直接易货和综合易货。

1. 直接易货

直接易货又称为一般易货。从严格的法律意义上来讲，易货就是指以货换货，两种货物的交换时间相同，价值相等。这种形式，往往要求进口和出口同时成交，一笔交易一般只签订一个包括双方交付相互抵偿货物的合同，而且不涉及第三方。它是目前最普遍、应用最广泛的易货形式。

2．综合易货

综合易货又称为一揽子易货，多用于企业间或政府间，是通过信用证或记账形式来进行交易的易货方式。政府间的综合易货常以记账的方式结算，企业间的综合易货常以对开信用证的方式对货款逐笔结算。

（二）互购贸易

互购贸易（Counter Purchase）又称为平行贸易、回购贸易或对购贸易，是指交易双方互相购买对方的产品。交易双方先签订一个合同，约定由进口国/地区用现汇购买对方的货物（如机器、设备等）；之后，双方还需再签订一个合同，约定由先出口国用所得货款的一部分或全部从先进口国/地区购买商定的回头货。

互购贸易中，交易双方需要签订两个既独立又相互联系的合同，每个合同都以货币支付，不要求等值交换。因此，互购不是简单的以货换货。

（三）补偿贸易

补偿贸易（Compensation Trade）是指在对方提供的信贷基础上，交易一方进口设备和(或)技术，然后以回销产品或劳务所得价款，向提供信贷的一方分期偿还进口设备的价款及利息。在当前我国开展的补偿贸易中，根据用来偿付标的的方式不同，大体上可分为以下三类：

1．直接产品补偿

双方在协议中约定，由设备供应方向设备进口方承诺购买一定数量或金额的由该设备直接生产出来的产品。这是补偿贸易最基本的做法。

2．其他产品补偿

当所交易的设备本身不生产产品或设备所生产的直接产品非对方所需或在国际市场上不好销时，可由双方协商，用回购其他产品来代替。

3．劳务补偿

双方根据协议，通常由外商代我方购进所需的技术、设备，货款由外商垫付，我方按外商要求加工生产后，从应收的工缴费中分期扣还给外商。

三、对销贸易的优缺点

（一）对销贸易的优点

（1）对销贸易是一种可以不动用外汇或少动用外汇就可以发展一国/地区对外贸易的有力手段，有助于应对一个国家/地区的外汇短缺。有些贸易形式，如互购贸易还具有平衡国际收支的作用，有融通资金和吸收境外资本流入的功能。

（2）对于发展中国家，通过对销贸易，有助于打破相关国家/地区的贸易壁垒，为本国产品，尤其是发展中国家的工业制成品打开市场。由于对销贸易采用的是进口和出口相结合的做法，比一般进出口贸易更加灵活和隐蔽，不容易遭受贸易壁垒，更有利于发展中国家增加出口。

（3）对于发达国家，通过对销贸易，提供信贷或投资，承诺回购，不仅可以增强其市场竞争能力，还有助于推销一些用现汇难以销售的产品或技术，争取到一些廉价的原材料或零部件供应。

（二）对销贸易的缺点

（1）对销贸易是在互惠的原则下进行的，带有浓厚的双边性和封闭性，必然带来交易的局限性，使得交易对象的选择和交易的达成及履约出现很大的困难。

（2）对销贸易下，市场机制没有发挥重要作用，决定交易的主要因素不是商品的价格和质量，而是回购，因而难免会发生成交价格偏离市场价格的情况。

第七节 期货交易

一、期货交易的概念

期货交易（Futures Transaction）是以现货交易为基础，以远期合同交易为雏形而发展起来的一种高级的交易方式。它是指在期货市场或商品交易所，按照严格的程序和规则，买卖特定商品期货合同的交易活动。简单来讲，期货交易是期货合同买卖交换的活动或行为。

二、期货交易的特点

期货交易是从现货交易中的远期合同交易发展而来的，又不同于商品的现货交易。在现货交易的情况下，买卖双方可以以任何方式，在任何时间和地点达成实物交易。到期卖方必须交付实际货物，买方必须支付货款。而期货交易是买卖双方在商品交易所按照交易所预先制订的标准期货合同进行期货买卖，成交后买卖双方并不移交商品的所有权。期货交易一般具有以下几个特点：

（1）期货交易不规定双方提供或者接受实际货物。

（2）交易的结果不是转移实际货物，而是支付或者取得签订合同之日与履行合同之日的价格差额。

（3）期货合同是由交易所制订的标准期货合同，并且只能按照交易所规定的商品标准和种类进行交易。

（4）期货交易的交货期是按照交易所规定的交货期确定。不同商品，交货期不同。

（5）期货合同都必须在每个交易所设立的清算所进行登记及结算。

三、期货交易的种类

根据交易者的目的，期货交易可以分为两种：一种是通过买进卖出期货合同，从价格涨落的差额中追逐利润的纯投机活动，这种在商业习惯上称为"买空卖空"，它是投机者根据自己对市场前景的判断而进行的投机交易；另一种是真正从事实物交易的人利用期货交易做套期保值。

（一）投机交易

投机交易是指在期货市场上以获取价差收益为目的的期货交易行为。投机者根据对期货价格走势的判断，买进或卖出。如果投机者的判断与市场价格走势相同，则投机者平仓出局后可获取投机利润；如果投机者的判断与价格走势相反，则投机者平仓出局后需要承担投机损失。

投机交易的主要特点是放大资金的杠杆，以获得更大的投资收益率，缺点是一旦市场反向操作，损失也是无法估计的。

（二）套期保值

套期保值（Hedge），又称对冲贸易。其基本操作是交易人在买进（或卖出）实际货物的同时，在期货交易所卖出（或买进）同等数量的期货交易合同作为保值。它是一种为避免或减少价格发生不利变动的损失，以期货交易临时替代实物交易的一种行为。

根据参与期货交易的方向不同，期货套期保值交易又分为买期保值和卖期保值两种。

1. 买期保值

买期保值是指经营者卖出一笔日后交货的实物，为了避免交货时该商品价格上涨，在交易所买入同一时期交货、同一数量的期货合同，以弥补可能的损失。

2. 卖期保值

卖期保值是指为防止现货价格在交割时下跌的风险，而在期货市场卖出与现货数量相当的合约所进行的交易方式。

第八节　市场采购

一、市场采购的概念

市场采购是指由符合条件的经营者在经国家商务主管等部门认定的市场集聚区内采购的、单票报关单商品货值在15万美元（含15万美元）以下并在采购地办理出口商品通关手续的贸易方式。该贸易方式为专业市场"多品种、多批次、小批量"外贸交易创设，具有通关快、便利化、免征增值税等特点。

二、市场采购的优势

市场采购贸易方式的优势主要体现在以下四个方面：

1. 免征增值税，不征不退

未取得或无法取得增值税发票的货物，均可以市场采购贸易方式出口。

2. 归类通关

多品种、多批次、小批量的货物可以拼箱组柜，实行简化归类申报，对超过十种商品的，可按"章"归类，在单票报关单上只需要列一种商品。

3. 收汇创新

突破了"谁出口、谁收汇"的限制，在收汇方面，既可由试点的市场采购贸易代理公司收结汇，也可由市场经营户个人收结汇。

4. 税收优惠

市场采购贸易经营户可依法享受地方税收优惠政策，经营户个人所得税实行定额征收。

三、市场采购贸易方式试点

市场采购最初是为浙江义乌小商品市场量身定制的出口方式。2013年，市场采购开始在义乌试行；2014年正式升级为"市场采购"监管方式，开始全面推广。

截至2020年年底，全国已开展五批市场采购贸易方式试点，总数达到31家，覆盖东、中、西部15个省（区），分别为：

第一批：浙江义乌市场采购试点。

第二批：江苏海门叠石桥国际家纺城、浙江海宁皮革城。

第三批：江苏常熟服装城、广东广州花都皮革皮具市场、山东临沂商城工程物资市场、湖北武汉汉口北国际商品交易中心、河北白沟箱包市场。

第四批：浙江温州（鹿城）轻工产品交易中心、福建泉州石狮服装城、湖南高桥大市场、广东亚洲国际家具材料交易中心（位于佛山）、广东中山市利和灯博中心、四川成都国际商贸城。

第五批：辽宁西柳服装城、浙江绍兴柯桥中国轻纺城、浙江台州路桥日用品及塑料制品交易中心、浙江湖州（织里）童装及日用消费品交易管理中心、安徽蚌埠中恒商贸城、福建晋江国际鞋纺城、山东青岛即墨国际商贸城、山东烟台三站批发交易市场、河南中国（许昌）国际发制品交易市场、湖北宜昌三峡物流园、广东汕头市宝奥国际玩具城、广东东莞市大朗毛织贸易中心、云南昆明俊发·新螺蛳湾国际商贸城、深圳华南国际工业原料城、内蒙古满洲里满购中心（边贸商品市场）、广西凭祥出口商品采购中心（边贸商品市场）、云南瑞丽国际商品交易市场（边贸商品市场）。

第九节　跨境电子商务

跨境电子商务作为一种新型的外贸交易方式，发展迅猛，正逐渐成为外贸企业寻求海外商机的新选择。

跨境电子商务的形成与发展

一、跨境电子商务的概念及特征

（一）跨境电子商务的概念

跨境电子商务（Cross-border E-commerce）是指分属不同关境的交易主体，通过电子商务平台和电子商务方式达成交易及支付结算，并通过跨境物流送达商品、完成交易的一种国际商业活动。可以简单地理解为，跨境电子商务就是以电子商务方式进行的进出口贸易。

（二）跨境电子商务的特征

相比较于传统贸易方式而言，跨境电子商务具有以下新特征：

1. 多边化

传统国际贸易主要是两国/地区间的双边贸易，即使是多边贸易，也是通过多个双边贸易来实现货物、资金的交换。而跨境电子商务的多边化指在贸易过程中的信息流、货物流、资金流等已经由双边走向多边，即可以通过一国/地区的电子商务平台，把处于不同国家/地区的生产企业、支付结算企业及物流配送企业等联系起来，实现国家/地区间的直接贸易。

2. 小批量

小批量是指单笔订单的成交货物数量少，甚至是单件。从业务模式来看，跨境电子商务可以是企业对企业、企业对消费者、消费者对消费者的交易；而传统的国际贸易主要是企业与企业间的交易。与传统的国际贸易相比，跨境电子商务交易的次数和频率显然要高出许多，成交的商品呈现出类目多、更新速度快、批量小的特点。

3. 高效率

传统国际贸易往往是一国/地区出口商与另一国/地区进口商达成交易，然后由进口商所在国/地区境内的流通企业把商品层层分销出去，最后到达消费者手中。这其中所涉及的环节多，商品流通的时间长。而跨境电子商务通过一国/地区的电子商务平台，可以实现企业和消费者之间的直接交易，交易的信息可实现瞬间传递，增加了贸易的透明度，减少了信息不对称可能产生的贸易风险，从而使进出口交易环节减少、时间缩短、成本降低、效率提高。

4. 数字化

互联网时代，人们购买数字化产品（如电子书、软件、影视作品等）的品类和数量快速增长，通过跨境电子商务进行交易的趋势日趋明显，而传统的国际贸易监管模式主要适用于货物及服务贸易，很难适用于新型的跨境电子商务交易。此外，在贸易环节中，电子化合同、单证的普及，无纸化通关模式的推进，也体现了国际贸易数字化发展的特点。

二、跨境电子商务的发展历程

跨境电子商务的发展，从时间阶段来看，可以分为跨境电子商务 1.0 阶段（1999—2003 年）、跨境电子商务 2.0 阶段（2004—2012 年）和跨境电子商务 3.0 阶段（2013 年至今）。

（一）跨境电子商务 1.0 阶段（1999—2003 年）

1999 年阿里巴巴的成立开创了跨境电子商务的 1.0 阶段。这一阶段的主要商业模式是网上展示、线下交易的外贸信息服务模式，主要停留在为企业提供信息服务，还不存在网上交易。

（二）跨境电子商务 2.0 阶段（2004—2012 年）

2004 年敦煌网的成立标志着跨境电子商务 2.0 阶段的到来。这一阶段，跨境电子商务平台通过网络来服务全球采购商和中国的供应商，整合了信息流、资金流和物流的一站式服务，将线下交易、支付、物流等环节实现电子化，逐步实现在线交易。相比较第一阶段，跨境电子商务 2.0 阶段更能体现电子商务的本质，借助跨境电子商务平台，通过整合服务、资源，有效打通上下游供应链。这一阶段主要包括 B2B（平台对企业小额交易）以及 B2C（平台对用户）两种平台模式。

（三）跨境电子商务 3.0 阶段（2013 年至今）

2013 年被称为跨境电子商务的转折年，跨境电子商务全产业链都出现了商业模式的变化，这也标志着跨境电子商务 3.0 阶段的到来。

近年来，跨境电子商务进入整合、转型期，跨境电子商务的发展逐渐呈现出许多新的特点，如参与主体的多样化、全产业链、品牌化。

（1）参与主体多样化。在 2013 年之前，跨境电子商务的主要参与者是一些中小型企业，以及网商、个体工商户或者是草根创业者。2013 年之后，越来越多的大中型企业、工厂和传统的外贸商也开始批量进入。

（2）全产业链。为了贸易便利化，除了产品外，对于仓储、通关、税收和在线支付等全产业链问题，国家还积极推通关一体化和"单一窗口"，跨境电商企业及服务企业不断整合多方资源提供一体化服务，促使跨境电子商务向规模化、集约化、全产业链化的优质纵深化方向发展。

（3）品牌化。早期的跨境电子商务，主要以中小型企业为主，通过销售物美价廉的产品来获利，没有太多的品牌意识。近年来，随着大量的大中型企业、品牌商、贸易商的加入，越来越多的企业开始从简单的加工贸易，从高污染、高环境投入的生产形态，逐步向品牌化、规模化、生态化的运营之路转型。

三、跨境电子商务的分类

我国跨境电子商务按照交易模式划分，可分为企业对企业（Business-to-Business, B2B）、企业对消费者（Business-to-Consumer, B2C）和消费者对消费者（Consumer-to-Consumer, C2C）等模式；按照商品进出口方向划分，可分为进口跨境电子商务和出口跨境电子商务；按照平台服务类型划分，可分为信息服务平台和在线交易平台；按照平台运营方式划分，可以分为自营平台和第三方开放平台。

（一）按照交易模式划分

1. B2B

B2B 是指分属不同关境的企业与企业之间通过互联网，进行数据信息的交换、传递，开展交易活动，并通过跨境物流配送商品，最终完成交易的商业模式。目前，我国跨境电商交易中，B2B 交易额占总成交额的 80% 以上。主要的代表企业有阿里巴巴国际站、中国制造网、环球资源网等。

2. B2C

B2C 中文简称为商对客，即是通常说的分属不同关境的企业直接面向消费者销售产品和服务的商业零售模式。B2C 跨境电商企业所面对的最终客户为个人消费者，以零售为主，物流模式主要是物流小包，目前大多数商品未纳入海关登记和纳税范围。代表企业有全球速卖通、亚马逊、Wish、eBay、兰亭集势等。

3. C2C

C2C 通常指的是分属不同关境的消费者个人之间在线销售产品和服务。C2C 作为初期的电子商务模式，本意是个人卖家通过第三方电子商务平台发布所要出售的产品和服务信息，个人买家最终通过电子商务平台与卖家达成交易，在线完成支付，并通过跨境物流送达商品，完成交易过程。但是现在 C2C 模式下的卖家往往并不是个人消费者，而是由专业卖家在出售商品，也就意味着真正 C2C 模式下的交易越来越少。

（二）按照商品进出口方向划分

1. 进口跨境电子商务

进口跨境电子商务的传统模式是"海淘"，即通过互联网搜索海外商品信息，通过电子订购单发出购物请求，由海外购物网站把商品通过转运或直邮寄回国的海外购物方式。此外，主要的进口跨境电子商务模式还有"网购直购进口"和"网购保税进口"模式。"网购直购进口"指消费者通过亚马逊、eBay、全球速卖通等电商平台网购后，商品通过邮政通道或国际商业快递从境外运输入境，并以个人物品方式向海关申报，缴纳关税，然后再发到消费者手中。"网购保税进口"则是指境外企业已经把商品以整批货物形式进口清关，存放于境内的保税区，境内的消费者通过电商平台下单后，商品以个人物品方式向海关申报，直接从境内保税区快递到消费者手中。

2. 出口跨境电子商务

出口跨境电子商务是指通过跨境电子商务平台发布产品信息，达成出口交易，进行支付结算，并通过跨境物流送达商品，最终完成交易。

（三）按照平台服务类型划分

1. 信息服务平台

信息服务平台主要是为境内外会员商户提供网络营销平台，传递供应商或采购商等商家的商品或服务信息，促成双方达成交易。主要代表企业有中国制造网、环球资源网等。

2. 在线交易平台

在线交易平台不仅为企业提供产品或服务信息，还可以通过平台在线完成搜索、咨询、下单、物流、支付和评价等全过程，已经成为当前跨境电商的主流模式。主要代表企业有阿里巴巴国际站、亚马逊、全球速卖通、Wish、eBay 等。

（四）按照平台运营方式划分

1. 自营平台

自营平台是通过在线搭建平台，整合供应商资源，通过较低的进价采购商品，然后以较高价格出售商品。此模式下，卖家以商品差价作为盈利模式。主要代表企业有兰亭集势、米兰网、大龙网等。

2. 第三方开放平台

第三方开放平台是指通过线上搭建商城，整合物流、支付、运营等服务资源，吸引商家进驻，为其提供跨境电商交易服务。此模式主要以收取卖家佣金及增值服务佣金为主要盈利模式。主要代表企业有全球速卖通、敦煌网、亚马逊、阿里巴巴国际站等。

四、跨境电子商务的主要代表企业

1. 阿里巴巴国际站（Alibaba）

阿里巴巴的跨境电商企业分为国际站和全球速卖通。阿里巴巴国际站是全球最大的B2B贸易市场。它是为中小企业拓展国际贸易提供出口营销推广服务，通过向境外买家展示、推广供应商的企业和产品，进而获得贸易商机和订单的贸易平台。阿里巴巴国际站提供一站式的店铺装修、产品展示、营销推广、生意洽谈及店铺管理等全系列线上服务和工具。在阿里巴巴国际站，境外买家可以寻找卖家并发布采购信息，卖家可以寻找买家并发布公司产品及产品信息，平台为买卖双方提供了搜索功能、沟通工具、账号管理工具，为双方的在线交易提供了便利。

目前，阿里巴巴国际站的卖家一般是来自我国以及印度、巴基斯坦、美国和日本等国的制造商和分销商。

2. 环球资源（Global Sources）

环球资源是一家多渠道B2B媒体公司，致力于我国的对外贸易。公司的核心业务是通过一系列英文媒体，包括环球资源网（GlobalSources.com）、贸易展览会、杂志及手机应用程序，促进亚洲与全球各国的贸易往来。目前，已有超过140万名国际买家（其中包括95家来自全球百强零售商）使用环球资源提供的信息和服务去了解和掌握供应商及其产品的资料，以便在供应市场上进行高效采购。此外，供应商还可以借助环球资源提供的整合出口推广服务，提升公司形象、获得销售查询、赢得来自逾240个国家及地区的买家订单。

3. 中国制造网（Made in China）

中国制造网创建于1998年，是由焦点科技开发和运营的国内知名B2B电子商务网站。它汇集中国企业产品，面向全球采购商，提供高效、可靠的信息交流与贸易服务平台，已成为全球采购商采购中国制造产品的重要网络渠道之一。

中国制造网为注册会员提供交易信息的发布、搜索、管理服务，为供求双方的沟通与磋商提供工具与手段，为供求双方进行贸易合作提供信息及其他涉及供求双方业务与贸易过程的相关服务。我国供应商可以在产品目录发布企业、产品信息，从而实现在互联网上展示企业形象及推广产品并获得商业机会。

4. 敦煌网（DHgate）

2004年敦煌网正式上线，作为国内首个为中小企业提供B2B网上交易的网站，它以中小额外贸批发业务为主，采取佣金制，免注册费，只在买卖双方交易成功后收取费用。

作为中小额B2B跨境电子商务的创新者，敦煌网采用EDM（电子邮件营销）的营销模式低成本、高效率地拓展海外市场，自建线上平台，为海外用户提供了高质量的商品信息。用户可以自由订阅英文版的 EDM 商品信息，第一时间了解市场的最新供应情况。

5．亚马逊（Amazon）

亚马逊公司成立于 1995 年，是美国最大的一家电子商务公司，位于美国西雅图，是网络上最早开始经营电子商务的公司。亚马逊一开始只经营书籍网络销售业务，现在已成为全球商品品种最多的网上零售商。

目前，亚马逊网站除了美国站，还有英国、法国、德国、西班牙、意大利、挪威、日本、中国、印度、澳大利亚、新西兰、巴西、墨西哥等站。亚马逊中国的前身为卓越网，后被亚马逊公司收购，成为其子公司，总部设在北京。

亚马逊及其他销售商在平台上为客户提供数百万种独特的全新及二手商品，如图书、影视、音乐和游戏、电子产品和计算机、家居厨房用品、玩具、婴幼儿用品、食品、服饰、鞋类和珠宝、美妆和个护健康用品、运动及户外用品、汽车及工业产品等。

6．eBay

eBay 作为全球商务的领先者，是一个可让全球用户上网买卖物品的线上拍卖及购物网站。eBay 集团于 1995 年 9 月在美国加利福尼亚州圣荷西成立，如今已有 1.8 亿活跃买家，实时商品上架量达 17 亿。自 2007 年以来，我国有大量的企业和个人用户通过 eBay 在线交易平台将产品销往全球市场。

eBay 对进驻平台的商家收取两项费用，一项是商家在平台刊登商品所收取的费用，另一项是交易成功后收取的佣金。

7．Wish

Wish 作为新兴的移动电商，2011 年 12 月成立于美国，是一款根据用户喜好，通过精确的算法推荐技术，将商品信息推送给感兴趣用户的移动优先购物 App。虽然 Wish 的主体用户群集中在欧美地区，但是中国商户的销售额占比增长却十分迅速。

目前，Wish 的主要销售类目是服装服饰，此外还有母婴用品、家居用品、3C 产品配件、美妆、配饰等。Wish 平台卖家进驻门槛低，平台流量大，成单率高，利润率远高于传统电商平台。但是 Wish 平台也有其弊端，如平台偏向买家，对侵权产品处罚较为严厉等。

8．全球速卖通（AliExpress）

全球速卖通是阿里巴巴旗下的面向全球市场打造的在线交易平台，被广大卖家称为"国际版淘宝"，正式上线于 2010 年 4 月。全球速卖通是阿里巴巴帮助中小企业接触终端批发零售商，小批量、多批次快速销售，拓展利润空间而全力打造的融合订单、支付、物流于一体的外贸在线交易平台。2016 年 3 月 23 日全球速卖通发布规定，从 4 月初开始，所有商家必须以企业身份入驻，不再允许个人商家入驻；2016 年下半年，商家必须有品牌，仅仅有企业身份也不够。这意味着，全球速卖通商家的准入标准是企业身份和品牌，平台从跨境 C2C 模式全面转型为 B2C 模式。

全球速卖通交易额较高的国家有美国、俄罗斯、西班牙、法国和英国等。

9．兰亭集势（LightInTheBox）

兰亭集势成立于 2007 年，总部设在上海，是一家整合了供应链服务的在线 B2C 跨境电商公司，涵盖了包括服装、电子产品、玩具、饰品、家居用品、体育用品等 14 个大类，近百万种商品，主要是集合国内的供应商向国际市场提供"长尾式采购"模式。供应商与兰亭集势签订供销合同，供应商根据兰亭集势的需求供货，保证供货品质和及时到货。兰亭集势与供应商定期结算采购款项，负责确定销售价格和促销规则，负责客户服务。平台卖家自主上新，自定售价，可进行店铺装修、商品排序和商品促销。兰亭集势网站可按平台卖家聚合商品形成卖家店铺，代收货款，通过扣点与卖家结算。

10．Shopee

Shopee是近年来在东南亚及我国台湾地区发展较快的电商平台，于2015年在新加坡成立并设立总部，随后拓展至马来西亚、泰国、我国台湾地区、印度尼西亚、越南及菲律宾。Shopee拥有的商品种类包括电子消费品、家居、美容保健、母婴、服饰及健身器材等。

> **小资料**
>
> **中国跨境电子商务综合试验区**
>
> 中国跨境电子商务综合试验区是我国设立的跨境电子商务综合性质的先行先试的城市区域，旨在跨境电子商务交易、支付、物流、通关、退税、结汇等环节的技术标准、业务流程、监管模式和信息化建设等方面先行先试，通过制度创新、管理创新、服务创新和协同发展，破解跨境电子商务发展中的深层次矛盾和体制性难题，打造跨境电子商务完整的产业链和生态链，逐步形成一套适应和引领全球跨境电子商务发展的管理制度和规则，为推动中国跨境电子商务健康发展提供可复制、可推广的经验。
>
> 2015年3月7日，中国（杭州）跨境电子商务综合试验区经国务院批准设立，成为首批试验区。至今，我国第五批跨境电子商务综合试验区已批准成立，共涉及全国100多个城市。
>
> 商务部、海关总署、税务总局等部门出台了一系列支持跨境电子商务综合试验区发展的政策措施，主要有以下四个方面：
>
> 1．无票免税
>
> 对于跨境电子商务综合试验区内的跨境电子商务零售出口企业未取得有效进货凭证的货物，凡符合规定条件的，出口免征增值税和消费税。
>
> 2．所得税核定征收
>
> 跨境电子商务综合试验区内符合一定条件的出口企业试行核定征收企业所得税办法，采用应税所得率方式核定征收企业所得税，应税所得率统一按照4%确定。符合小型微利企业优惠政策条件的，可享受小型微利企业所得税优惠政策；其取得的收入属于《中华人民共和国企业所得税法》第二十六条规定的免税收入的，可享受免税收入优惠政策。
>
> 3．通关便利化
>
> 跨境电子商务综合试验区内符合条件的跨境电子商务零售商品出口，海关通过采用"清单核放，汇总申报"的便利措施进行监管验放，提高企业通关效率、降低通关成本。
>
> 4．放宽进口监管
>
> 对跨境电商零售进口商品不执行首次进口许可批件、注册或备案要求，按个人自用进境物品监管。

> **导入案例分析**
>
> 国际贸易时刻处在变局中，巨大的机会和命运的转折成了我国外贸人的经营日常，只有改变传统外贸方式，大力发展外贸新业态、新模式，才能在新的经济环境下快速开拓蓝海市场，抢占先机。

本章小结

国际贸易方式是指国际贸易中买卖双方采用的交易方式。在国际贸易实践中，每笔交易都会通过一种贸易方式进行。需要注意的是，国际贸易方式与海关监管方式存在密切关系，但也明显不同。

一般贸易是指单边输入关境或单边输出关境的进出口贸易方式，是当前国际贸易中最广泛使用的贸易方式。

经销与代理是国际贸易中常见的两种贸易方式。经销是属于转卖行为的一种贸易方式，经销商与供货商之间为买卖关系，经销商自负盈亏、自担风险。代理属于委托代销关系，而不是买卖关系。可见，经销与代理区别较大。

寄售与展卖也是国际贸易中常见的两种贸易方式，其共同点是货物先出运再销售。寄售是一种委托代售的贸易方式，买卖双方属于委托关系。此种方式中，卖方承担了货物出售前的一切风险，在我国外贸业务中较少使用。展卖主要适用于博览会、展览会及其他交易会等场合，是一种以展促销、以销为主的做法。

拍卖是一种公开叫价竞购的贸易方式。在国际贸易中，采取拍卖方式交易的商品一般都是品质不易标准化、难以长久保存或习惯上采用拍卖销售的商品。

招标投标是一种贸易方式的两个方面。国际工程承包多采用招标投标方式进行，通过国际工程承包，可以实现技术、劳务、设备和商品等多方面的出口。

加工贸易是我国一种重要的贸易方式，主要包括进料加工和对外加工装配两种方式。

对销贸易包括进口业务和出口业务，是把进口和出口结合起来，组成相互联系的整体交易。其基本形式有三种，即易货贸易、互购贸易和补偿贸易。

期货交易是从现货交易中的远期合同交易发展而来的，不同于商品的现货交易。期货交易包括投机交易和套期保值交易两种。

市场采购是近年来在我国兴起的一种新型的贸易方式，该贸易方式为专业市场"多品种、多批次、小批量"外贸交易创设，具有通关快、便利化、免征增值税等特点。

跨境电子商务作为一种新型的贸易方式，发展迅猛。我国跨境电子商务经历了跨境电子商务 1.0 阶段（1999—2003 年）、跨境电子商务 2.0 阶段（2004—2012 年）和跨境电子商务 3.0 阶段（2013 年至今）三个阶段的发展，已成为我国外贸发展转型的重要力量。

思考与练习

一、填空题

1. 经销根据经销权不同，可分为_____和_____，经销属于_____的一种贸易方式。
2. 独家经销又称为_____，与一般经销的区别在于_____。
3. 代理的种类很多，按照委托人对代理人授权的大小，分为_____、_____和_____，其中_____的权限最大。
4. 独家代理是指委托人给予代理人在_____和_____享有_____的代理。独家代理的专营权指_____。

5. 代理协议是明确委托人与代理人之间的权利与义务的法律文件，内容主要包括_____、_____、_____和_____。
6. 寄售人与代销人之间是_____关系，而非_____。
7. 展卖是指利用博览会、展览会及其他交易会形式，把出口商品的_____和_____结合起来，以展促销、以销为主的做法。
8. 拍卖的出价方法主要有_____、_____和_____。
9. 招标投标与一般交易方式的程序不同，一般包括_____、_____、_____和_____四个阶段。
10. 对外加工装配业务包含_____和_____两种形式。对外加工装配业务都包含_____和_____两个贸易进程。这两个进程是同一笔贸易的两个方面，而不是两笔交易。
11. 对销贸易有多种形式，但基本形式有三种，即_____、_____和_____。
12. 根据交易者的目的，期货交易可以分为_____和_____两种。
13. 市场采购为专业市场"多品种、多批次、小批量"外贸交易创设，具有_____、_____和_____等特点。
14. 按交易模式进行划分，跨境电子商务主要可以分为_____、_____和_____等形式。
15. B2C 跨境电商企业所面对的最终客户为个人消费者，以零售为主。代表企业有_____、_____、_____、_____和_____等。

二、单项选择题

1. 国际贸易中最常见的贸易方式是（　　）。
   A. 一般贸易　　　　B. 包销　　　　　　C. 代理　　　　　　D. 招标投标
2. 包销同一般出口贸易的不同之处在于（　　）。
   A. 包销方式下，双方当事人通过协议建立起一种临时购销关系
   B. 包销方式下，双方当事人通过口头协议建立起一种较为稳固的购销关系
   C. 包销方式下，双方当事人通过协议建立起一种较为稳固的购销关系
   D. 包销是国际贸易中最常见的贸易方式
3. 包销协议实质上是一份（　　）。
   A. 买卖合同　　　　B. 代理合同　　　　C. 寄售合同　　　　D. 拍卖合同
4. 在寄售方式中，货物的所有权在寄售地出售前属于（　　）。
   A. 代理人　　　　　B. 寄售人　　　　　C. 代销人　　　　　D. 包销人
5. 拍卖的特点是（　　）。
   A. 两个及以上卖主之间的竞争　　　　　B. 两个及以上买主之间的竞争
   C. 买主与卖主之间的竞争　　　　　　　D. 拍卖行与拍卖行之间的竞争
6. 投标人发出的标书是一项（　　）。
   A. 不可撤销的发盘　　　　　　　　　　B. 可撤销的发盘
   C. 可随时修改的发盘　　　　　　　　　D. 无有效期的发盘
7. 来料加工和进料加工（　　）。
   A. 都是一笔交易　　　　　　　　　　　B. 都是两笔交易
   C. 前者是一笔交易，后者是两笔交易　　D. 前者是两笔交易，后者是一笔交易

8. 下列贸易方式中经常用于国际工程承包的是（　　）。
   A. 包销　　　　　B. 代理　　　　　C. 招标投标　　　　D. 拍卖
9. 下列贸易方式中，属于竞卖的是（　　）。
   A. 投标　　　　　　　　　　　　　B. 增价拍卖
   C. 减价拍卖　　　　　　　　　　　D. 密封递价拍卖
10. 我国某进出口公司6月份在现货市场上出售大豆一批，出口价为每公吨150美元，12月份交货。为了避免市场价格上涨的风险，该公司以相同的价格和数量在期货市场购进12月份交割的期货合同，这种做法被称为（　　）。
    A. 卖期保值　　　B. 买期保值　　　C. 多头　　　　　　D. 空头
11. 下列不属于市场采购的特征的是（　　）。
    A. 多品种　　　　　　　　　　　　B. 多批次
    C. 小批量　　　　　　　　　　　　D. 大宗农副产品
12. 下列属于跨境电子商务B2C平台的是（　　）。
    A. 全球速卖通　　　　　　　　　　B. 敦煌网
    C. 中国制造网　　　　　　　　　　D. 阿里巴巴国际站
13. 按照平台运营方式划分，跨境电子商务平台可分为自营平台和第三方开放平台，下列属于第三方开放平台的是（　　）。
    A. 兰亭集势　　　B. 米兰网　　　　C. 大龙网　　　　　D. 亚马逊

三、判断题

1. 关于包销商品的作价方法，在规定的包销期限内一次作价比分批作价普遍。（　　）
2. 独家代理与独家经销在本质上都是买卖关系。（　　）
3. 我国"大进大出、两头在外"的业务方式指的是来料加工贸易方式。（　　）
4. 易货贸易是把等值的出口货物和进口货物直接结合起来的贸易方式。因此，每一笔的交易额都要相等。（　　）
5. 拍卖前买主可事先看货，事后如买主发现货物确有瑕疵，拍卖人要承担责任。（　　）
6. 招标与投标是同时进行的两种贸易方式。（　　）
7. 期货交易的结果不是转移实际货物，而是支付或者取得签订合同之日与履行合同之日的价格差额。（　　）
8. 互购贸易中是以货换货，交易双方需要签订两个既独立又相互联系的合同，每个合同都以等值货物来结算。（　　）
9. 市场采购仍然采取"谁出口、谁收汇"的外贸收汇制度。（　　）
10. 跨境电子商务就是以电子商务方式进行的进出口贸易。目前，仅局限于企业间的交易。（　　）

四、案例分析与计算

1. 江苏某纺织品公司准备从英国进口纺织机，其具体做法是：先出口纺织品到国外，再用出口所得外汇购买生产所需要的纺织机。但该公司把这种做法报请主管机关给予补偿贸易的优惠待遇，却遭到拒绝。请对此进行分析。
2. 我国某公司新研制出一种产品，为打开该产品的销路，公司决定将产品运往美国寄售。

在美国代售方出售商品后,我方收到对方的结算清单,其中包括商品在寄售前所花费有关费用的收据。请问:寄售方式下,商品在寄售前所花费有关费用应由谁承担?为什么?

3. 浙江温州 A 公司是一家专业生产服装的企业。为扩大销售渠道,2020 年 12 月,A 公司与温州某轻工进出口公司(B 公司)签订委托代理合同,委托 B 公司代其联系国外客户。欧洲某进出口公司(C 公司)与 B 公司有长期的贸易往来,于是 B 公司向欧洲 C 公司介绍了 A 公司的生产销售业务情况。2021 年 1 月,欧洲 C 公司通过 B 公司同意将一笔加工 10 万件服装的订单下给浙江温州 A 公司。但由于 A 公司不具有自营进出口经营权,因此,在签订进出口合同时,买方为欧洲 C 公司,卖方为我国 B 公司。A 公司与 B 公司另行签订了委托代理协议。其后欧洲 C 公司将服装的式样图纸通过特快专递直接寄给 A 公司。2021 年 8 月,由于 A 公司不能按期交货,双方发生纠纷,欧洲 C 公司作为本案的申请人,按进出口合同中规定的仲裁条款,拟向上海国际经济贸易仲裁委员会提出仲裁申请。试分析:①本案的被申请人是浙江温州 A 公司,还是 B 公司?为什么?②该案应如何处理?

Passage 2

第二篇

国际贸易惯例及术语

第三章 国际贸易适用的法律与惯例

Chapter Three

学习目标

▲ 了解国际贸易适用的法律与惯例的发展历史　　▲ 掌握国际贸易惯例的概念
▲ 掌握国际贸易惯例的性质与特点　　▲ 掌握国际贸易惯例的作用

导入案例

我国某外贸公司与国外客户签订一出口合同，价格条款为 CIF 伦敦，每公斤 30 欧元，合同同时规定，我方应租船订舱、办理保险并保证符合合同规定的货物于 11 月 5 日前运抵目的地，结果货物在海运途中遭受自然灾害，运抵伦敦时损失了近 1/3，对方以我方未完全履行合同为由向我方索赔。请问：我方应如何处理？

第一节 国际贸易适用的法律与惯例概述

国际贸易的当事人一般身处不同的国家或地区，各国或地区适用的法律法规存在较大的差异，因而在国际贸易实践上容易产生争议。因此，在世界各国或地区积极谋求国际贸易法律统一化的进程中，国际贸易惯例起着日益重要的作用。在 1988 年生效的《联合国国际货物销售合同公约》中，国际贸易惯例的作用和效力得到了明确的肯定和较大程度的反映。

一、国际贸易适用的法律与惯例的发展历史

国际贸易适用的法律与惯例具有悠久历史，其产生过程通常分为三个阶段。第一阶段可追溯到中世纪时期。大约在公元 13 世纪，地中海沿岸各国间的商业往来已经非常兴盛。当时从事贸易活动的商人团体为了维护自身的利益，根据业务实践自己制定了一些习惯做法和规则，形成了适用于各个商业发达港口和市集地区的具有国际性的商事习惯法。这些法律由于是在商人长期的业务实践中形成的，在商人之间的交易中使用，并曾由附属于各市集的商事法庭加以执行，因而又被称为"商人的法律"或"商人法"。例如，14 世纪西班牙编纂的著名的"康苏拉度"法（Consulado de Mar）就是 13 世纪流行于地中海沿岸反映海上运输习惯做法的海事法典。在这一时期，出现了商业票据、提单、租船运输等贸易惯例用语，并沿用至今。

第二阶段涵盖了公元 17 世纪中叶至 19 世纪。上述国际商事习惯法逐渐被各主权国家纳入其国内法，从而形成了各国的国内民商法。例如，法国制订了拿破仑商法典（Donnance de Commerce）；英国大法官孟斯菲尔德通过对具体的商事惯例做出特别裁决，将商事惯例吸收到普通法中，使之成为普通法的组成部分；德国也于 1897 年制定了商法典。在这个阶段，尽管各国进行了大规模的商事立法，使商事习惯法受到了一定的限制和排挤，但并不能使各国的国

内商法完全取代国际商事习惯法，商事习惯法仍然获得了一定的发展。例如，FOB 及 CIF 贸易术语、信用证等开始出现。

进入 20 世纪后，随着各国国内法的发展，以及随之而产生的各国实体法之间的法律规定差异，从事国际贸易的当事人都要求根据本国的法律来调整他们之间的权利与义务关系，因而导致了尖锐的法律冲突。虽然可以按照国际私法的规范来调整这种法律冲突，但是冲突规范并不直接调整当事人的权利和义务，适用冲突规范的结果仍然是以冲突规范所指向的国家的国内法来调整。运用国内法解决国际贸易争端的明显不足是时间长、成本高、不确定性强等，而这与国际贸易纠纷的解决要求迅速、节省、低成本背道而驰。因此，这无疑给国际贸易业务带来了极大的不便，严重妨碍了国际贸易的顺利发展。

为了克服因各国国内商法的分歧所导致的法律障碍，摆脱国内法的限制，国际社会不断努力促使国际贸易法的统一，通过编纂国际贸易惯例和缔结国际条约形成和制定了一系列调整国际贸易关系的统一的实体规范。这一时期是国际贸易惯例产生的第三个阶段。在此期间，国际贸易惯例的编纂方面取得了一系列的成果，主要有：国际法协会（ILA）制定的《华沙-牛津规则》《海牙规则》；国际海事委员会（CMI）制定的《约克-安特卫普规则》《电子提单规则》《海运单统一规则》《维斯比规则》；国际商会（ICC）制定的《国际贸易术语解释通则》（INCOTERMS）、《跟单信用证统一惯例》（UCP）、《跟单信用证统一惯例关于电子交单的补充》（eUCP）、《托收统一规则》（URC）、《国际备用证惯例》（ISP98）、《审核跟单信用证项下单据的国际标准银行实务》（ISBP）以及《跟单票据争议解决专家意见规则》（DOCDEX）等；联合国国际贸易法委员会（UNCITRAL）制定的《鹿特丹规则》《汉堡规则》《联合国独立保证与备用信用证公约》等。这一时期出现的国际贸易惯例的特点是，贸易惯例成文化、非由国家制定以及其约束力也为仲裁机构所承认等。

由此可见，目前被广为接受的贸易惯例与各国国内法并驾齐驱，共同规范着国际贸易行为。

二、国际贸易适用的法律与惯例

概括起来，国际贸易适用的法律与惯例主要有国际条约、国内法、国际贸易惯例等。

（一）国际商事中的主要国际条约

1. 关于国际货物买卖的公约

（1）《国际货物买卖统一法公约》（海牙，1964 年签订）。

（2）《联合国国际货物销售合同公约》（维也纳，1980 年签订）。

（3）《联合国国际货物销售时效期公约》（纽约，1974 年签订）。

2. 关于国际货物运输的公约

（1）《统一提单的若干法律规则的国际公约》（简称《海牙规则》，1924 年签订）。

（2）《修改统一提单的若干法律规则的国际公约的议定书》（简称《维斯比规则》，1968 年签订）。

（3）《联合国海上货物运输公约》（简称《汉堡规则》，1978 年签订）。

（4）《统一国际航空运输某些规则的公约》（简称《华沙公约》，1929 年签订）。

（5）《修改统一国际航空运输某些规则公约的议定书》（简称《海牙议定书》，1955 年签订）。

（6）《国际铁路货物联运协定》（简称《国际货协》，1951 年签订）。

（7）《关于铁路货物运输的国际公约》（简称《国际货约》，1961 年签订）。

(8)《联合国国际货物多式联运公约》(1980年签订)。

3．关于国际支付的公约

(1)《汇票、本票统一法公约》(日内瓦，1930年签订)。

(2)《解决汇票、本票法律冲突公约》(日内瓦，1930年签订)。

(3)《统一支票法公约》(日内瓦，1931年签订)。

(4)《解决支票法律冲突公约》(日内瓦，1933年签订)。

(5)《联合国国际汇票与国际本票公约》(1988年签订)。

4．关于对外贸易管理的公约

《世界贸易组织协定》(马拉喀什，1994年签订)。

5．关于贸易争端解决的公约

(1)《承认及执行外国仲裁裁决公约》(纽约，1958年签订)。

(2)《关于争端解决规则和程序的谅解》(马拉喀什，1994年签订)。

6．关于国际投资的公约

(1)《关于解决国家与他国国民之间投资争端公约》(简称《华盛顿公约》，1965年签订)。

(2)《多边投资担保机构公约》(简称《汉城公约》，1985年签订)。

7．关于知识产权的公约

(1)《保护工业产权巴黎公约》(巴黎，1883年签订)。

(2)《商标国际注册马德里协定》(马德里，1891年签订)。

(3)《保护文学和艺术作品伯尔尼公约》(伯尔尼，1886年签订)。

(4)《世界版权公约》(日内瓦，1952年签订)。

(二)我国涉及有关国际贸易的国内法

由于国际条约与惯例并不能涵盖和解决国际贸易的各个领域问题，世界上许多国家都制定了调整与管理对外贸易的法律法规。因此，各国的国内法在国际贸易活动中仍占有重要地位。目前，我国国内法所涉及的有关国际贸易的主要法律有以下几项：

1．适用于国际货物买卖的国内立法

《中华人民共和国民法典》。

2．适用于国际货物运输与保险的国内立法

《中华人民共和国海商法》。

3．适用于国际货款收付的国内立法

《中华人民共和国票据法》。

4．适用于对外贸易管理的国内立法

(1)《中华人民共和国对外贸易法》。

(2)《中华人民共和国海关法》。

(3)《中华人民共和国进出口商品检验法》。

5．适用于国际商事仲裁的国内立法

《中华人民共和国仲裁法》。

(三)国际贸易惯例

目前，在国际贸易领域常见的国际贸易惯例有：

1. 有关信用证的国际惯例
《跟单信用证统一惯例（2007年修订本）》（国际商会第600号出版物，简称《UCP600》）。
2. 有关托收的国际惯例
《托收统一规则》（简称《URC522》）。
3. 有关国际贸易术语的国际惯例
（1）《华沙-牛津规则》。
（2）《1990年美国对外贸易定义修订本》。
（3）《2020年国际贸易术语解释通则》（简称《INCOTERMS 2020》）。
4. 有关国际保险领域的国际惯例
（1）《约克-安特卫普规则》。
（2）《伦敦保险协会保险条款》。

三、国际贸易惯例的概念

国际贸易惯例又称国际商业惯例，没有既定的概念。特别是"惯例"（Custom）与"习惯"（Usage）两词经常相互混用。就一般字意而言，"习惯"通常是指在实践活动中形成的一种重复性的行为；而"惯例"则是指在重复性行为基础上产生的固定的行为规则，它因从业人员经常采用而具有一定的约束作用。就其确定性、规范性和普遍性意义而言，惯例不同于由重复行为而形成的习惯或当事人之间的习惯做法（Practice）。但是，在国际贸易实际业务和一般的文献书籍中，"Custom"常被译为"习惯"，而"Usage"则被译为"惯例"。造成这种混用现象的原因可能有两点，一是受传统译法的影响，二是在国际贸易长期的发展实践中，"惯例"与"习惯"的含义也在不断发展和变化。例如，按照传统的概念，"惯例"应该是具有普遍性的、必须遵守的法律约束力，而现代国际贸易惯例则是建立在当事人意思自治的基础之上，具有任意法的性质，亦即只有经当事人采用，才对当事人具有约束力。

国际贸易惯例是历史发展的产物，但其内容不是一成不变的，而是随着国际贸易客观情况的发展和变化，不断地发生相应的变动和修改。因此，国际贸易惯例是指在长期的国际贸易实践中形成的一些规范化、成文化的并具有一定确定性和指导意义的行为规范以及一些习惯做法。它们一经形成和出现，又反过来对国际贸易实践产生深刻的影响，在当事人意思自治的原则下，对国际贸易业务的进行和发展起着一定的指导和制约作用。

小资料

国内外学者对国际贸易惯例的解释

关于国际贸易惯例或国际商业惯例的内涵，国际上有许多评论或解释。英国著名的国际贸易实务与法律学者施密托夫教授在《国际贸易法律的渊源》和《经济情况转变中的商业法律》两书中，对国际商业惯例的内涵做过解释。他认为，"国际商业惯例由商业习惯性做法或标准构成，这些做法或标准应用极为广泛，凡从事国际贸易的商人都期望他们的合同当事人能够切实遵守，并经国际商会、联合国欧洲经济委员会及各个国际贸易协会所制定。"他还指出，"在对这个问题的研究中，'国际商业惯例'（Custom）一词仅指由国际组织所制定的惯例；对于那些不是由国际组织制定的商业惯例均称为'商业习惯'（Usage）或'习惯做法'（Practice）。显然，那些经常建立在平常行为基础上的商业习惯做法，有时就是商业惯例的雏形，即导致最终形成商业惯例的最初或试验阶段的形式。商业惯例具有相当程度的肯定性，而商业习惯性做法则不具备这样的特性。因此，我们有理由将商业惯例说成是一种创立法律的渊源。"这说明商业惯例、习惯、习惯性做法都是可以适用的一定的行为模式，其中，商业惯例的重要特点在于它是被规范化、成文化的，因而具有相当的确定性。

另一位著名学者诺伯特·霍恩在其《国际商业合同法的统一和变异》的论著中也持有与施密托夫相似的观点。他认为广义上的商业惯例（Custom）包括贸易习惯（Usage）、标准条款（Standard Clauses）、合同或关于合同的规则；如果以上习惯、标准条款、合同等经国际商会一类的半官方国际机构所公布，则对于此类合同模式和规则的这种事实上的承认和采用，就会导出一项新的贸易惯例或反映出一项已经存在的惯例。

我国台湾地区著名法学家柯泽东教授在其《国际贸易习惯法暨国际商务仲裁》一书中指出，国际贸易习惯法（国际贸易惯例）的来源包括三方面：一是商业同业或专业团体或协会所制定的具有权威性的标准买卖合同，以及特别机构订立的买卖一般条件；二是国际商会制定类似《国际贸易术语解释通则》（INCOTERMS）及《跟单信用证统一惯例》（UCP）等文件；三是国际商务仲裁机构做出的裁决。柯泽东教授同时明确表示，这三类国际贸易惯例的共同特点是，都是权威性机构所制定且为成文化的，并且存在于文献中并为司法判例或仲裁裁决所确认的，不同于传统的口头惯例。

从上述分析可以看出，广义上的商业惯例实际上分为成文的国际商业惯例（Formulated International Commercial Custom）与不成文的商业习惯性做法（Unformulated Commercial Usage）。而英美法系认为，习惯性做法必须是普遍的（Universal）、形成已久的（Long-established）或众所周知的（Notorious）且具有普遍约束力的传统标准。对此，施密托夫、汉诺等学者持否定观点。在这个问题上，汉诺教授在《国际贸易法与国内法》一文中曾引述美国《统一商法典》（UCC）对"贸易习惯"（Usage of Trade）所下的定义："在一个地区、行业或贸易中，习惯性做法是交易中经常遵守的做法或方法，它应该作为有关的交易中遵循的准则。"汉诺认为，美国《统一商法典》的上述定义以缜密的语言否定了贸易习惯性做法或贸易习惯必须是"普遍的、形成已久的或众所周知的"观点，并且进一步指出，"如果这一原则能为英美法院所接受，就会为采用商业习惯（包括国内与国外的）来处理商事问题开辟广阔的道路。""它将加速商业惯例的形成，并使司法和仲裁手段协调起来。"汉诺的上述观点意味着，在现代国际贸易中，除了那些在国际贸易实践中经过反复采用并经国际组织或商业团体进行解释和规范化的成文贸易惯例（Custom）可以普遍地为国际贸易的当事人所使用，并成为司法机构和仲裁机构处理纠纷案件的依据外，即使是那些并非"普遍的、形成已久的或众所周知的"商业习惯（Usage）或习惯性做法也有可能起到同国际贸易惯例相同的作用。

从上述分析可以得出以下结论：传统观念将"惯例"理解为必须具有法律规范的普遍约束力以及必须具备"形成已久的"和"众所周知的"条件，而忽视了现代国际贸易惯例的"当事人意思自治"的原则及其他特点。

第二节　国际贸易惯例的性质、特点和作用

一、国际贸易惯例的性质与特点

尽管国际贸易惯例是国际贸易法律的渊源之一，它具有类似法律规范的性质和表现形式，但严格地说，国际贸易惯例本身并不是法律。通常情况下，它对当事人不产生法律性质的约束力，是任意性的；它只有通过国家或国际立法或当事人的认可，才会产生法律性质的约束力。因此，绝大多数的国际贸易惯例是在"当事人意思自治"和"契约自由"的原则下，被当事人全部或

部分地采用或修改后采用,这也是国际贸易惯例不断发展和变化的一个重要原因。

为了正确运用国际贸易惯例,充分发挥其作用,当事人对国际贸易惯例的性质和特点应有所认识。

(一)国际贸易惯例必须具有一般性和普遍性

所谓"一般性"和"普遍性",是指一项行为规范其条款明确,广为接受,可以适用于同类商品或同类领域的一般交易,具有一般性抽象的规范价值。称之为国际贸易惯例的规范必须符合这一特征,但这一特点允许当事人对惯例内容予以排除或另做与之相反的约定。

(二)国际贸易惯例必须具有权威性

目前通用的国际贸易惯例大多由具有权威性的国际商业机构编纂和解释。这些机构历史悠久,实务经验丰富,专业知识卓越,因而具备权威性且有能力编纂和解释各类实用的商业文献,以供各种商业活动的实际需要。换言之,国际贸易惯例是由非公权力的权威机构创制,又被普遍接受,而未被国家明示反对的商业行为规范。

(三)国际贸易惯例不是法律和国际公约,本身不具有强制性或约束力

法律是主权国家制定的,有关当事人通常必须遵守,即法律一般具有普遍适用性和强制性,当事人通常不得在订立合同时排除其适用或对其进行修改、变更。

国际公约(条约)是国际组织制定、诸多国家/地区批准参加的,有关国家/地区通过缔结国际公约可以将某些强制性的法律规范加诸当事人,有关当事人必须遵守,一般具有普遍适用性和强制性。通常,当事人也不得在订立合同时加以排除,只有在特殊情况下除外。通常情况下,国际贸易惯例与国际公约平行发展,是商业行为规范的统一解释,但其效力一般低于国际公约。

而国际贸易惯例不是由哪一个主权国家制定或批准的法律,除非得到主权国家的认可(如 INCOTERMS 已被西班牙、伊拉克等国引入国内法),它不具有普遍适用性和约束力,即不是强制性的规范,贸易当事人可以采用它,也可以不采用它,完全由当事人自由决定。换言之,国际贸易惯例的适用应充分体现"当事人意思自治""契约自由"的精神和原则。

(四)国际贸易惯例只有在一定条件下,才产生法律约束力,具有强制性

国际贸易惯例只有在以下条件下,才产生法律约束力,对当事人具有强制性。

1. 通过国内立法,将国际贸易惯例引入国内法,或者国内法明文规定适用国际惯例

例如,《中华人民共和国海商法》第二百六十八条第二款和《中华人民共和国民用航空法》第一百八十四条第二款均有规定:"中华人民共和国法律和中华人民共和国缔结或者参加的国际条约没有规定的,可以适用国际惯例。"美国《统一商法典》规定:"贸易惯例赋予协议(合同)特定的含义,对协议(合同)条件加以补充或限制。"德国《商法典》也规定:"在洽谈人之间,当涉及评价契约的意思和范围时,将以商务方面的习俗和惯例为基础。"当国际贸易惯例引入国内法后,它就具有了一定的强制性,即当事人在这种情况下,实际上是适用了国内法,因为国际贸易惯例在此时已成为国内法的组成部分,其性质已发生改变。

2. 通过国际立法,将国际贸易惯例引入公约或条约中

若一个国家/地区参加了某项国际公约或条约,则国际公约或条约的内容必须遵守;若国际贸易惯例成为国际公约或条约的一部分,则该国家/地区也应遵守该惯例。

3. 通过合同,在合同中直接引用某一国际贸易惯例

这是最常见的适用国际贸易惯例的情况。若贸易双方当事人在签订合同时,同意对某一问

题适用某项国际贸易惯例，并将该惯例引入合同，则该惯例就成为合同的有效组成部分，即合同的条款之一。此时，该惯例对双方当事人就具有了强制性的约束力，任何一方违反该惯例的有关规定，都构成违约。

4．司法实践中引用国际贸易惯例

这在国际仲裁和诉讼中比较常见。当事人若没有在合同中对某一问题做出明确规定，也未说明应适用某种法律以及采用某项惯例，则在发生争议时，双方无法从合同中找到解决争议的依据及原则，此时，法院或仲裁庭通常会引用某些公认的或影响较大的国际贸易惯例，作为判决或裁决的依据。因此，在这种情况下，惯例的效力来自于判决或裁决。

5．默示适用国际贸易惯例

在国际贸易中，有时还可能推定当事人以默示方式选择适用某项国际贸易惯例，此时该惯例应被视为具有约束力。例如，《联合国国际货物销售合同公约》第9条规定，双方当事人应受他们业已同意的任何惯例的约束，除另有协议外，双方当事人应视为默示同意受他们已经或理应知道的惯例的约束。这表明，对于同类交易中的惯例，只要当事人没有相反的约定，则视为已被当事人默示采纳，从而可以适用于他们订立的合同。

（五）国际贸易惯例可以予以修改或变更

如上所述，国际贸易惯例的特点之一是其本身没有强制性，当事人契约自由是最大原则。因此，即使贸易双方当事人在合同中明确约定采用某项国际贸易惯例，但双方当事人也可以对该惯例中的有关规则予以修改或变更，即双方当事人可在合同中约定与该惯例相抵触的条款。

二、国际贸易惯例的作用

虽然各国的法律并不完全统一，甚至差异较大，但由于国际贸易惯例是在长期的贸易实践中形成的，并且随着形势的变化和发展得以不断完善，其内容已达到高度的统一。因此，许多国际贸易惯例已被各国商人广泛接受，并在国际贸易中发挥了极大的作用。

（一）在国际贸易中适用惯例，可以避免被动局面

在国际贸易中适用惯例，不仅可以解决各国的法律分歧，而且可以使一国的国际贸易业务在一定条件下不受外国法律管辖，从而可以避免被动局面。

各国法律仍存在较大差别，虽然国际社会不断努力缩小这种差别，但距离达到统一的目标还很遥远。例如，英美法系和大陆法系在关于货物买卖中所有权的转移的时间、界限，以及货物风险转移的时间和界限等问题的差别短期内难以统一。在这种情况下，合同当事人都不愿使合同受对方或他国法律管辖，因而有可能阻碍合同的订立。如果双方当事人都同意放弃适用本国法律而采用某项国际贸易惯例，则既可使分歧消除，又可以使合同不受其他国家/地区法律制约，从而起到促进交易顺利开展的作用。

目前，国际贸易惯例的作用在不断加强，在某些情况下，惯例的适用已无须双方当事人明示同意。只要当事人没有相反约定，则有可能被视为默示同意受某项惯例的约束。我国及大多数国家/地区的法律、《联合国国际货物销售合同公约》对此都有明确的规定。

（二）国际贸易惯例可以作为裁决或判决的依据

通常，买卖合同应尽可能将交易的主要事项加以约定，但因种种原因，合同不可能面面俱到。如果贸易双方当事人在合同中既对某一（些）事项没有做出明确具体的约定，如交货时间、开立信用证的时间等，又未订明合同适用的惯例，而在履行合同的过程中，恰巧在这一（些）方面出现了争议或纠纷，同时也无法从合同所适用的法律中找到依据，甚至合同没有约定适用的法律，则有关仲裁机构或法院往往会引用具有一定影响力的国际贸易惯例作为裁决或判决的依据，解决贸易当事人之间的争议或纠纷。

> **小资料**
>
> **《国际贸易术语解释通则》的产生和发展**
>
> 早期，不同国家/地区对贸易术语的多种解释引起的误解阻碍着国际贸易的发展，为便于商人们使用，在进行涉外买卖合同所共同使用的贸易术语的不同国家/地区，有一个准确的贸易术语解释出版物是很有必要的。鉴于此，国际商会于 1921 年在伦敦举行的第一次大会时就授权搜集各国/地区所理解的贸易术语的摘要。
>
> 准备摘要的工作是在所谓贸易术语委员会的主持下进行的，并且得到各国家/地区委员会的积极协助，同时广泛征求了出口商、进口商、代理人、船东、保险公司和银行等各行各业相关人士的意见，以便对主要的贸易术语做出合理的解释，使各方能够共同适用。摘要的第一版于 1923 年出版，内容包括几个国家/地区对下列几种术语的定义：FOB、FAS、FOT 或 FOR、FreeDelivered、CIF 以及 C&F。摘要的第二版于 1929 年出版，内容更加充实，摘录了 35 个国家/地区对上述 6 种术语的解释，并予以整理。经过十几年的磋商和研讨，终于在 1936 年制定了具有历史性意义的贸易条件解释规则——《INCOTERMS 1936》，副标题为 International Rules for the Interpretation of Trade Terms（国际贸易术语解释通则）。INCOTERMS 一词系 International Commercial Terms 的缩写。为适应国际贸易实践发展的需要，国际商会先后于 1953 年、1967 年、1976 年、1980 年、1990 年、2000 年、2010 年和 2020 年对该通则进行过多次修订和补充。2020 年 1 月 1 日，由国际商会修订的《2020 年国际贸易术语解释通则》（INCOTERMS 2020）正式生效。

导入案例分析

本案例关键问题在于理解国际贸易惯例——《2020 年国际贸易术语解释通则》对 CIF 的解释：CIF 术语是象征性交货术语，只要卖方在装运港将符合合同规定的货物交给船运公司，取得已装船清洁提单，货物装上船后，一切风险就转移给买方，卖方无须保证何时到货。但是合同中却做出了与《2020 年国际贸易术语解释通则》相反的规定，即承担了不该承担的何时到货的责任。所以本案例是由于我方业务人员所签合同失误造成的，应该按所签合同办理，向对方理赔合情合理。

本章小结

国际贸易惯例是在国际贸易实践中产生的并经国际组织加以编纂与解释的习惯和习惯做法。国际贸易所适用的法律与惯例的发展历史悠久，发展阶段分为中世纪时期、公元 17 世纪中叶至 19 世纪和 20 世纪以后。当前，国际贸易惯例具有一般性和普遍性、权威性、不具有强制性或约束力等特点。由于各国的法律存在差异，而许多国际贸易惯例已被各国商人所广泛接受，因此在国际贸易中发挥着极大的作用。

思考与练习

一、填空题

1. 国际贸易惯例是指，在长期的_____中形成的一些规范化、成文化的并具有一定确定性和指导意义的_____。
2. 国际贸易惯例必须具有_____、_____和_____等特点。
3. 国际贸易惯例不是法律和国际公约，本身不具有_____和_____。
4. 贸易惯例的适用应充分体现_____、_____的精神和原则。
5. 当国际贸易惯例引入国内法后，它就具有了一定的_____，即当事人在这种情况下，实际上是适用了国内法，因为国际贸易惯例在此时已成为国内法的组成部分，其性质已发生改变。

二、单项选择题

1. 在国际贸易中，对当事人的行为无强制性约束的规范是（　　）。
   A．国际法　　　　　　　　　　　　B．国内法
   C．国际贸易惯例　　　　　　　　　D．国际条约
2. 在有关贸易术语的国际贸易惯例中，影响最大的、使用范围最广的是（　　）。
   A．《华沙－牛津规则》　　　　　　B．《美国对外贸易定义》
   C．《国际贸易术语解释通则》　　　D．《联合国国际货物销售合同公约》
3. 下列不属于国际贸易惯例的是（　　）。
   A．《1932 年华沙－牛津规则》　　　B．《海牙规则》
   C．《跟单信用证统一惯例》　　　　D．《联合国国际货物销售合同公约》
4. 著名学者诺伯特·霍恩在其《国际商业合同法的统一和变异》的论著中认为广义上的商业惯例（Custom）范围较广，但下列各项不包括在内的是（　　）。
   A．贸易习惯（Usage）　　　　　　　B．标准条款（Standard Clauses）
   C．合同或关于合同的规则　　　　　D．各国国内法
5. 以下不属于国际贸易惯例的性质与特点的是（　　）。
   A．一般性　　　　　　　　　　　　B．普遍性
   C．强制性　　　　　　　　　　　　D．权威性

三、判断题

1. 广义上的商业惯例实际上分为成文的国际商业惯例与不成文的商业习惯性做法。（　　）
2. 当合同中的规定与国际贸易惯例发生冲突时，合同优先惯例。（　　）
3. 国际贸易惯例不是法律，但是如果引入合同就具有了法律效力。（　　）
4. 合同没有排除的惯例、已经知道或应当知道的惯例和经常使用的惯例对双方当事人均有约束力。（　　）
5. 合同可以做出和惯例相反的规定。（　　）

四、案例分析

1. 我国某出口公司以 CIF 条件与美国客商签订了一份出口 600 吨大豆的合同。合同规定，采用双线新麻袋包装，每袋 30 千克，价格为每吨 150 美元（CIF 旧金山）。我方交单收款后，

买方来电称，按照国际惯例，合同中未规定商品重量的计算方法时，应按净重计算，我国公司所交货物扣除皮重后，不足30千克，要求我方退回因短量而多收的货款。请问：对方的要求是否合理？

2．我国某公司以FOB条件出口一批冻鸡，合同签订后接到买方来电，称租船较为困难，委托我方代为租船，有关费用由买方负担。根据《2020年国际贸易术语解释通则》的解释，在FOB条件下，货物应由买方租船，并支付运费。为了方便合同履行，我方接受了对方的要求，但时间已到了装运期，我方在规定的装运港无法租到合适的船，且买方又不同意改变装运港，因此到装运期满时，货仍未装船。买方因销售即将结束，便来函以我方未按期租船履行交货义务为由撤销合同。请问：我方应如何处理？

第四章 国际贸易术语

Chapter Four

学习目标

▲ 了解贸易术语的含义及作用
▲ 了解有关贸易术语的国际贸易惯例
▲ 掌握 11 种贸易术语的含义、用法及区别
▲ 理解《2020 年通则》和《2010 年通则》中 11 种贸易术语的区别

导入案例

我国 A 公司以 FOB 条件向美国 B 公司出口一批价值 10 万美元的玩具。合同中规定装运港为宁波港，目的港为洛杉矶长堤港，交货时间为 6 月 27 日，由 B 公司投保平安险。A 公司货源充足，于 6 月 20 日就将货物运抵宁波港。由于未到交货期，就将货物暂存码头。当晚码头发生火灾，A 公司货物全毁。而此时，美国 B 公司所派船舶即将抵达宁波港，A 公司将货物损毁的事实通知了 B 公司，并请 B 公司向保险公司索赔。B 公司以 A 公司尚未交货，货物风险尚未转移为由，拒绝向保险公司索赔，反而要求 A 公司承担货物的全部损失。

请问：B 公司的要求合理吗？

18 世纪末、19 世纪初，国际贸易已出现并使用 FOB、CIF 等贸易术语，但是各国对贸易术语并没有统一的解释。后来，一些国际组织陆续通过编纂国际贸易惯例和缔结国际条约来协调各国国内商法的分歧所导致的贸易障碍。贸易术语的出现，规范了各国货物贸易，从而促进了全球范围内商事贸易活动的进行与发展。

第一节 贸易术语概述

国际贸易术语的发展

国际贸易中，交易双方往往分处不同的国家/地区，距离较远，货物从出口国/地区运往进口国/地区的过程中，需要涉及两国/地区海关、港口、银行、保险公司、运输公司等多个部门，货物的进出口手续操作复杂，因此需要在进出口合同中详细订明交易的条款。贸易术语的出现明确了交易双方的责任、风险、费用的划分，极大地简化了交易条款的签订。

一、贸易术语的含义和作用

贸易术语（Trade Terms）又被称为"对外贸易的语言"，是在长期的国际贸易实践中产生的。贸易术语通常是由三个英语大写字母组成，用来表示商品的价格构成，说明交货地点，确定风险、责任、费用划分等问题的专门用语。

当前，国际惯例对贸易术语都做了统一的解释和规定，在国际上被广泛接受，已成为各国/

地区从事国际贸易的行为准则。因此，买卖双方只要确定了按何种贸易术语成交和采用的贸易惯例，即可明确彼此在货物交接方面所应承担的风险和责任。交易过程中，双方还需要考虑成交价格中包含哪些从属费用，如运费、保险费、装卸费、关税、增值税和其他费用等，不同的贸易术语表明不同的价格构成因素，能够明确双方所承担的费用，有利于交易双方进行成本核算。因此，贸易术语大大简化了交易手续，缩短了洽商时间，从而节约了费用开支。

买卖双方签约时，可能对某些涉及权利和义务的问题规定得不明确，致使履约中产生的争议不能依据合同的规定解决，这种情况下，可以援引有关贸易术语的一般解释来处理。所以，熟练掌握国际贸易中的各种贸易术语，有利于促成交易的达成。

二、有关贸易术语的国际贸易惯例

目前，在国际上影响较大的有关贸易术语的国际贸易惯例有三种，分别介绍如下：

（一）《华沙-牛津规则》

《华沙-牛津规则》（Warsaw-Oxford Rules 1932）由国际法协会制定，只对 CIF 一种贸易术语进行了解释。该规则共有 21 条，对卖方在船舶装运、保险、制备单据、提交证件及保证货物的品质等方面的责任，买方在偿付货款、接收货物与检查货物等方面的权利与义务，以及货物风险及所有权的转移时间等做了详细规定。

（二）《1990 年美国对外贸易定义修订本》

《1990 年美国对外贸易定义修订本》（Revised American Foreign Trade Definitions, 1990），简称《美国对外贸易定义》，是由美国几个商业团体联合制定的，最早于 1919 年在纽约签订，1941 年和 1990 年进行了两次修订。该惯例共解释了 6 种贸易术语，即对 EXW、FOB、FAS、CFR、CIF、DEQ 进行了解释。

（1）EXW（Ex Works）（产地交货）。
（2）FOB（Free On Board）（在运输工具上交货）。
（3）FAS（Free Along side）（在运输工具旁边交货）。
（4）CFR（Cost and Freight）（成本加运费）。
（5）CIF（Cost, Insurance and Freight）（成本，保险费，运费）。
（6）DEQ（Delivered Ex Quay）（目的港码头交货）。

《美国对外贸易定义》主要在美洲一些国家/地区采用，由于它对贸易术语的解释，特别是对 FOB、FAS 的解释与《国际贸易术语解释通则》有明显的差异。所以，在与美洲国家/地区进行交易时应注意，最好在合同中注明相关贸易术语的使用和所采用的贸易惯例。

（三）《国际贸易术语解释通则》

《国际贸易术语解释通则》（International Rules for the Interpretation of Trade Terms），简称为《通则》（INCOTERMS），是由国际商会为了统一对各种贸易术语解释而制定的，是国际贸易的基础性国际通行规则。

为适应国际贸易实践发展的需要，国际商会先后于 1953 年、1967 年、1976 年、1980 年、1990 年、2000 年、2010 年和 2020 年对《通则》进行过多次修订和补充。在现行的《2020 年国际贸易术语通则》（以下简称《2020 年通则》）中，国际商会根据适用运输方式的不同，将 11 种贸易术语分为两组。它们分别是：适用于任一运输方式或多种运输方式的术语，包括 EXW、FCA、CPT、CIP、DAP、DPU、DDP；仅适用于海运及内河运输的术语，包括 FAS、FOB、CFR、CIF。

第二节 《2020年通则》对贸易术语的解释

《2020年通则》是在《2010年通则》的基础上进行修订的，根据运输方式的不同，将11种贸易术语分为两组。其中，《2020年通则》用DPU替代了《2010年通则》中的DAT。《2020年通则》的11种贸易术语分别介绍如下：

一、适合任一或多种运输方式的贸易术语

（一）工厂交货——EXW（填入指定交货地点）

EXW是Ex Works的缩写，中文含义为"工厂交货"，是指卖方在其所在地（车间、工厂、仓库等）把备妥的货物交付给买方。买方承担自卖方的所在地将货物运至预期的目的地的全部费用和风险。

《2020年通则》对EXW的解释说明如下：

1. 交货与风险

"工厂交货"是指卖方通过以下方式向买方完成交货：在指定地点（如工厂或仓库）将货物交由买方处置，并且该指定地点可以是卖方所在地，也可以不是卖方所在地。

交货时，卖方不需将货物装上任何前来接收货物的运输工具，需要清关时，卖方也无须办理出口清关手续。

2. 运输方式

EXW可适用于所选择的任一或多种（如有）运输方式。

3. 交货地或精准的交货点

买卖双方仅需指定交货地。但是，特别建议双方还应尽可能清楚地指明交货地范围内的精确交货点。精确交货点会让双方均可清楚货物交付的时间和风险转移至买方的时间；该精确交货点还标志着买方承担费用的地点。如果双方不指定交货点，则视为留待由卖方选择"最适合卖方目的"的交货点。这意味着卖方可能会选择某个点作为交货点，而交货点恰恰在货物发生了灭失或损坏的地点之前，从而可能使买方承担风险。因此，买方最好提前与卖方商定交货地范围内的精确地点。

4. 对买方的提示

EXW是对卖方规定的义务最少的术语。因此，从买方的角度而言，应谨慎使用该规则。

5. 装载风险

当货物置于交货地、尚未装载、由买方处置时，交货已完成，其风险随之转移。但是，货物装载很可能是由卖方操作，装载操作中发生的货物灭失或损坏的风险很可能由没有实际参与货物装载的买方承担。考虑到这种可能性，建议在由卖方装载货物时，双方预先约定由哪方承担货物在装载中发生的灭失或损坏的风险。这种情形颇为常见，因为卖方更有可能在其场所拥有必要的装载设备，或由于相关的安全规则禁止未经授权人员进入卖方场所。如买方希望规避在卖方场所装载货物期间的风险，则应当考虑选择FCA规则（在FCA规则下，如货物系在卖方场所交付，则卖方负有装载货物的义务并承担货物在由卖方实施装载作业中发生灭失或损坏的风险）。

6. 出口清关

若以将货物交由买方处置的方式进行的交货发生在卖方场所或另一典型的卖方所在国司法管辖区或同一关税同盟区的指定地点时，卖方没有义务办理出口清关或货物经由第三国过境的清关。

实际上，EXW 可能更适合于完全无意出口货物的国内贸易。在出口清关中，卖方的参与内容限于协助获取诸如买方要求的用于办理货物出口的单据或信息。如果买方预计办理货物出口清关会有困难，则最好选择 FCA 规则（在 FCA 规则下，办理出口清关的义务和费用由卖方承担）。

（二）货交承运人——FCA（填入指定交货地点）

FCA 是 Free Carrier 的缩写，中文含义为"货交承运人"，是指卖方只要将货物在指定的地点交给买方指定的承运人，并办理了出口清关手续，即完成交货。按 FCA 规则成交时，卖方必须按照合同约定的日期和交货点完成交货，买方必须自付费用订立运输合同并安排从指定交货点开始的货物运输，需要承担自交货点之后的风险、责任和费用，卖方必须给予买方关于交货或买方指定的承运人或其他人未在约定期限内提货的通知，并配合买方取得相关的单据和信息。

《2020 年通则》对 FCA 的解释说明如下：

1．交货与风险

"货交承运人"是指卖方通过以下两种方式之一向买方完成交货：

首先，如指定地点是卖方所在地，则货物完成交付是当货物装上了买方的运输工具之时。

其次，如指定地点是另一地点，则货物完成交付是当货物已装上卖方的运输工具，已抵达所指定的另一地点，已做好从卖方的运输工具上卸载的准备，并且交由买方指定的承运人或其他人处置之时。

无论选择了二者之中的哪一个地点作为交货地点，该地点即是确定风险转移给买方且买方开始承担费用的地点。

2．运输方式

FCA 可适用于所选择的任何运输方式，也可适用于使用多种运输方式的情形。

3．交货地或精准的交货点

以 FCA 进行的货物销售可以仅指定交货地在卖方所在地或其他地方，而不具体说明在该指定地点内的详细交货点。但是，特别建议双方还应尽可能清楚地指明指定地方范围内的详细交货点。详细的交货点会让双方均可清楚货物交付的时间和风险转移至买方的时间；该详细交货点还标志了买方承担费用的地点。如果合同中未指定详细的交货点，则视为留待由卖方选择"最适合卖方目的"的交货点，风险和费用从该地点开始转移至买方。这意味着，卖方可能会选择某个点作为交货点，而交货点恰恰在货物发生了灭失或损坏的地点之前，从而可能使买方承担风险，因此，买方最好选择将要交货地范围内的详细交货点。

4．出口／进口清关

如适用，FCA 要求卖方办理货物出口清关。但是，卖方没有义务办理货物进口清关或经由第三国过境的清关、支付任何进口关税或办理任何进口海关手续。

5．已装船批注提单问题

FCA 可用于使用单一或多种运输方式。为满足卖方用 FCA 术语销售时对已装船批注提单的可能需求，《2020 年通则》首次针对 FCA 提供了以下可选机制：如果双方在合同中如此约定，则买方必须指示承运人出具已装船批注提单给卖方。当然，承运人可能同意或不同意买方的请求，鉴于一旦货物在装运港装船，承运人才有义务并且有权出具该提单。但是，如果在买方承担费用与风险情况下，承运人已经向卖方出具了提单，卖方必须将该单据提供给买方，以便买方用该提单从承运人处提取货物。当然，如果双方已约定卖方将提交给买方一份仅声明货物已收妥待运而非已装船的提单，则不需要选择该方案。此外，应强调的是，即使采用该可选机制，卖方对买方也不承担运输合同条款下的义务。最后,如采用该可选机制,内陆交货及装船的日期将可能不同,这可能对信用证下的卖方造成困难。

> **小资料**
>
> **《2020年通则》对于FCA的解释**
>
> 对比《2010年通则》,《2020年通则》对于FCA的解释有一些实质性的变化。在实际业务中,如果卖方在装船前通过集装箱货物移交给承运人来交货给买方,而卖方或买方又需要已装船批注提单(可能银行或信用证需要)的情况,按照《2010年通则》的解释,最好选择FOB,而不是FCA。因为FCA术语卖方交货在货物装船前已完成,无法确定卖方是否能从承运人处获取已装船批注提单。根据运输合同,只有货物实际装船后,承运人才可能有义务并有权签发已装船批注提单。《2020年通则》为满足卖方用FCA术语销售时对已装船批注提单的可能需求,首次提供了以下可选机制,即如果双方在合同中如此约定,则买方必须指示承运人出具已装船批注提单给卖方。同时又规定,如果并且在买方承担费用与风险情况下,承运人已经向卖方出具了提单,卖方必须将该单据提供给买方,以便买方用该提单从承运人处提取货物。

(三)运费付至——CPT(填入指定目的地)

CPT是Carriage Paid to的缩写,中文含义为"运费付至",是指卖方向其指定的承运人交货(货交承运人),但卖方必须支付将货物运至目的地的运费。买方承担交货之后一切风险和其他费用。

《2020年通则》对CPT的解释说明如下:

1. 交货与风险

"运费付至"是指卖方通过以下方式向买方完成交货及风险转移:

将货物交付给承运人,该承运人已与卖方签约,或者取得已经如此交付的货物。卖方为此可根据所使用的运输工具之合适方式和地方让承运人实际占有货物。

一旦货物以此种方式交付给买方,卖方并不保证货物将以良好的状态、约定的数量到达目的地,也不负责核查货物是否确实到达目的地。这是因为在将货物移交给承运人完成对买方的交货时,风险即从卖方转移到了买方;尽管如此,卖方必须签订从交货地运往约定目的地的货物运输合同。

2. 运输方式

CPT可适用于所选择的任何运输方式,也可适用于使用多种运输方式的情形。

3. 交货地(或交货点)和目的地(或目的点)

在CPT规则中,两个地点很重要:货物的交货地或交货点(如有)(用于确定风险转移),以及约定为货物终点的目的地或目的点(作为卖方承诺签订运输合同运至的地点)。

建议双方在销售合同中尽可能精准地确定交货地和目的地,或交货地和目的地内的具体地点。对于多个承运人各自负责自交货地到目的地之间不同运输路程的常见情形,尽可能精准地确定交货地或交货点(如有)尤为重要。在这种情形下,若双方没有约定具体的交货地或交货点,则默认的是当卖方在某个完全由其选择且买方不能控制的地点将货物交付给第一个承运人时,风险即发生转移。如双方希望风险的转移发生在稍晚阶段(例如,在某海港、河港或者机场),或者甚至发生在稍早阶段(例如,在某个与海港或河港有一段距离的内陆地点),则需要在销售合同中明确约定,并谨慎考虑在货物灭失或损坏时如此做法的后果。

双方应在销售合同中尽可能精准地确定目的地内的具体地点,因为该地点是卖方必须签订运输合同运至的地点,并且是卖方承担运费直到该地点为止的地点。

4. "或取得已经如此交付的货物"

此处的"取得"一词适合于交易链中的多层销售(链式销售),在大宗商品贸易中尤其常见。

5. 目的地卸货费用

如果卖方在其运输合同项下承担了在指定目的地的相关卸货费用,除非双方另有约定,否则卖方无权另行向买方追偿该费用。

6. 出口/进口清关

如适用,CPT 要求卖方办理货物出口清关。但是卖方没有义务办理货物进口清关或经由第三国过境的清关,或支付任何进口关税或办理任何进口海关手续。

(四)运费和保险费付至——CIP(填入指定目的地)

CIP 是 Carriage and Insurance Paid to 的缩写,中文含义是"运费和保险费付至",是指卖方向其指定的承运人交货,期间卖方必须支付将货物运至目的地的运费,并办理买方货物在运输途中灭失或损坏风险的保险。亦即卖方承担交货之前的一切风险和额外费用。

《2020 年通则》对 CIP 的解释说明如下:

1. 交货与风险

"运费和保险费付至"是指卖方通过以下方式向买方完成交货及风险转移:将货物交付给承运人,该承运人已与卖方签约或者取得已经如此交付的货物。卖方为此可根据所用的运输工具之合适的方式和地方让承运人实际占有货物。

CIP 规则下双方的风险转移与 CPT 规则相同。

2. 运输方式

CIP 可适用于所选择的任何运输方式,也可适用于使用多种运输方式的情形。

3. 交货地(或交货点)和目的地(或目的点)

在 CIP 规则中,两个地点很重要:货物的交货地或交货点(如有)(用于确定风险转移),以及约定为货物终点的目的地或目的点(作为卖方承诺签订运输合同运至的地点)。

关于精准确定交货地(或交货点)和目的地(或目的点)的解释,CIP 与 CPT 术语大体相同,不同之处在于 CIP 规则下,约定目的地内的精确地点不仅是卖方必须签订运输合同运至的目的地点及签订保险合同投保覆盖的地点,也是卖方承担运费和保险费直到该地点为止的地点。

4. 保险

卖方必须为买方签订从交货点起至少到目的点买方的货物灭失或损坏的保险合同。如目的地国家/地区要求在本地购买保险,则可能会造成困难(在此种情况下,双方应考虑使用 CPT)。买方还应注意,在《2020 年通则》规定的 CIP 规则下,卖方需要投保符合《伦敦保险协会货物保险条款》(A)款或其他类似条款下的范围广泛的险别,而不是符合《伦敦保险协会货物保险条款》(C)款下的范围较为有限的险别。但是,双方仍然可以自行约定更低的险别。

5. "或取得已经如此交付的货物"

此处的"取得"一词适合于交易链中的多层销售(链式销售),在大宗商品贸易中尤其常见。

6. 目的地卸货费用

如果卖方在其运输合同项下承担了在指定目的地的相关卸货费用,除非双方另有约定,否则卖方无权另行向买方追偿该费用。

7. 出口／进口清关

如适用，CIP 要求卖方办理出口清关。但是，卖方没有义务办理货物进口清关或经由第三国过境的清关，或支付任何进口关税或办理任何的进口海关手续。

（五）目的地交货——DAP（填入指定目的地）

DAP 是 Delivered at Place 的缩写，中文含义是"目的地交货"，是指卖方已经用运输工具把货物运送到达买方指定的目的地后，将装在运输工具上的货物（不用卸载）交由买方处置，即完成交货。

《2020 年通则》对 DAP 的解释说明如下：

1. 交货与风险

"目的地交货"是指卖方通过以下方式向买方完成交货及风险转移：当货物已交由买方处置，处于抵达的运输工具上已做好卸载准备，在指定目的地或者在该指定目的地内的约定交货点（如已约定该交货点）。

卖方承担将货物运送到指定目的地或该指定目的地内的约定交货点的一切风险。因此在 DAP 规则下，交货和运达的目的地是相同的。

2. 运输方式

DAP 可适用于所选择的任何运输方式，也可适用于使用多种运输方式的情形。

3. 精准确定交货地或交货点／目的地或目的点

双方应尽可能清楚地约定目的地或目的点。这基于以下几个原因：①货物灭失或损坏的风险在交货点／目的点转移至买方，因此买卖双方应清楚地知晓该关键转移发生的地点；②该交货地或交货点／目的地或目的点之前的费用由卖方承担，该地方或地点之后的费用则由买方承担；③卖方必须签订运输合同或安排货物运输到约定的交货地或交货点／目的地或目的点。卖方如果未履行此义务，即违反了 DAP 规则中的义务，并将对买方任何随之产生的损失承担责任。例如，卖方将负责承担承运人因额外的续运向买方收取的任何额外费用。

4. 卸货费用

卖方不需要将货物从抵达的运输工具上卸载。但是，如果卖方按照运输合同在交货地／目的地发生了卸货相关的费用，除非双方另有约定，否则卖方无权另行向买方追偿该费用。

5. 出口／进口清关

如适用，DAP 要求卖方办理出口清关。但是，卖方没有义务办理进口清关或交货后经由第三国过境的清关、支付任何进口关税或办理任何进口海关手续。因此，如果买方没有安排进口清关，货物将被滞留在目的地国家／地区的港口或内陆运输终端，买方将承担货物因此被滞留在目的地国家／地区的入境港时可能发生损失的风险。其原因是，尽管交付还没完成，但由于是买方未履行进口清关义务而导致货物重新起运至指定内陆地点之前，货物灭失或损坏的风险由买方承担。如果想要避免此种情况，双方可以考虑使用 DDP，即由卖方办理货物进口清关、支付任何进口关税或税款，并办理任何进口海关手续。

（六）目的地卸货后交货——DPU（填入指定目的地）

DPU 是 Delivered at Place Unloaded 的缩写，中文含义是"目的地卸货后交货"，是指卖方已经用运输工具把货物运送到达买方指定的目的地后，将装在运输工具上的货物（卸载）交由买方处置，即完成交货。

《2020 年通则》对 DPU 的解释说明如下：

1. 交货与风险

"目的地卸货后交货"是指卖方通过以下方式向买方完成交货及风险转移：当货物已从抵达的运输工具上卸载，已交由买方处置；在指定目的地，或者在该指定目的地内的约定交货点（如已约定该交货点）。

卖方承担将货物运送到指定目的地以及卸载货物的一切风险。因此在 DPU 规则下，交货和运达的目的地是相同的。DPU 是唯一要求卖方在目的地卸货的贸易术语。因此卖方应当确保其可以在指定地组织卸货。如果双方不希望卖方承担卸货的风险和费用，则不应使用 DPU 规则，而应使用 DAP 规则。

2. 运输方式

DPU 可适用于所选择的任何运输方式，也可适用于使用多种运输方式的情形。

3. 精准确定交货地或交货点／目的地或目的点

DPU 关于交货地或交货点／目的地或目的点的解释，与 DAP 相同。

4. 出口／进口清关

DPU 关于清关手续办理的解释，与 DAP 相同。

> **小资料**
>
> **《2020 年通则》对 DAT 改成 DPU 的解释**
>
> 在《2010 年通则》中，DAT 与 DAP 之间的唯一区别在于，在 DAT 术语下，当货物从到达的运输工具卸载到"运输终端"时，卖方即完成交货；而在 DAP 术语下，当到达的运输工具上可供卸载的货物交由买方处置时，卖方即完成交货。我们也可以回顾《2010 年通则》中对 DAT 的解释说明，将"运输终端"一词宽泛地定义为包括"任何地点，而不论该地点是否有遮盖……"。
>
> 《2020 年通则》，国际商会对 DAT 和 DAP 做出两项修改。首先，DAT 和 DAP 在《2020 年通则》呈现的顺序被颠倒过来，交货发生在卸载之前的 DAP 现在出现在 DAT 之前；其次，DAT 规则的名称已被改为 DPU，强调了目的地可以是任何地方，而不仅仅是"运输终端"的现实。但是，如果该地点不在运输终端，卖方应确保其打算交付货物的地点是能够卸货的地点。

（七）完税后交货——DDP（填入指定目的地）

DDP 是 Delivered Duty Paid 的缩写，中文含义为"完税后交货"，是指卖方在指定的目的地办理完进口清关手续，将在交货运输工具上尚未卸下的货物交与买方，完成交货。卖方必须承担将货物运至指定目的地的一切风险和费用，包括在需要办理海关手续时在目的地应交纳的任何"税费"（包括办理海关手续的责任和风险，以及交纳手续费、关税、税款和其他费用）。

《2020 年通则》对 DDP 的解释说明如下：

1. 交货与风险

"完税后交货"是指卖方通过以下方式向买方完成交货：当货物已交由买方处置，已办理进口清关，处于抵达的运输工具上，已做好卸载准备，在指定目的地或该指定目的地内的约定交货点（如已约定该交货点）。

卖方承担将货物运送到指定目的地或指定目的地内约定交货点的一切风险。因此，在 DDP 规则下，交货和运达的目的地是相同的。

2. 运输方式

DDP 可适用于所选择的任何运输方式，也可适用于使用多种运输方式的情形。

3. 对卖方的提示：最大责任

DDP 是全部 11 个贸易术语中卖方义务最大的贸易术语。在 DDP 规则下，交货发生在目的地，并且卖方负责支付进口关税和其他应纳的税款。因此，从卖方角度而言，如果无法办理进口清关手续，应谨慎使用该规则。

4. 精准确定交货地或交货点 / 目的地或目的点

双方应尽可能清楚地约定目的地或目的点。这基于以下几个原因：①货物灭失或损坏的风险在交货点 / 目的点转移至买方，因此买卖双方最好清楚该关键转移发生的地点；②该交货地或交货点 / 目的点之前的费用（包括进口清关费用）由卖方承担，该地方或地点之后的费用（进口以外的费用）则由买方承担；③卖方必须签订货物运输合同或安排货物运输到约定的交货地或交货点 / 目的地或目的点。卖方如果未履行此义务，即违反了其在 DDP 规则下的义务，并将对买方随之产生的任何损失承担责任。例如，卖方将负责承担承运人因额外的续运而向买方收取的任何额外费用。

5. 卸货费用

如果卖方按照运输合同在交货地 / 目的地发生了卸货相关的费用，除非双方另有约定，否则卖方无权单独向买方追偿该项费用。

6. 出口 / 进口清关

如适用，DDP 要求卖方办理货物的出口清关以及进口清关，并支付任何进口关税或办理任何海关手续。因此，如果卖方无法办理进口清关，而是更希望将这些事项交由进口国的买方负责，那么，卖方应考虑选择 DAP 或 DPU。在 DAP 或 DPU 规则下，交货仍发生在目的地，但进口清关则留给买方负责。

小资料

《2020 年通则》对于 FCA、DAP、DPU、DDP 使用卖方或买方自己的运输工具安排运输的解释

（1）在 FCA、DAP、DPU、DDP 中使用卖方或买方自己的运输工具安排运输，《2010 年通则》中始终设定，在货物由卖方运往买方的情况下，货物将依据具体使用的贸易术语，由卖方或买方为此目的而雇佣的第三方承运人运输。

（2）然而，在对《2020 年通则》的详细讨论中，我们清楚地认识到，在某些情况下，虽然货物要从卖方运往买方，但仍然可以在根本不雇佣任何第三方承运人的情况下进行运输。例如，并不能阻止 D 组术语下的卖方在不将运输外包给第三方的情况下安排这种运输，即用卖方自己的运输工具。同样，对于 FCA 术语下的采购，也不能阻止买方使用自己的运输工具来收取货物并运往买方所在地。

（3）《2010 年通则》看起来没有考虑到这些可能，而现在的《2020 年通则》考虑到了这些可能性，不仅明确允许订立运输合同，而且也允许仅安排必要的运输。

二、适合海运或内河水运的贸易术语

（一）船边交货——FAS（填入指定装运港）

FAS 是 Free Alongside Ship 的缩写，中文含义是"船边交货"，是指卖方在指定的装运港码头或驳船上把货物交至船边，从这时起买方须承担货物灭失或损坏的全部费用和风险，另外卖方须办理出口清关手续。

《2020 年通则》对 FAS 的解释说明如下：

1. 交货与风险

"船边交货"是指卖方通过以下方式向买方完成交货：当货物被交到船边（例如，置于码头或驳船上），该船舶由买方指定，在指定的装运港，或者当卖方取得已经如此交付的货物时。

货物灭失或损坏的风险在货物交到船边时发生转移，同时买方承担自那时起的一切费用。

2. 运输方式

FAS 仅适用于海运或内河水运运输方式下买卖双方意在将货物交到船边即完成交货的情形。因此，FAS 规则不适合于货物在交到船边之前已经移交给承运人的情形。例如在集装箱终端交货给承运人的情况下，双方应当考虑使用 FCA 规则，而非 FAS 规则。

3. 精准确定装货点

由于卖方承担在特定地点交货前的费用和风险，而且这些费用和相关作业费可能因各港口惯例的不同而发生变化，特别建议买卖双方尽可能清楚地约定指定装运港内的装货点，货物将在此装货点从码头或驳船装上船舶。

4. "或取得已经如此交付的货物"

卖方应将货物交到船边或取得已经如此交付运输的货物完成交货。此处的"取得"一词适用于交易链中的多层销售（链式销售），在大宗商品贸易中心尤其常见。

5. 出口/进口清关

如适用，FAS 要求卖方办理货物出口清关。但是，卖方没有义务办理货物进口清关或经由第三国过境的清关、支付任何进口关税或办理任何进口海关手续。

（二）船上交货——FOB（填入指定装运港）

FOB 是 Free on Board 的缩写，中文含义是"船上交货"，习惯称为装运港船上交货，是指卖方把货物交到指定的装运港船上，卖方即完成交货，从这时起买方须承担货物灭失或损坏的全部费用和风险，另外卖方须办理出口清关手续。

《2020 年通则》对 FOB 的解释说明如下：

国际贸易术语——FOB

1. 交货与风险

"船上交货"是指卖方通过以下方式向买方完成交货：将货物装上船，该船舶由买方指定，在指定装运港或者取得已经如此交付的货物。

货物灭失或损坏的风险在货物交到船上时发生转移，同时买方承担自那时起的一切费用。

2. 运输方式

本规则仅适用于用海运或内河水运运输方式下双方意在将货物交到船上即完成交货的情形。因此，FOB 规则不适合于货物在交到船上之前已经移交给承运人的情形。例如在集装箱终端交货给承运人的情况下，双方应当考虑使用 FCA 规则。

3. "或取得已经如此交付的货物"

卖方应将货物在船上交付或者取得已经如此交付运输的货物完成交货。此处的"取得"一词适用于交易链中的多层销售（链式销售），在大宗商品贸易中尤其常见。

4．进口／出口清关

如适用，FOB 要求卖方办理货物出口清关。但是，卖方没有义务办理货物进口清关或经由第三国过境的清关，或支付任何进口关税或办理任何进口海关手续。

（三）成本加运费——CFR（填入指定目的港）

CFR 是 Cost and Freight 的缩写，中文含义是"成本加运费"，是指卖方在装运港船上交货，货物的风险是在装运港船上交货时转移。此术语由卖方安排运输，需支付将货物运至指定目的地港所需的费用，由买方办理货运保险。因此，如卖方不及时发出装船通知，则买方就无法及时办理货运保险，甚至有可能出现漏保货运险的情况。

《2020 年通则》对 CFR 的解释说明如下：

1．交货与风险

"成本加运费"是指卖方通过以下方式向买方完成交货：将货物装上船，或者取得已经如此交付的货物。

货物灭失或损坏的风险在货物交到船上时转移，这样卖方即被视为已履行了交货义务，而无论货物是否实际以良好的状态、约定的数量或是否确实到达目的地。在 CFR 中，卖方对买方没有购买保险的义务，因此，特别建议买方为其自身购买一定的保险。

2．运输方式

CFR 仅适用于海运或内河水运运输方式。如果使用多种运输方式（常见于货物在集装箱终端被交给承运人的情形），则适合使用的规则是 CPT，而非 CFR。

3．"或取得已经如此交付的货物"

此处的"取得"一词适用于交易链中的多层销售（链式销售），在大宗商品贸易中尤其常见。

4．交货港和目的港

在 CFR 中，两个港口很重要：货物交到船上的港口和约定为目的港的港口。当货物在装运港装上船或者以取得已经如此交付的货物的方式交付给买方时，风险即从卖方转移到买方。但是，卖方必须签订将货物从交货地运往约定目的地的运输合同。例如，货物在上海（港口）装船，运往南安普敦（港口）。货物在上海装到船上时交付，风险于此时即转移到买方；而卖方必须签订从上海到南安普敦的运输合同。

5．必要时应指定装运港

尽管合同中总会指定一个目的港，但却未必会指定装运港，而装运港是风险转移给买方的地方。如果装运港对买方具有特殊意义，例如买方也许希望借以确定货物价格中的运费构成是否合理，那么建议双方在合同中尽可能清楚地指定装运港。

6．确定卸货港的终点

双方应尽可能精准地指定目的港范围内的特定地点，因为卖方需承担将货物运往该地点的费用。卖方必须签订涵盖货物运输的一份或多份合同，包括从货物交付到运至指定港或销售合同中已约定的该港口范围内约定地点。

7．多个承运人

海运的不同航段可能由不同的承运人负责，例如货物先由承运人驾驶支线船舶从我国香港运到上海，再由远洋船舶从上海运到英国南安普敦。此时产生的问题在于，风险是在香港还是在上海从卖方转移到买方，即交货发生在哪里。如果销售合同中没有约定，则默认的立场是风险在货物交付给第一个承运人时转移（此例中即为香港），这就延长了买方承担灭失或损坏风险的时间。如买卖双方希望风险晚些转移（此例中即为上海），则他们需要在销售合同中予以明确。

8．卸货费用

如果卖方根据运输合同产生了在目的港内指定地点与卸货相关的费用，除非双方另有约定，否则卖方无权另行向买方追偿该项费用。

9．进口／出口清关

如适用，CFR 要求卖方办理货物出口清关。但是，卖方没有义务办理货物进口清关或经由第三国过境的清关，或支付任何进口关税或办理任何进口海关手续。

（四）成本、保险费加运费——CIF（填入指定目的港）

CIF 是 Cost, Insurance and Freight 的缩写，中文含义是"成本、保险费加运费"，是指卖方在装运港船上交货，货物的风险是在装运港船上交货时转移。此术语下，由卖方安排运输，并支付将货物运至指定目的地港所需的费用，卖方还必须办理买方货物在运输途中灭失或损坏风险的海运保险。

《2020 年通则》对 CIF 的解释说明如下：

1．交货与风险

"成本、保险费加运费"是指卖方通过以下方式向买方完成交货：将货物装上船，或者取得已经如此交付的货物。

货物灭失或损坏的风险在货物交到船上时发生转移，这样卖方即被视为已履行了交货义务，而无论货物是否实际以良好的状态、约定的数量或是否确实到达目的地。

2．运输方式

CIF 仅适用于海运或内河水运运输方式。如果使用多种运输方式（常见于货物在集装箱终端交给承运人的情形），则适合使用的术语是 CIP，而非 CIF。

3．"或取得已经如此交付的货物"

此处的"取得"一词适用于交易链中的多层销售（链式销售），在大宗商品贸易中尤其常见。

4．交货港与目的港

在 CIF 中，两个港口很重要：货物交到船上的港口和约定为目的港的港口。当货物在装运港装上船或者以取得已经如此交付的货物的方式交付给买方时，风险即从卖方转移到买方。但是，卖方必须签订将货物从交货地运送往约定目的地的运输合同。

5．必要时应指定装运港

CIF 关于装运港的解释，与 CFR 相同。

6．确定卸货港的终点

CIF 关于确定卸货港终点的解释，与 CFR 相同。

7．多个承运人

CIF 关于多个承运人情况的解释，与 CFR 相同。

8．保险合同

卖方还必须签订保险合同，以对由买方承担的从装运港至少到目的港过程中货物灭失或损坏的风险投保。如目的地国家／地区要求在本地购买保险，则可能会造成困难：在此种情况下，双方应考虑使用 CFR。买方还应注意，在《2020 年通则》规定的 CIF 规则下，卖方需要投保符合《伦敦保险协会货物保险条款》（C）款或其他类似条款下的有限的险别，而不是《伦敦保险协会货物保险条款》（A）款下的较高险别。但是，双方仍然可以约定较高的险别。

9．卸货费用

如果卖方根据运输合同产生了在目的港内指定地点与卸货相关的费用，除非双方另有约定，否则卖方无权另行向买方追偿该项费用。

10．出口/进口清关

如适用，CIF 要求卖方办理货物出口清关。但是，卖方没有义务办理货物进口清关或经由第三国过境的清关、支付任何进口税或办理任何进口海关手续。

> **小资料**
>
> **《2020 年通则》对于 CIF 和 CIP 中保险险别的解释**
>
> 在《2010 年通则》中，CIF 和 CIP 的保险需至少强制规定卖方有义务"自付费用取得货物保险，该保险至少符合《协会货物保险条款》（Institute Cargo Clauses, LMA/IUA, 劳合社市场协会/伦敦国际承保人协会）条款（C）或类似的最低险别的条款。《协会货物保险条款》条款（C）承保分项除外责任之外列明的风险；而《协会货物保险条款》条款（A）则承保"一切险"，但同样排除分项除外责任。
>
> 在《2020 年通则》中，考虑到 CIF 更可能用于海运大宗商品贸易，维持《协会货物保险条款》条款（C）作为默示立场的现状，当然双方当事人仍可以自由商定较高的保险险别。而在 CIP 规则下，卖方必须取得符合《协会货物保险条款》条款（A）的保险险别，尽管双方当事人仍可以自由商定较低的保险险别。

《2020 年通则》对《2010 年通则》的改变

三、《2020 年通则》对《2010 年通则》的改变

国际商会在《2020 年通则》中做出的对《2010 年通则》的改变，主要有以下几方面：

（1）已装船批注提单和 FCA 规则。
（2）费用（如列出）。
（3）CIF 和 CIP 中保险险别的不同级别。
（4）在 FCA、DAP、DPU、DDP 中使用卖方或买方自己的运输工具安排运输。
（5）将 DAT 术语名称改为 DPU。
（6）在运输义务和费用中加入与安全有关的要求。
（7）解释说明。

> **导入案例分析**
>
> 此案例中，B 公司的要求是合理的。由于 A 公司贸易术语选择不当，承担了本可以避免的风险。在 FOB 术语下，风险划分是以货物在装运港装上船为界。如果卖方采取了 FCA 术语成交，风险是自货物交于承运人控制时转移，卖方在 6 月 20 日将货物运到装运港交给承运人控制后就可以将货物的风险转移出去，而不需要等到货物装船，这样货物被毁的损失就由买方指定的承运人承担，而非卖方承担。在此案例中，即使卖方采用 CFR、CIF 结局也是一样，损失都是由 A 公司卖方承担。

> **本章小结**
>
> 本章首先介绍了国际贸易术语的含义和作用，以及有关国际贸易术语的三个主要国际贸易惯例，其次根据《2020年通则》，对11种贸易术语的含义和用法进行解释，重点介绍《2020年通则》中11种贸易术语的用户解释说明（包含交货与风险、运输方式、交货地或交货点、目的地或目的点、卸货费用、进口／出口清关等内容），最后介绍了《2020年通则》对《2010年通则》的改变。

思考与练习

一、填空题

1. 贸易术语是在长期的国际贸易实践中产生的，用来表示商品的价格构成，说明交货地点，确定_____、_____、_____划分等问题的专门用语。

2. 根据《2020年通则》，适合于任何运输方式的贸易术语包括_____、_____、_____、_____、_____、_____、_____七种。

3. 根据《2020年通则》，适合于海洋和内河水运方式的贸易术语包括_____、_____、_____、_____四种。

4. 在所有的贸易术语中，卖方承担的风险、责任及费用最小的是_____。

5. 在 FCA 条件下，如果交货地是卖方所在地，则由_____负责装货；如果交货地不是卖方所在地，则由_____负责卸货及装货到运输工具上。

6. 根据《2020年通则》，由买方负责进口和出口货物清关手续的是_____。

7. 在《2020年通则》的贸易术语中，卖方把货物交到装运港船上，即完成交货的贸易术语有_____、_____、_____。

8. 根据《2020年通则》，CPT 术语如果卖方在其运输合同项下承担了在指定目的地的相关卸货费用，除非双方另有约定，否则卖方_____另行向买方追偿该费用。

9. 《2020年通则》中，考虑到 CIF 更可能用于海运大宗商品贸易，维持保险险别作为默示立场的现状。而 CIP，卖方必须取得符合_____的保险险别，尽管双方当事人仍可以自由商定较低的保险险别。

10. 《2020年通则》的 CIF 术语下，海运运输的不同航段可能由不同的承运人负责，如果无特别约定，则默认的立场是风险在货物交付给_____时发生了转移。

二、单项选择题

1. 根据《2020年通则》的解释，按照 FOB 组术语成交，从交货地至目的地的运费由（　　）负担。
   A. 卖方　　　　　B. 买方　　　　　C. 承运人　　　　　D. 保险公司

2. 根据《2020年通则》的解释，以 CIF 术语成交时，卖方的交货方式是（　　）。
   A. 实际交货　　　B. 交单不交货　　C. 凭单交货　　　　D. 不交货

3. CFR 属于（　　）的贸易术语。
   A. 装运港交货　　B. 出口地内陆交货　C. 目的港交货　　　D. 工厂交货

4. 按照《2020 年通则》的解释，采用 CIF 条件成交时，卖方无义务（   ）。
   A．租船订舱   B．办理货运保险
   C．办理出口清关手续   D．办理进口清关手续
5. 就卖方承担的风险而言，（   ）。
   A．CIF 比 CFR 大   B．CIF 与 CFR 相同
   C．CFR 比 CIF 大   D．有时 CIF 大，有时 CFR 大
6. 按《2020 年通则》，以 CIF 贸易术语成交的合同一般应由（   ）办理投保手续。
   A．卖方   B．买方   C．承运人   D．保险人
7. 《2020 年通则》的贸易术语中，卖方不负责办理出口结关手续的是（   ）。
   A．FOB   B．EXW   C．CFR   D．FCA
8. 《1932 年华沙－牛津规则》是国际法协会专门为解释（   ）合同而制定的。
   A．FOB   B．CFR   C．CIF   D．FCA
9. 在装运港交货的三种常用价格术语中的（   ）术语，卖方装船后应及时向买方发出装船通知尤其重要，以便于买方能及时办理货物运输保险。
   A．CFR   B．FAS   C．FOB   D．CIF
10. 在（   ）术语中，买方承担的责任最大。
    A．CIF   B．DDP   C．FOB   D．EXW
11. 《2020 年通则》的贸易术语中，唯一要求卖方在目的地卸货的是（   ）。
    A．FOB   B．DPU   C．CIF   D．FCA
12. 下列关于 CIF 贸易术语的描述，不正确的是（   ）。
    A．CIF 价又可称为"到岸价"   B．卖方办理保险是代办性质
    C．属于装运合同术语   D．属于象征性交货合同（交单即为交货）
13. 根据《2020 年通则》的解释，按 EXW 术语成交的合同中，买卖双方风险划分的界限是（   ）。
    A．货物存放仓库   B．出口国工厂
    C．货交买方处置   D．出口国交货地点

三、判断题

1. 按《2020 年通则》，FOB 合同属于"装运合同"，CIF 合同属于"到达合同"。（   ）
2. 如果卖方想采用集装箱海洋运输，并需要买方指示承运人出具已装船批注提单，可以采用 FCA 贸易术语。（   ）
3. 按 FCA、CPT 和 CIP 术语成交，买卖双方风险的划分点是一样的。（   ）
4. CIF 条件下由卖方负责办理货运保险，CFR 条件下由买方投保。因此，运输途中货物灭失和损失的风险，前者由卖方负责，后者由买方负责。（   ）
5. 按《2020 年通则》，买卖没有约定情况下 CIP 术语卖方可以只投保最低险别。（   ）
6. 按《2020 年通则》，买卖没有约定情况下 CIF 术语卖方只需投保最低险别。（   ）
7. 根据《2020 年通则》的解释，采用 FCA 术语时，当交货地点在卖方所在地时卖方要负责将货物装上承运人的运输工具才算完成交货义务。（   ）
8. 在国际贸易中，卖方所承担的风险、责任的大小与商品价格的高低成正比。（   ）

9．根据《2020年通则》的解释，CIF、CFR必须指明确定的装运港和目的港。（　　）
10．按照CIF术语成交时，卖方承担的风险转移在先，而责任和费用转移在后。（　　）

四、案例分析

1．我方某出口公司与外商按CIF London条件成交出口一批货物。合同规定，商品的数量为500箱，以信用证方式付款，10月份装运。买方按合同规定的开证时间将信用证开抵卖方。货物顺利装运完毕后，我方在信用证规定的交单期内办好了议付手续并收回货款。不久，我方收到买方寄来的货物在伦敦港卸货费和进口报关费的收据，要求我方按收据金额将款项支付给买方。请问：我方是否需要支付这笔费用，为什么？

2．我方以FCA贸易术语从意大利进口布料一批，双方约定最迟的装运期为第二年的4月。意大利出口商在4月15日将货物交给我方指定的承运人。我方收到货物后，发现部分货物有水渍，据查是因为货交承运人前两天大雨淋湿所致。据此，我方向意大利出口商索赔，但遭到拒绝。请问：我方的索赔是否有理，为什么？

3．某公司从美国进口瓷制品5 000件，外商报价为每件10美元FOB Vessel New York，我方如期将金额为50 000美元的不可撤销即期信用证开抵卖方，但美商要求将信用证金额增加至50 800美元，否则，有关的出口关税及签证费用将由我方另行电汇。请问：美商的要求是否合理，为什么？

4．我某公司以CFR价出口一批货物，装运后即以电报形式向买方发出装船通知，但对方没有收到此通知，因而未及时投保，结果船在运输途中沉没，货物全部损失，买方向我方提出索赔。请问：我方应如何处理？如果此事系我方未及时发出装船通知引起的，又该如何处理？

Passage 3

第三篇

国际货物贸易合同条款

第五章　国际货物贸易合同的标的

Chapter Five

学习目标

▲ 掌握国际货物贸易合同中品名条款的基本内容和注意事项，能正确订立品名条款
▲ 掌握国际货物贸易合同中品质的不同表示方法，能正确订立品质条款
▲ 掌握国际货物贸易合同中的计量单位、计重方法，能正确订立数量条款
▲ 掌握国际货物贸易合同中商品的包装种类和运输包装标志，能正确订立包装条款

导入案例

国内某企业从巴西进口大豆一批，合同规定水分最高为10%，杂质不超过2.5%，在成交前对方曾向我方寄过样品，订约后对方电告我方成交货物与样品相似，当货物到达我国后，我方发现货物与样品不符，并出示了相应的检验证书证明货物的质量比样品低7%，并以此我方要求对方赔偿我方10 000美元的损失。请问：在此情况下，对方是否可以以该项交易并非凭样品买卖为由而不予理赔？

合同中的品名、品质、数量和包装条款是国际货物销售合同中的主要条款之一，它是交易双方磋商和订立合同的主要内容，也是交易双方履行合同的依据。通过学习本章内容，要求学生了解合同中品名和品质条款的基本内容、商品数量条款的基本内容、商品包装条款的基本内容以及《联合国国际货物销售合同公约》和《跟单信用证统一惯例》（UCP600）对此的相关规定，并能正确签订相应的合同条款。

第一节　合同中的品名、品质条款

一、品名条款

（一）品名的含义和订立品名条款的意义

品名，即商品的名称，是指某种商品区别于其他商品的一种称呼或概念。在国际贸易中，交易双方在洽谈交易和订立货物买卖合同时，往往看不到成交的标的物，一般只是凭商品的名称或/及对商品的描述来成交的。因此，在销售合同中必须列明商品的名称。

（二）品名条款

1. 基本内容

品名条款是订立国际货物买卖合同时首先要考虑的问题。一般来说，合同中的品名条款比较简单，通常是在"商品名称（Name of Commodity）"或"品名"的标题下，列明买卖双方要成交的商品。也可不加标题，仅在合同的开头部分列明双方同意成交某种商品的文句。

2. 注意事项

在订立品名条款时，买卖双方应认真谨慎，注意下列事项：

（1）品名必须明确、具体，避免空洞笼统。在规定商品的名称时，应能确切反映商品的主要特点。在有些情况下，还必须列明商品的规格、等级、型号和产地等，即品名条款与品质条款一同列出。

（2）尽可能使用国际通用的名称。对不同的商品，不同国家/地区的海关对进出口限制规定不尽相同，有些商品有多个名称，因而存在着同一商品因名称不同而交付不同的关税、班轮运费、仓储费等情况。因此，尽可能使用国际通用的名称，减少不必要的费用和手续。

（3）与 H.S. 编码的商品名称相适应。中国于 1992 年 1 月 1 日起正式采用了由海关合作理事会制定的《商品名称及编码的协调制度》（The Harmonized Commodity Description and Coding System，简称为 H.S.），并据此编写了《中华人民共和国海关进出口税则》和《中华人民共和国海关统计商品目录》。目前，几乎所有的发达国家及大部分发展中国家都采用了《商品名称及编码的协调制度》，各国的海关统计及普惠制待遇等都按 H.S. 编码操作。因此，我国在采用商品名称时应与 H.S. 编码规定的商品名称相适应。

二、品质条款

（一）品质条款的含义和订立意义

1. 品质条款的含义

品质（Quality of Goods）是指商品的内在素质和外观形态的综合。前者包括商品的物理性能、机械性能、化学成分和生物特性等自然属性，一般需要专业工具分析测试方可得知（如机械类产品的精密度、纺织品回潮率、化工商品的凝固点等）；后者包括商品的外形、色泽、款式或透明度等，一般只要通过人们的感官就能直接感觉到的商品外在特征（如商品的结构、款式、造型等）。

2. 列明品质条款的意义

合同中的品质条款是构成商品说明的重要组成部分，是买卖双方交接货物的重要依据。《联合国国际货物销售合同公约》规定，卖方交付货物，必须符合约定的质量。如卖方交货不符合约定的品质条件，买方有权根据违约的程度主张损害赔偿、要求修理、交付替代货物以至拒收货物和宣告合同无效。可见，卖方如果违反合同品质条款的规定，将处于被动的地位。

（二）品质的表示方法

在国际货物买卖中，商品种类繁多、特点各异，故品质的表示方法也多种多样。归纳起来，主要分为两大类：一类是凭实物表示；另一类是凭文字说明表示。

1. 凭实物表示法

凭实物表示品质又可分为看货买卖和凭样品买卖两种方法。

（1）看货买卖。看货买卖是买卖双方履行合同时的品质标准以买方所看到的商品的实际品质为准进行交易，通常是先由买方或其代理人到卖方场所验看货物，达成共识后进行交易。当买卖双方采用看货成交时，买方或代理人通常先到卖方存放货物的场所验看货物，一旦达成交易，卖方就应按对方验看过的商品品质标准交货。只要卖方交付的货物与买方验看过的货物相符，买方就不得对品质提出异议。

在国际贸易中，由于交易双方远隔两地，交易洽谈主要以在线方式进行，所以采用看货成交的可能性是有限的。看货买卖的做法多用于寄售、拍卖和展卖等业务中。

（2）凭样品买卖（Sale by Sample）。样品通常是从一批商品中抽出来的或由生产、使用部门设计、加工出来的，足以反映和代表整批商品品质的少量实物。凡以样品表示商品品质并以此作为交货依据的，称为"凭样品买卖"。

在国际贸易中，按照样品提供者的不同，可分为下列几种：

1）凭买方样品（Buyer's Sample）买卖。凭买方样品买卖是指由买方提供样品并作为交货的品质依据。买卖合同一般订明"品质标准以买方样品为依据"。

2）凭卖方样品（Seller's Sample）买卖。凭卖方样品买卖是指由卖方提供样品并作为交货的品质依据。买卖合同一般订明"品质标准以卖方样品为依据"。

3）凭对等样品（Counter Sample）买卖。在国际货物买卖中，卖方对以买方样品成交的合同往往持谨慎态度，为避免日后的交货品质与买方样品不符而导致纠纷，卖方可根据买方提供的样品，加工复制出一个类似的样品交买方确认，这种经确认后的样品，称为"对等样品"（Counter Sample）或"回样"（Return Sample），也有称之为"确认样品"（Confirming Sample）。对等样品实质上是等于把"凭买方样品买卖"转变为"凭卖方样品买卖"。

无论凭何种样品买卖，卖方所交货物品质必须与样品完全一致，这是凭样品买卖的基本要求，否则就会导致买方拒收或索赔等纠纷。如果卖方没有把握做到交货品质与样品品质完全一致，尽量在合同条款中规定一些弹性条款，如"品质与样品大致相同"，或"品质与样品相似"。

此外，以介绍商品为目的而寄出的样品，最好标明"仅供参考（for reference only）"字样，以免与标准样品混淆。

2. 凭文字说明表示法

凭文字说明表示商品品质，是指用文字、图表、图片等方式来说明成交商品的品质。具体表示品质的方法可分为以下几种：

（1）凭规格买卖（Sale by Specification）。商品规格是指一些足以反映商品品质的主要指标，如化学成分、含量、纯度、性能、尺寸、容量、长短、色泽等。不同的商品，用以说明品质的指标也不同。买卖双方用商品的规格确定品质的方法，称为凭规格买卖。这种方法比较方便、准确，在国际贸易业务中应用较广。

（2）凭等级买卖（Sale by Grade）。商品的等级是指同一类商品按规格上的差异，分为品质优劣各不相同的若干等级。凭等级买卖时，由于不同等级的商品具有不同的规格，为了便于履行合同和避免争议，在品质条款列明等级的同时，最好规定每一等级的具体规格。这对简化手续、促进成交和体现按质论价等，都有一定的作用。例如，茶叶的等级划分是根据国家标准《茶叶感官审评室基本条件》对茶叶的条索外形、色泽、整碎、净度、内质、香气、滋味醇厚度、汤色、叶底来分类，由高到低依次为特级、1级、2级、3级……9级，有的还有10级，其中特级最好，10级最差。

（3）凭标准买卖（Sale by Standard）。商品的标准是指政府机关或商业团体统一制定和公布的标准化的品质指标。根据制定者的不同，商品的标准分为企业标准、商业团体标准、国家标准、区域标准和国际标准。由于各国制定的标准经常会进行修改，因此在援引标准时，必须标明采用标准的版本和年份。例如，消毒剂原料清单及禁限用物质（GB 38850—2020）。

（4）凭说明书和图样买卖（Sale by Descriptions and Illustrations）。在国际贸易中，有些机、电、仪等技术密集型产品，因其结构和性能复杂，很难用几个简单的指标来说明品质的全貌，通常以说明书并附以图样、照片、设计图纸、分析表及各种数据来说明具体性能和结构特点。按此方式进行交易，称为凭说明书和图样买卖。

（5）凭商标或品牌买卖。商标（Trade Mark）是指生产者或商号用来识别所生产或出售的商品的标志，往往由一个或几个具有特色的单词、字母、数字、图形或图片等组成。品牌（Brand Name）是指工商企业给制造或销售的商品所冠的名称。商标或品牌自身实际上是一种品质象征，只适用于一些品质稳定的加工产品。人们在交易中可以只凭商标或品牌进行买卖，无须对品质提出详细要求，因为商标或品牌本身实际上就是一种品质象征。例如，中国波司登防寒服，仅凭商标就能确定其品质标准。

（6）凭产地名称买卖。凭产地名称买卖是指以商品的产地名称作为买卖双方确定交易商品的品质条款。在国际货物买卖中，有些产品，因产区的自然条件、传统加工工艺等因素的影响，在品质方面具有其他产区的产品所不具有的独特风格和特色，对于这类产品，一般可用产地名称来表示品质。例如，云南白药、四川榨菜、北京烤鸭等。

此外，对于某些品质变化较大而难以等级化或标准化的农副产品，有时采用"良好平均品质"（Fair Average Quality，FAQ）这一术语来表示其品质。"良好平均品质"是指一定时期内某地出口商品的平均品质水平，一般是指中等货，也称大路货。例如，某种农产品的某个生产年度的中等货或某一季度、某一装船月份在装运地发运同一种商品的"平均品质"。由于这种方法表示的品质含糊，因此，在标明中等货的同时，通常还需约定具体规格作为品质依据。

> 例：中国花生仁（China Groundnut）"FAQ" 2020
> 　　　水分最高（Moisture Max.）8%
> 　　　不完善粒最高（Imperfect Grains Max.）3%
> 　　　含油量最低（Oil Content Min.）50%

"上好可销品质"（Good Merchantable Quality，GMQ），一般是指卖方所交货物应为"品质上好，合乎商销"。这种买卖条件多用于无法利用样品或无国际公认标准可循的货物买卖，如木材、冷冻鱼虾等商品交易。这种"标准"的含义更为含糊不清，我国一般不采用。

（三）品质机动幅度和品质增减价条款

1. 品质机动幅度

由于表示品质的方法不同，合同中品质条款的内容也各不相同。在凭样品买卖时，交易双方为了避免争议和按约定履行合同，在合同条款中通常会规定一些弹性条款，即品质机动幅度条款，如"品质与样品大致相同""品质与样品相似"或其他类似条款。常见的品质机动幅度表示方法可归纳如下：

（1）规定一定的范围，即规定卖方所交商品的品质允许有一定的差异范围。例如，漂布，幅阔35/36英寸㊀。

（2）规定一定的极限，即对所交货物的品质规格，规定上下极限，即最多、最少、最高、最低为多少等。例如，大豆含水量最大为6%，含油量最小为50%。

（3）规定上下差异，即对所交货物的品质规定在一定指标上下浮动的范围。例如，羽绒服的含绒量为90%，允许上下浮动3%。

在品质机动幅度范围内的货物，买方无权拒收，一般也不另行计算增减价。但有些货物，经买卖双方协商同意，也可在合同中规定按交货的实际品质加价或减价，即为品质增减价条款。

㊀ 1英寸=2.54厘米。

2. 品质公差

品质公差是指为国际同行业所公认的或买卖双方认可的产品品质的差异。这种为国际上所公认的品质误差，即使在合同中不做规定，卖方交货品质在公认的误差范围内，也可以认为符合合同要求。在品质公差范围内，被认为是符合品质条款要求的，买方无权拒收货物，也不得要求调整价格。例如，手表走时的误差，棉纱支数的确定等。

（四）签订品质条款的注意事项

（1）正确运用各种表示品质的方法。采用何种表示品质的方法，应视商品的特点而定。一般来说，凡能用一种方法表示品质的，不宜同时用两种或两种以上的方法来表示。

（2）科学订立品质条款。订立出口商品的品质条款时，应防止品质标准偏低或偏高。如果品质要求过高，则难以加工生产，容易造成生产方违约；如果品质要求过低，则容易影响成交价格和交易的达成。

（3）对某些凭说明书买卖的性能复杂的机电产品，特别是技术性强、金额大的产品，应订立品质保证条款和技术服务条款。明确卖方在交货后一定时期内，保证其出售的商品品质符合说明书上规定的指标，否则买方有权提出索赔，卖方有义务消除缺陷或更换有缺陷的商品或材料，并承担由此引起的各项费用。

（4）品质条款的内容和文字，要做到简单、具体、明确，既能分清责任又能方便检验，应避免使用"大约""左右""合理误差"等笼统字眼。

品名、品质条款示例：

例1：芝麻　　　　　　　　　　　Sesame seeds
　　　水分（最高）8%　　　　　　Moisture (max.) 8%
　　　杂质（最高）6%　　　　　　Admixture (max.) 6%
　　　含油量（最低）50%　　　　 Oil Content (min.) 50%

（如实际装运货物的含油量每增减1%，价格应相应增减1.5%；水分每增减1%，则价格相应减增1%。）

(Should the oil content of the goods actually shipped be 1% higher or lower, the price will be accordingly increased or decreased by 1.5%; Should the moisture of the goods actually shipped be 1% higher or lower, the price will be accordingly decreased or increased by 1%.)

例2：灰鸭绒，含绒量90%，允许1%增减。
Grey Duck's Down with 90% down content, 1% more or less allowed.

第二节　合同中的数量条款

一、数量条款的含义和订立意义

（一）数量条款的含义

数量条款是指买卖双方对交易商品以一定的度量衡单位表示商品的重量、数量、长度、面积、体积、容积等内容进行磋商，达成共识并签订合同中的数量款项。

（二）列明数量条款的意义

数量条款是合同不可缺少的主要条款之一。在国际贸易中，买卖双方必须确定合同中的数量条件，否则不能构成合同。《联合国国际货物销售合同公约》规定，按约定的数量交付货物是卖方的一项基本义务。如卖方交货数量大于约定的数量，买方可以拒收多交的部分，也可以收取多交部分中的一部分或全部，但应按合同价格付款。如卖方交货数量少于约定的数量，卖方应在规定的交货期届满前补交，但不得使买方遭受不合理的不便或承担不合理的开支，即使如此，买方也可保留要求损害赔偿的权利。可见，我们必须正确掌握合同中的数量条款，这对买卖双方履行合同意义重大。

二、计量单位和计重方法

（一）计量单位

国际贸易中使用的计量单位很多，不同的度量衡制度有不同的计量单位。究竟采用何种计量单位，主要取决于商品的种类、特点和各国的商业习惯。国际贸易中，通常有公制（The Metric System）、英制（The British System）、美制（The U.S. System）和国际标准计量组织在公制基础上颁布的国际单位制（The International System of Units, SI）四种度量衡制度。

度量衡制度的不同导致同一计量单位所表示的数量也不同。例如，公制规定的每公吨等于1 000千克，英制规定每长吨为1 016千克，美制规定每短吨为907千克；同样是容积单位的蒲式耳，英制与美制规定的大小也不同。根据《中华人民共和国计量法》规定，我国采用国际单位制计量单位，国际单位制计量单位和国家选定的其他计量单位，为国家法定计量单位。自1991年1月起，除个别特殊领域外，我国已不再允许使用非法定的计量单位。

从国际贸易的实际情况看，经常采用的计量方法和计量单位有六类，见表5-1。

表5-1 常见的计量方法和计量单位

计量方法	计量单位	主要适用的商品
按重量计量	公吨（metric ton）、长吨（long ton）、短吨（short ton）、公斤（kilogram）、磅（pound）、盎司（ounce）、克（gram）、克拉（carat）	农副产品、矿产品、初级产品（黄金、白银等贵重商品，通常采用克或盎司来计量；对钻石类的商品，则采用克拉来计量）
按数量计量	件（piece）、双（pair）、套（set）、打（dozen）、卷（roll）、令（ream）、罗（gross）、袋（bag）、包（bale）、部（unit）、箱（case）、张（plate）	大多数工业制成品
按长度计量	米（meter）、英尺（foot）、码（yard）、英寸（inch）	金属绳索、丝绸、布匹等
按面积计量	平方米（square meter）、平方英尺（square foot）、平方码（square yard）	玻璃、木板、地毯、皮革等
按体积计量	立方米（cubic meter）、立方英尺（cubic foot）、立方码（cubic yard）	木材、天然气、化学气体等
按容积计量	蒲式耳（bushel）、公升（liter）、加仑（gallon）	各种谷物和液体商品

（二）计算重量的方法

在国际贸易中，按重量计量的商品很多。根据一般的商业习惯，计算重量的方法主要有以下几种：

1. 按毛重计算

毛重（Gross Weight）是指商品本身的重量加包装物的重量，这种计重办法一般适用于粮食、大豆、饲料等低值商品。

2. 按净重计算

净重（Net Weight）是指商品本身的重量，即毛重减去包装物后的商品实际重量。在国际贸易中，大部分商品都是按净重计算的，不过有些价值较低的农产品或其他商品，有时也采用"以毛作净（Gross for Net）"的办法计重，即以毛重当作净重计价。例如，蚕豆 100 公吨，单层麻袋包装，以毛作净。

在国际贸易实际操作中，如果销售合同没有规定商品计重的方法，根据惯例，应按照净重计算。以净重计算，则必须从毛重中减去包装物的重量（皮重），国际贸易中计算皮重的方法主要有以下几种：

（1）按实际皮重计算。实际皮重（Actual/Real Tare）是指包装物的实际重量，它是对商品的包装物逐件称量后所得的总和。

（2）按平均皮重计算。平均皮重（Average Tare）主要适用于商品的包装整齐划一，重量相差不大的商品。此方法是从整批货物中抽出一定件数的包装物，称其重量，计算每件的平均重量，然后用计算出的平均重量乘包装物的件数，得到包装物的总重量。这种方法使用比较普遍，习惯上也称为标准皮重。

（3）按习惯皮重计算。习惯皮重（Customary Tare）中的商品包装材料和规格比较定型，皮重已为市场所公认，买卖双方只需按照公认的包装物重量计算整批商品的皮重。

（4）按约定皮重计算。在约定皮重（Computed Tare）方法下，商品包装物的重量是以买卖双方约定的皮重计算。

在实际业务中，究竟采用哪种方法，这主要根据商品包装的特点、交易数量的多少以及买卖双方的交易习惯而定。但无论采用何种方法，买卖双方都应该在合同中明确规定，以免日后产生不必要的纠纷。

3．按公量计算

公量（Conditioned Weight）是指在计算货物重量时，用科学方法抽去商品中的水分，再加上标准含水量所求得的重量。棉花、羊毛、生丝等吸湿性比较强，所含水分受客观环境影响较大，其重量很不稳定，为了准确推算这类商品的重量，国际上通常按公量计算。其计算公式为

$$公量 = 商品干净重 + 公定含水量$$
$$= 商品干净重 \times (1+ 公定回潮率)$$
$$= 商品净重 \times (1+ 公定回潮率) / (1+ 实际回潮率)$$

4．按理论重量计算

对于按固定规格生产和买卖的商品，只要其规格一致，每件商品的重量应该是相同的，所以一般可以用件数乘以每件商品的重量推算出总重量，即为理论重量（Theoretical Weight）。但是，这种计重方法是建立在每件货物重量相同的基础上，在实际业务中，只能作为计重时的参考。

5．按法定重量和实物净重计算

有些国家/地区海关法规定，在征收从量税时，商品的重量是以法定重量（Legal Weight）计算的。法定重量是指商品重量加上直接接触商品的包装物料，即商品重量加上销售包装的重量。法定重量减去销售包装重量后的商品重量，即为实物净重。

三、合同中数量条款的内容

（一）数量条款的基本内容

销售合同中的数量条款，主要包括商品的数量和计量单位，按重量成交的商品，还要订明计算重量的方法。

对于一些成交数量大的散装商品，如粮食、矿砂、化肥和黄豆等商品，由于商品的自身特点或自然条件，包装方式或装运工具受限，卖方往往难以准确按合同规定的数量交货，为了顺利完成合同，避免纠纷，买卖双方在订立数量条款时通常还要加订数量机动幅度条款或溢短装条款。

（二）数量机动幅度

在实际业务中，销售合同的数量机动幅度条款订立方法主要有以下几种：

（1）合同中未明确规定数量机动幅度，但在数量前加"约"或"大约"或类似的词语，用于信用证金额或信用证所列的数量或单价时，按照国际商会《跟单信用证统一惯例》（UCP600），应解释为信用证金额或数量或单价有不超过10%的增减幅度。

（2）合同中未明确规定数量机动幅度。《跟单信用证统一惯例》（UCP600）还规定："除非信用证规定所列的货物数量不得增减，在支取金额不超过信用证金额的条件下，货物数量允许有5%的增减幅度，但数量以包装单位或个数计数时，此增减幅度不适用。"

（3）买卖双方在合同中明确规定数量机动幅度，即使用溢短装条款（More or Less Clause）。溢短装条款的主要内容有：溢短装的百分比、溢短装的选择权、溢短装部分的作价。

数量机动幅度的选择权可以在卖方也可在买方，一般来说，通常由卖方决定，但在买方派船装运的情况下，也可由买方或船方决定。对于溢短装部分的货物，一般按合同价格计算货款。但对于价格波动频繁、幅度较大的商品，为防止行使数量机动幅度选择权的一方利用此条款获取额外利益，可采用按装船时或货到时的市价计算；也可在数量机动幅度条款中加订："此项机动幅度只是为了在船舶实际装载需要时，才能适用。"

数量条款示例：

> **例1：** 中国大米2 000公吨，5%溢短装由卖方决定。
> CHINESE RICE 2 000 M/T, 5% more or less at Seller's option.

> **例2：** 美国葵花籽2 000公吨，以毛作净，卖方可溢短装5%，增减部分按合同价格计算。
> AMERICAN SUNFLOWER SEEDS 2 000M/T, gross for net, 5% more or less at Seller's option at contract price.

第三节 合同中的包装条款

一、商品包装的意义

商品包装是生产的延续。凡需要包装的商品，只有通过包装后，才算完成生产过程。商品的包装也是实现商品价值和增值的必要手段之一。适当的包装，不仅便于运输、装卸、搬运、储存、保管、清点、陈列和携带，而且不易丢失或被盗，为各方面提供了便利。

在国际货物买卖中，包装还是货物的重要组成部分，包装条款是买卖合同的一项主要条款。《联合国国际货物销售合同公约》规定，"卖方交付的货物必须按照合同所规定的方式装箱或包装"，如果合同没有规定包装方式，"货物按照同类货物通用的方式装箱或包装，如果没有此种通用方式，则按照足以保全和保护货物的方式装箱或包装"，否则，视为与合同不符。

二、商品包装的种类

根据包装在流通过程中所起作用的不同以及国际贸易中的习惯做法，可以将包装分为销售包装和运输包装两种类型。

（一）销售包装

销售包装（Sale Packing）又称内包装、小包装，是直接接触商品并随商品进入零售网点和消费者直接见面的包装。这类包装除必须具有保护商品的功能外，还应具有美化、宣传商品，便于商品销售和使用等功能。因此，对销售包装的用料、造型结构、装潢画面和文字说明等方面，都有较高的要求。

1. 销售包装的装潢和文字说明

销售包装上的装潢画面，主要是以突出商品特点，同时也力求美观大方、富有艺术吸引力。装潢画面的图形和色彩，应符合有关国家/地区的民族习惯和爱好。

销售包装上的文字说明包括商标、品牌、品名、产地、数量、规格、成分、用途和使用方法等。文字说明必须简明扼要，与装潢画面和谐统一，以达到宣传、促销的作用，同时还应注意有关国家/地区的标签管理条例的规定。

2. 条码

商品销售包装上的条码（Bar Code）是由一组带有数字的黑白及粗细间隔不等的平行条纹所组成，这是利用光电扫描阅读设备为计算机输入数据的特殊的代码语言。它是用光电扫描器来读出的信息，其中信息包括品名、品种、数量、生产日期、生产厂商及产地等，并据此在数据库中查询单价，进行货款结算，这既方便了顾客又提高了结算效率。目前国际上通用的条码有两种：一种是由美国、加拿大组织的统一编码委员会编制，其使用的物品标识符号为UPC码；另一种编码是由欧共体12国成立的欧洲物品编码协会编制，该组织后改名为国际物品编码协会（International Article Number Association），使用的物品标识符号为EAN码。EAN条码一般由前缀部分、制造厂商代码、商品代码和校验码组成。

为了适应国际市场的需要和扩大出口，1988年12月我国建立了"中国物品编码中心"，负责推广条码技术，并对其进行统一管理。1991年4月我国正式加入国际物品编码协会，该协会分配给我国的国别号为"690～699"（不包括我国港、澳、台地区）。凡标有上述国别号条码的，并不代表产品的原产地，而只能说明分配和管理有关厂商识别代码的国家（或地区）编码组织。以条码6926983800023为例进行说明：第1～3位，即692，是中国的国家代码，由EAN分配；第4～8位，即69838，是生产厂商代码，由厂商申请，国家分配；第9～12位，即0002，是厂内商品代码，由厂商自行确定；第13位，即3，是校验码，依据一定的算法，由前面12位数字计算而得到。

> **小资料**
>
> **GS1和EAN、UCC的关系**
>
> 1973年，美国统一代码委员会（Uniform Code Council，UCC）成立，主要成员国是北美国家/地区，使用的物品标识符号为UPC码。1977年，成立欧洲物品编码协会（European Article Numbering Association，EAN），1981年更名为"国际物品编码协会"（International Article Numbering Association，IAN），成员国遍布世界各大洲。2002年11月，美国统一代码委员会和加拿大电子商务委员会加入EAN，EAN International成立。EAN•UCC系统的发展，实现无缝的、有效的全球标准是全球共同的目标。2005年2月，EAN International正式改名为GS1。商品条码（Commodity Bar Code）是由国际物品编码协会（EAN）和统一代码委员会（UCC）规定的、用于标识商品代码的条码，包括EAN商品条码（EAN-13、EAN-8）和UPC商品条码（UCC-A、

UCC-E）。通常情况下，我国不选用 UPC 商品条码，只有当产品出口到北美地区并且客户指定时，才申请使用 UPC 商品条码。EAN 商品条码分为 EAN-13（标准版）和 EAN-8（缩短版）两种，EAN/UCC-8 代码是用于标识小型商品；它由 8 位数字组成，包括商品项目代码（前面 2～3 位为前缀码）、校验符等。

（二）运输包装

运输包装（Package for Transport）又称外包装、大包装，其主要作用在于保护商品、方便运输和防止出现货损货差。

1. 运输包装的种类

商品的特性、形状、运输方式不同，因而决定了运输包装的方式和造型多种多样，用料和质地也各不相同。买卖双方究竟采用何种运输包装，应在合同中具体订明。实际业务中，常见的包装分类标准和种类如表 5-2 所示。

表 5-2 包装的分类标准和种类

分类标准	种类
按包装方式分	单件运输包装、集合运输包装
按包装造型分	箱、袋、包、桶、捆等
按包装材料分	纸制、金属、木制、塑料、竹、柳、草制品、玻璃制品、陶包装
按包装质地分	软包装、半硬包装、硬包装
按包装程度分	全部包装、局部包装

在国际贸易中，买卖双方究竟采取哪种运输包装，应根据商品的特点、形状、运输方式和自然条件等因素综合决定。在实际业务中，集合运输包装是一种很常见的包装方式，它是指将若干单件包装的商品组合在一起，将其装在一个大包装内的包装方式，主要分为集装包、集装袋、集装箱和托盘几种。目前，集装箱（如图 5-1 所示）已经成了国际普遍采用的一种运输包装方式，尤其是在海洋运输中广泛运用。经常使用的集装箱有两种：20 英尺[○]和 40 英尺集装箱，即 8 英尺 ×8 英尺 ×20 英尺和 8 英尺 ×8 英尺 ×40 英尺两种规格。

图 5-1 集装箱

2. 运输包装的标志

商品的运输包装上一般要刷运输标志，其作用是方便货物运输、装卸、仓储、检验，将货物安全迅速送达收货人。包装标志是指在商品外包装上刷制的简单图

○ 1 英尺=0.3048 米。

运输标志的设计

形和文字。应当注意的是,包装标志应选用具有耐温、耐晒、耐摩擦性能的颜料,并涂刷在装卸搬运时容易看得见的部位。

刷写包装标志是货物出运前一项重要的工作,我国对运输包装标志的要求,以及使用的文字、符号和图形,在我国颁布的《包装储运指示标志》和《危险货物包装标志》中做了具体规定。运输包装的标志按其用途一般分为运输标志、指示性标志和警告性标志三类。

(1)运输标志(Shipping Mark)。运输标志又称唛头,通常是由一个简单的几何图形和一些字母、数字及简单的文字组成。主要内容包括:①目的地的名称或代号;②收、发货人的代号;③件号、批号。此外,还有原产地、合同号、许可证和体积与重量等内容。由于在实际业务中,买卖双方都根据自身需要来刷运输标志,内容差异较大,联合国欧洲经济委员会为了统一运输标志,简化国际贸易程序,制定了一套标准的运输标志,包括以下几项内容:①收货人或买方名称的英文缩写字母或简称;②参考号,如运单号、订单号或发货票号;③目的地;④件号。

> 例:ABC——收货人代号
> 68/CNO.12345——参考号(订单号)
> Tokyo——目的地
> 1/100——件数号(顺序号和总件数)

需要注意的是,标准的运输标志不使用几何图形或其他图形。这是为了便于刷制运输标志、节省时间和费用,以便于使用电子通信手段传递信息。

(2)指示性标志(Indicative Mark)。这是一种操作注意标志(如图 5-2 所示),指人们在装卸、运输和保管过程中需要注意的事项,通常都是以简单醒目的图形和文字在包装上标出,故又被称为注意标志。在文字使用上,最好采用出口国和进口国的文字。

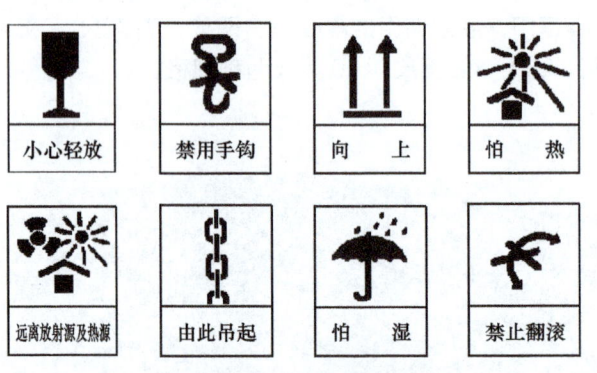

图 5-2 指示性标志

(3)警告性标志(Warning Mark)。警告性标志又称危险货物包装标志,凡在运输包装内装有爆炸品、易燃物品、有毒物品、腐蚀物品、氧化剂和放射性物质等危险货物,都必须在运输包装上标打用于各种危险品的标志(如图 5-3 所示),这主要是为了使装卸、运输和保管人员按货物特性采取相应的防护措施。我国出口危险货物的运输包装上,要标打我国和国际海运所规定的两套危险品标志。

图 5-3 警告性标志

> **小资料**
>
> **国际海上危险运输货物分类**
>
> 根据国际海上危险运输货物分类及国家标准《危险货物品名表》（GB 12268—2012），将危险货物划分为以下 9 类：
>
> 第 1 类：爆炸品。
> 第 2 类：气体。
> 第 3 类：易燃液体。
> 第 4 类：易燃固体、易于自燃的物质、遇水放出易燃气体的物质。
> 第 5 类：氧化性物质和有机过氧化物。
> 第 6 类：毒性物质和感染性物质。
> 第 7 类：放射性物质。
> 第 8 类：腐蚀性物质。
> 第 9 类：杂项危险物质和物品，包括危害环境物质。

危险货物标志不应小于 100 毫米 ×100 毫米；集装箱、可移动罐柜使用的标志不应小于 250 毫米 ×250 毫米。危险品标志上的数字代表适用于第几类危险货物，例如，图 5-3 警告性标志中的第五个标志——"爆炸品"标志，图中的 1.5 指适用于危险货物的第 1 类的 1.5 项物品。

三、中性包装和定牌生产

（一）中性包装

中性包装（Neutral Packing）是指既不标明生产国别、地名和厂商名称，也不标明商标或品牌的包装。也就是说，在出口商品包装的内外，都没有原产地和厂商的标记。中性包装包括无牌中性包装和定牌中性包装两种。无牌中性包装是指包装上既无产地和生产厂商的名称，又无商标、品牌；定牌中性包装是指包装上无产地和生产厂商的名称，但有买方指定的商标、品牌。

在国际贸易中，中性包装是出口企业为了打破某些国家或地区的歧视和限制以及适应转口销售的需要，从而扩大出口的一种促进销售的手段。中性包装是国际贸易常见的做法，在买方的要求下，可酌情采用。

（二）定牌

定牌是指卖方按买方要求在其出售的商品或包装上标明买方指定的商标或牌号，这种做法又称定牌生产。

采用定牌，主要是为了利用买方（包括生产厂商、大百货公司、超级市场和专业商店）的经营能力以及其企业商誉或名牌声誉，以提高商品售价和扩大销售数量。在国际贸易中，定牌商品有的在其定牌商标下标明产地，有的则不标明产地和生产厂商。目前，我国大多数定牌生产的出口产品，都打上"中国制造"字样。

四、合同中的包装条款

包装条款一般包括包装材料、包装方式、包装规格、包装标志和包装费用的负担等内容。一般情况下，如果买方对货物的包装没有特殊规定，卖方需要使用本国用于出口货物的包装发货，并应照顾到货物的较长运输时间、转船和装卸等情况。此外，包装条款中还应明确运输标志由谁设计。按照国际贸易惯例，如果买方没有特殊要求，运输标志一般可以由卖方自行设计，然后通知买方。

至于包装费用，一般包括在货价之中，不另计收。但也有不计在货价之内而规定由买方另行支付的。究竟由何方负担，应在包装条款中做出明确的规定。包装条款的具体内容由买卖双方在签订合同时确定，但尽量做到明确具体，避免使用"海运包装""习惯包装"等模糊术语。

包装条款示例：

> **例1：** 纸箱装，每箱12听，每听净重500克。
> In cartons, per carton containing 12 tins of 500 g. net each.

> **例2：** 涤纶袋包装，50磅装一袋，4袋装一木箱，木箱用金属作衬里。包装费用由买方承担。
> To be packed in poly bags, 50 pounds in a bag, 4 bags in a wooden case which is lined with metal. The cost of packing is for buyer's account.

--- **导入案例分析** ---

凡是凭样品成交，卖方交付的货物必须与所提供的样品完全一致，否则买方有权拒收并提出索赔。就本案例而言，成交前对方向我方寄送样品时未声明是参考样品，因此是具有法律效力的标准样品。由此可知，对方无权以该笔交易并非样品买卖为由而不予理赔。

📝 本章小结

本章主要介绍了国际货物贸易合同中商品名称的订立方法和注意事项，详细介绍了合同中品名、品质、数量和包装条款的基本内容、制定方法和示例。其中重点介绍了两种品质的表示方法，商品数量的计量单位和计重方法，销售包装、运输包装以及运输包装的运输标志、指示性标志和警告性标志，中性包装和定牌等内容。

思考与练习

一、填空题

1. 商品的品质是指商品的_____和_____的综合。
2. 国际贸易中常用的表示品质的方法主要有_____和_____。
3. 良好平均品质（FAQ）是指_____货。我国出口的农副产品中使用的 FAQ 是相对_____而言的，除了在合同中标明 FAQ 外，还应定有_____。

4．《联合国际货物销售合同公约》规定，买方可以＿＿＿＿＿＿，也可以＿＿＿＿＿＿全部多交货物或部分多交货物。

5．目前国际贸易中常用的度量衡有＿＿＿＿＿制、＿＿＿＿＿制、＿＿＿＿＿制和＿＿＿＿＿制。

6．在国际贸易中，对以重量计量的商品，大多按＿＿＿＿＿计价，这是最常见的计量方法。

7．按一些国家/地区海关的规定，在征收从量税时，商品的重量是以＿＿＿＿＿重量计算。

8．按《跟单信用证统一惯例》（UCP600）规定，"约"字应理解为允许有关数量或金额或单价不超过＿＿＿＿＿的增减幅度。

9．通常在合同中规定，交货数量允许有一定范围的机动幅度，并明确机动部分由谁选择和作价原则。这种条款称为＿＿＿＿＿条款。

10．运输包装的标志，按其作用不同可分为＿＿＿＿＿标志、＿＿＿＿＿标志和＿＿＿＿＿标志三种。

11．国际上通用的包装条码有两种：一种是由＿＿＿＿＿编制的，其使用的物品标识符号为＿＿＿＿＿码；另一种是＿＿＿＿＿编制的，其使用的物品标识符号为＿＿＿＿＿。

12．定牌中性包装是指＿＿＿＿＿方采用＿＿＿＿＿方制定的商标或牌号进行生产。

二、单项选择题

1．在国际贸易中，造型上有特殊要求或具有色香味方面特征的商品适合于（　　）。
　　A．凭样品买卖　　　　　　　　B．凭规格买卖
　　C．凭等级买卖　　　　　　　　D．凭产地名称买卖

2．若合同规定品质公差条款，则在公差范围内，卖方（　　）。
　　A．不得拒收货物　　　　　　　B．可以拒收货物
　　C．可以要求调整价格　　　　　D．可以拒收货物也可以要求调整价格

3．大路货是指（　　）。
　　A．适于商销　　　　　　　　　B．上好可销品质
　　C．质量劣等　　　　　　　　　D．良好平均品质

4．在国际贸易中，对以重量计量的商品计价，使用最多的计量方法是（　　）。
　　A．毛重　　　B．净重　　　C．公量　　　D．以毛作净

5．凭样品买卖时，如果合同中无其他规定，那么卖方所交货物（　　）。
　　A．可以与样品大致相同　　　　B．必须与样品完全一致
　　C．允许有合理公差　　　　　　D．允许在包装规格上有一定幅度的差异

6．"以毛作净"实际上就是（　　）。
　　A．以净重作为毛重作为计价的基础　　B．按毛重计算重量作为计价的基础
　　C．按理论重量作为计价的基础　　　　D．按法定重量作为计价的基础

7．国际贸易中，大宗农副产品、矿产品以及一部分工业制成品习惯的计量方法是（　　）。
　　A．按面积计算　　　　　　　　B．按长度计算
　　C．按重量计算　　　　　　　　D．按容积计算

8．在国际贸易中，木材、天然气和化学气体习惯的计量方法是（　　）。
　　A．按重量计算　　　　　　　　B．按面积计算
　　C．按体积计算　　　　　　　　D．按容积计算

9. 在国际贸易中，酒类、汽油等液体商品习惯的计量方法是（　　）。
   A. 按重量计算　　　　　　　　　　B. 按面积计算
   C. 按体积计算　　　　　　　　　　D. 按容积计算
10. 按照国际惯例，如果合同中没有相关规定，则运输标志一般由（　　）提供。
   A. 开证行　　　　B. 卖方　　　　C. 买方　　　　D. 船方
11. 定牌中性包装是指（　　）。
   A. 在商品本身及其包装上使用买方指定的商标／牌号，但不表明产地
   B. 在商品本身及其包装上使用买方指定的商标／牌号，也表明产地
   C. 在商品本身及其包装上不使用买方指定的商标／牌号，也不表明产地
   D. 在商品本身及其包装上不使用买方指定的商标／牌号，但表明产地
12. 运输包装和销售包装的分类，是按（　　）来划分的。
   A. 包装的目的　　　　　　　　　　B. 包装的形式
   C. 包装所使用的材料　　　　　　　D. 包装在流通过程中的作用
13. 条码标志主要用于商品的（　　）上。
   A. 销售包装　　　　　　　　　　　B. 运输包装
   C. 销售包装和运输包装　　　　　　D. 任何包装
14. 目前国际贸易中 Metric Ton 表示（　　）。
   A. 按长吨计算　　　　　　　　　　B. 按短吨计算
   C. 按公吨计算　　　　　　　　　　D. 按吨计算

三、判断题

1. 如果交易双方既凭样品又凭规格成交，要求卖方交货品质只要符合其中任何一种即可。（　　）
2. 采用凭样品成交时，为了争取国外客户，应选择质量最好的样品给对方，以达成交易。（　　）
3. 根据《联合国国际货物销售合同公约》规定，如果卖方所交货物多于合同规定的数量，买方可拒收全部货物。（　　）
4. 某外商来电要我方提供大豆，按含油量18%、含水量14%、不完善粒7%、杂质1%的规格订立合同。对此，在一般条件下，我方可以接受。（　　）
5. 对棉花、生丝等商品一般采用公量计算其重量。（　　）
6. 国际上通用的条码有 UPC 和 EAN 两类，美国出口商品上的标识符号为 EAN。（　　）
7. 按照重量计量的包装货，如果买卖合同没有明确规定是按照毛重计量或者按照净重计量，则按照惯例，应该按照毛重计量。（　　）
8. 为了适应国际市场需要，我们出口日用工业品，应该尽量争取按照买方样品达成交易。（　　）
9. 包装由卖方决定，买方不得要求使用特殊包装。（　　）
10. 采用定牌出口商品时，除非买卖双方另有规定，一般都应在商品包装上注明"中国制造"字样。（　　）

四、案例分析与计算

1. 我某出口公司向外商出口一批苹果。合同及对方开来的信用证上均写的是三级品，但卖

方交货时才发现三级苹果库存告罄，于是该出口公司改以二级品交货，并在发票上加注："二级苹果仍按三级计价不另收费"。请问：卖方这种做法是否妥当？为什么？

2. 我国某出口公司与某国进口商按每公吨500美元的FOB价格在大连成交某农产品200公吨，合同规定包装条件为每袋25千克，双线新麻袋装，信用证付款方式。该公司凭证装运出口并办妥了结汇手续。事后对方来电，称：该公司所交货物扣除皮重后实际到货不足200公吨，要求按净重计算价格，退回因短量多收的货款。我公司则以合同未规定按净重计价为由拒绝退款。请分析该公司的做法是否可行，并说明理由。

3. 某公司向国外出口一批仪器，合同规定由买方提供运输标志，但截至买方提供时间届满，仍未见其通知设计情况，而该公司货已备好。请问：该公司应如何处理此事？

4. 某外商欲购买我国某公司的"葵花牌"手袋，但要求不用原商标而改为"跳鱼"牌，并且不注明"中国制造"字样。请问：这属于定牌中性包装吗？我方是否可以接受这一要求？应该注意什么问题？

5. 如果卖方按每箱120美元的价格出售苹果1 000箱，合同规定数量允许有5%的增减，由卖方决定。请问：①这是一个什么条款？②最多可装多少箱？最少可装多少箱？③如实际装运1 090箱，买方该如何做？

第六章　国际货物运输

Chapter　Six

学习目标

▲ 了解国际货物运输的方式，理解各种运输方式的合理选用
▲ 掌握班轮运输的概念与特点，熟练掌握班轮运费的计算方法
▲ 熟练掌握海运提单的性质、种类和内容
▲ 了解其他运输单据的性质、种类
▲ 掌握装运条款的基本内容，能够订立合同中的装运条款

导入案例

中国A公司与英国B公司签订了一份国际货物买卖合同，约定由A公司向B公司销售一批电视机，B公司以信用证方式付款。合同订立后，B公司依约开立了信用证，该信用证要求A公司提供全套已装船清洁提单。A公司按照合同规定交付了货物，并按信用证要求制作了所有单据。A公司向银行提交全套单据，银行审单后拒绝付款，理由是A公司提交的提单上没有货物的装运日期，该提单是备运提单而非信用证要求的已装船提单。A公司去电解释，其提交的提单上盖有"已装船"（SHIPPED ON BOARD）字样的印记，证明货物已装船，提单的签发日就是装运日期。银行回电称，A公司提交的提单所做的"装船批注"不符合《跟单信用证统一惯例》（UCP600）的规定，由于存在单证不符的情况，银行拒绝付款。请思考：①什么是备运提单和已装船提单？②银行是否可以拒绝付款？为什么？

国际贸易中货物由卖方转移到买方手中，必须要通过运输来实现，因此买卖双方对于运输方式、费用、单据等必须有一个基本的了解，这样在货物交接过程中，才能分清双方负担的责任与风险，制定合理的价格。

第一节　国际货物运输方式

国际贸易的运输方式包括海洋运输、铁路运输、航空运输、邮包运输以及多式联运。实际业务中，应根据货物的特点、数量的大小、距离的远近、运费的高低等具体情况，选择合理的运输方式。

一、海洋运输

海洋运输是国际贸易中最主要的运输方式，它是指利用船舶在不同国家和地区的港口之间运送货物的一种方式。与其他运输方式相比，海洋运输的通过能力大、运量大、对货物的适应性强，而运价相对低廉，因此在国际货物运输中使用最为广泛。目前，世界贸易总运量的2/3以

上，我国进出口货运总量的 80% 以上都是通过海洋运输进行的。当然，海洋运输也存在一定的缺点：易受自然条件和气候等因素影响，风险较大，速度相对较慢。因而，对于不能经受长途、长时间运输的货物，易受气候条件影响以及急需的货物，一般不宜采用海运方式。

海洋运输按照船舶的经营方式划分，可分为班轮运输和租船运输两大类。

（一）班轮运输

班轮运输（Liner Transport），又称定期船运输，是指船舶按照预定的航行时间表，沿着固定的航线，按照既定的港口顺序，并按照相对固定的运费率收取运费，经常从事航线上各港口之间运输的海运方式。

1. 班轮运输的特点

（1）"四固定"的基本特点，即固定船期、固定航线、固定港口和相对固定的运费率。

（2）货物由船方负责配载装卸，装卸费包括在运费中，货方不再另付装卸费，船货双方也不计算滞期费和速遣费。

（3）船、货双方的权利、义务与责任豁免，以船方签发的提单条款为依据。

（4）班轮承运货物的品种、数量比较灵活，货运质量较有保证，且一般采取在码头仓库交接货物的方式，为货主提供了较为便利的条件。

2. 班轮运费

班轮运费是班轮公司因运输货物向货主收取的费用，包括基本运费和附加费两部分。实务中运费的单价一般是按照班轮运价表的规定来计算的，不同的班轮公司列有不同的运价表。班轮运价表一般包括货物分级表、各航线费率表、附加费率表、冷藏货及活牲畜费率表等。常用的"等级运价表"，是将承运的货物分成若干等级（一般分为 20 个等级），每一个等级的货物对应一个基本费率，其中 1 级费率最低，20 级费率最高。

（1）基本运费。基本运费是指货物从装运港到卸货港所应收取的基本运费，它是构成全程运费的主要部分。基本运费的计收标准，一般包括以下几种：

1）重量吨，即按照货物的毛重计收，每 1 公吨为 1 个计费吨，运价表内用"W"表示。

2）尺码吨，即按照货物的体积计收，每 1 立方米为 1 个计费吨，运价表中用"M"表示。

3）W/M，按照货物的毛重或体积计收，由船公司选择其中收费较高的作为计费吨，运价表中以"W/M"表示。

4）A.V.（ad. val.），按照货物的价格计收，又称为从价运费，一般是按照 FOB 价格的一定百分比收取。

5）W/M or ad. val.，在货物重量吨、尺码吨或从价运费三者中选择最高的一种计收。

6）W/M plus ad. val.，按照货物重量吨或尺码吨中较高者，再加上从价运费计收。

7）按照货物的件数计收，适用于活牲畜、车辆等特殊货物。

8）临时议定价格，适用于粮食、矿砂、煤炭等大宗低值货物，一般运费较低。

（2）附加费。附加费是指除基本运费外，对一些需要特殊处理的货物，或者由于突然事件的发生或客观情况变化等原因而需另外加收的费用。附加费的计算办法有两种，一种是在基本运费的基础上加收一定百分比，另一种是按每计费吨加收一个绝对数计算。常见附加费有：

1）燃油附加费，是指因燃油价格上涨，船舶营运成本增加所增收的附加费。

2）货币贬值附加费，是指船公司因运费的计价货币发生贬值所增收的附加费。

3）超重附加费，是指单件货物的毛重超过规定重量时所增收的附加费。

4）超长附加费，是指单件货物的长度超过规定长度时所增收的附加费。

5）直航附加费，是指当运往非基本港的货物达到一定货量时，船公司应托运人之请求将货物直接运往非基本港而不经过转船所增收的附加费。

6）转船附加费，是指货物必须在中途挂靠港口换装另一船舶才能运至目的港时增收的附加费。

7）港口拥挤附加费，是指由于港口拥挤，船舶到港后长时间停泊，增加了船公司的营运成本而向托运人增收的附加费。

8）港口附加费，是指某些港口的情况比较复杂，装卸效率低或者港口收费较高等情况下增收的附加费。

9）选港附加费，是指船公司对在运输合同所约定的卸货区域内选择卸货港卸载货物所增收的附加费。

10）绕航附加费，是指由于航线上发生了战争、运河关闭或航道阻塞等意外情况，船舶必须绕道航行，延长了航行距离，船公司为补偿费用支出所增收的附加费。

3. 班轮运费的计算

班轮运费的计算

（1）根据货物的英文名称从货物分级表中查出有关货物的计费等级及其计算标准。

（2）从航线费率表中按照起运港、目的港查出该等级货物的基本运费率。

（3）另查附加费率表，根据基本运费率和各项附加费率得出有关货物的单位运价。

（4）再乘以计费吨（重量吨或尺码吨），即得运费总额。如果是从价运费，则按规定的百分率乘以 FOB 货值即可。

班轮运费的计算公式为

$$运费 = 基本运费率 \times (1 + 附加费率) \times 计费吨$$

> **例**：上海运往肯尼亚蒙巴萨港口"门锁"一批计 100 箱，每箱体积为 20 厘米×30 厘米×40 厘米，毛重为 25 公斤。当时燃油附加费为 30%，蒙巴萨港口拥挤附加费为 10%。门锁属于小五金类，计收标准是 W/M，等级为 10 级，基本运费为每运费吨 443.00 元，试计算应付运费多少。
>
> **解**：（1）先分清该批货物是按重量（W）收费还是按体积（M）收费，
>
> 本题中每箱货物重 0.025 吨，体积 0.024 立方米，所以应按重量（W）收费。
>
> （2）该批商品的总重量为：25×100=2 500（公斤）=2.5（公吨）
>
> （3）运费 = 基本运费率×（1+附加费率）×计费吨
>
> =443×（1+30%+10%）× 2.5
>
> =1 550.50（元）
>
> 所以应付总运费 1 550.50 元。

（二）租船运输

租船运输（Shipping by Chartering），又称不定期船运输，是指船舶所有人和租船人通过洽谈签订租船合同，租赁船舶用于货物运输的一种方式。在租船运输业务中，没有预定的船期表，船舶经由的航线和停靠的港口也不固定，须按船租双方签订的租船合同来安排，有关船舶的航线和停靠的港口、运输货物的种类以及航行时间等，都按租船人的要求，由船舶所有人确认而定，运费或租金也由双方根据租船市场行市在租船合同中加以约定。租船运输一般适用于运输大宗货物。

1. 租船运输的特点

（1）租船运输是根据租船合同组织运输的，租船合同条款由船舶所有人和租船人双方共同商定。

（2）一般由船舶所有人与租船人通过各自或共同的租船经纪人洽谈成交租船业务。

（3）不定航线，不定船期。船舶所有人对于船舶的航线、航行时间和货载种类等按照租船人的要求来确定，提供相应船舶，经租船人同意进行调度安排。

（4）租金率或运费率是根据租船市场行情来决定。

（5）船舶营运中有关费用的支出，取决于不同的租船方式，由船舶所有人和租船人分担，并在合同条款中订明。

（6）租船运输一般适用于运输大宗货物，如石油、矿石、工业原料等。

2. 租船运输的方式

（1）定程租船（Voyage Charter），又称程租船或航次租船，是指由船舶所有人负责提供船舶，在指定港口之间进行一个航次或数个航次，承运指定货物的租船运输。在国际现货市场上成交的绝大多数货物（主要包括液体散货和干散货两大类）都是通过定程租船方式运输的。

定程租船按其租赁方式的不同分为：

1）单程租船，又称单航次租船。

2）来回航次租船。

3）连续航次租船。

4）包运合同。

（2）定期租船（Time Charter），又称期租船，是指由船舶所有人将船舶出租给承租人，供其使用一定时间的租船运输。承租人也可将此期租船充作班轮或程租船使用。

（3）光船租船（Bareboat Charter），又称船壳租船，是指船舶所有人将船舶出租给承租人使用一个时期，但船舶所有人所提供的船舶是一艘空船，既无船长，又未配备船员，承租人自己要任命船长、船员，负责船只的给养和船舶营运管理所需的一切费用。实际上属于单纯的财产租赁，在国际货运中较少使用。

3. 租船运输的运费

（1）定程租船运费：计算方式与支付时间，需由租船合同中明确规定。

计算方式主要有两种：一种是按运费率，即规定每单位重量或单位体积的运费额，同时规定按装船时的货物重量或按卸船时的货物重量来计算总运费。另一种是整船包价，即规定一笔整船运费，这种方式船东要保证船舶能提供的载货重量和容积。

（2）定程租船的装卸费，具体做法：

1）班轮条件（Liner Terms），即船方负担装货费和卸货费。

2）船方管装不管卸（Free Out，FO），即船方负担装货费，不负担卸货费。

3）船方管卸不管装（Free In，FI），即船方负担卸货费，不负担装货费。

4）船方不管装卸（Free In & Out，FIO），即船方不负担装货费和卸货费。

5）船方不管装卸、理舱和平舱（Free In & Out, Stowed & Trimmed，FIOST），即船方不负担装货费、卸货费、理舱费和平舱费。

二、铁路运输

铁路运输一般不受气候条件的影响，可保障全年的正常运输，而且运量较大，速度较快，有高度的连续性，运输过程中可能遭受的风险也较小。办理铁路货运手续比海洋运输简单，而且发货人和收货人可在就近的始发站和目的站办理托运和提货手续。

铁路运输可分为国际铁路货物联运和国内铁路货物运输两种。

（一）国际铁路货物联运

国际铁路货物联运，是指使用一份统一的国际联运票据，由铁路负责经过两国/地区或两国/地区以上铁路的全程运送，并在一国/地区铁路向另一国/地区铁路移交货物时，不需发货人和收货人参加的运输。

欧洲国际铁路货物联运开展得比较早，1890年欧洲各国铁路代表在瑞士的伯尔尼举行会议，制定了《国际铁路货物运送规则》，自1893年1月1日起施行。1938年修订时改称《国际铁路货物运送公约》（简称《国际货约》），并于1938年10月1日开始施行。当时的参加国主要以欧洲国家/地区为主，共有24个成员。随着铁路技术的进步和各国经济的发展变化，《国际货约》分别于1961年、1970年、1980年进行多次修订，又有部分中亚、北非和东欧国家/地区陆续参加，现在《国际货约》的正式成员国/地区共有49个。

从1951年4月1日起，我国同苏联开办铁路联运。同年11月，苏联和东欧各国/地区签订《国际铁路货物联运协定》（简称《国际货协》）。1954年1月我国参加《国际货协》，其后，朝鲜、蒙古、越南也陆续加入，至此共有12个国家/地区加入《国际货协》。

（二）国内铁路货物运输

我国出口货物经过国内铁路运至港口装船或进口货物卸船后经铁路运往各地（包括供应我国港澳地区的物资经铁路运往当地）都属于国内铁路运输的范围。

对港铁路运输是由内地段运输和港段铁路运输两部分组成，由中国对外贸易运输公司各地分支机构和香港中国旅行社联合组织，是一种特殊的租车方式的两票运输。具体做法是发货人先将货物托运至深圳北站，货车到达后，由中国外运（深圳）有限公司与深圳铁路进行票据交换，并编制货车过轨计划，办理租车手续。经海关放行后，由香港中国旅行社向港九铁路公司办理托运起票手续，货到香港后，由香港中国旅行社负责卸货并送交收货人。对澳铁路运输则是先将货物托运至广州南站，由广东外运广州有限公司办理中转手续运往澳门。

> **小资料**
>
> **中欧班列**
>
> 中欧班列是指按照固定车次、线路等条件开行，往来于中国与欧洲及"一带一路"沿线各国/地区的集装箱国际铁路联运班列。目前，我国铺划了西、中、东三条通道中欧班列运行线，西部通道由我国中西部经阿拉山口（霍尔果斯）出境，中部通道由我国华北地区经二连浩特出境，东部通道由我国东南部沿海地区经满洲里（绥芬河）出境。
>
> 2011年3月19日，首列中欧班列（重庆—杜伊斯堡，渝新欧国际铁路）成功开行。其后，成都、郑州、武汉、苏州、长沙、广州、义乌等城市也陆续开行了去往欧洲的集装箱班列。
>
> 中国国家铁路集团有限公司给出的数据显示，2020年，中欧班列累计开行1.24万列、运送113.5万标箱，分别同比增长50%、56%，综合重箱率达98.4%，年度开行数量首次突破1万列，单月开行均稳定在1 000列以上。
>
> 同时，中欧班列开行规模持续扩大。2020年，国内累计开行超过百列的城市增至29个，通达欧洲20余个国家的90多个城市。

中欧班列以其运距短、速度快、安全性高的特征，以及安全快捷、绿色环保、受自然环境影响小的优势，已经成为国际物流中陆路运输的骨干方式。中欧班列物流组织日趋成熟，班列沿途国家/地区经贸交往日趋活跃，国家/地区间铁路、口岸、海关等部门的合作日趋密切，这些有利条件，为铁路进一步发挥国际物流骨干作用，在"一带一路"建设中将丝绸之路从原先的"商贸路"变成产业和人口集聚的"丝绸之路经济带"起到重要作用。

三、航空运输

航空运输是一种现代化的运输方式，它与海洋运输、铁路运输相比，具有运输速度快、货运质量高，且不受地面条件的限制等优点。因此，航空运输最适宜运送急需物资、鲜活商品、精密仪器和贵重物品。

（一）国际航空运输的方式

1．班机运输

班机运输是指具有固定开航时间、航线和停靠航站的运输方式。通常为客货混合型飞机，货舱容量较小，运价较贵，但由于航期固定，有利于客户安排鲜活商品或急需商品的运送。

2．包机运输

包机运输是指航空公司按照约定的条件和费率，将整架飞机租给一个或若干个包机人（包机人指发货人或航空货运代理），从一个或几个航空站装运货物至指定目的地的运输方式。包机运输适合于大宗货物运输，费率低于班机，但运送时间要比班机长一些。

3．集中托运

集中托运是指航空公司把若干单独发运的货物组成一整批货物向航空公司办理托运，填写一份总运单，发运到预定目的地，由航空公司在当地的代理人收货、报关、分拨后交给实际收货人。采取集中托运的方式可降低运费，是航空货运代理的主要业务之一。

4．航空快递

航空快递是指航空快递企业利用航空运输，收取快件并按照向发件人承诺的时间将其送交指定地点或者收件人的速递服务。具有速度快、安全准确、服务全面等特点，被称为"桌到桌运输"，特别适合运送急需物品及文件资料等。

（二）航空运输的运价

航空运输的运价指从启运机场至目的机场的运价，除非运价有特别说明，公布的运价仅指基本运费，不包括声明价值附加费和其他附加费用。航空运输货物以实际毛重与体积重量两者较高者作为计费重量，体积重量按照 6 000 立方厘米折合 1 千克计算。空运计费重量以 0.5 千克为最小单位；尾数不足 0.5 千克的，按 0.5 千克计算；尾数 0.5 千克以上不足 1 千克的，按 1 千克计算。目前，很多国家/地区都以国际航空运输协会（IATA）制定的运价作为基本运价。在 IATA 运价中能够直接查到的公布直达运价主要包括普通货物运价、指定商品运价和等级货物运价。

四、集装箱运输和国际多式联运

（一）集装箱运输

集装箱运输是一种以集装箱作为运输单位进行货物运输的现代化的运输方式，可适用于海洋运输、铁路运输及国际多式联运等。与传统海运相比，集装箱运输具有以下优点：

（1）有利于提高装卸效率，加速船舶的周转。

（2）有利于提高运输质量，减少货损货差。
（3）有利于节省各项费用，降低货运成本。
（4）有利于简化货运手续，便利货物运输。
（5）把传统单一运输连为连贯的成组运输，从而促进了国际多式联运的发展。

为了便于统计集装箱货物运输的货运量，目前国际上一般都以20英尺集装箱作为计算衡量单位，以TEU（Twenty-feet Equivalent Unit）表示，也称国际标准箱单位。

根据集装箱货物的装箱数量和方式，可分为整箱货（Full Container Load，FCL）和拼箱货（Less Than Container Load，LCL）两大类。整箱货由发货人负责装箱、计数、积载并加铅封，以箱为交接单位向承运人进行托运。拼箱货是指装不满一整箱的小票货物，通常由承运人分别揽货并在集装箱货运站集中，根据货物性质和目的地进行分类整理，把不同发货人去往同一目的地的货物拼装在一个集装箱内运输，货到目的地后，再由承运人负责拆箱分拨交给各收货人。

集装箱运输的费用包括内陆或装运港市内运输费、拼箱服务费、堆场服务费、海运运费、集装箱及其设备使用费等。集装箱海运运费是由基本运费和一些有关的杂费所组成，通常还规定了最低运费，以重量吨和尺码吨给予不同类型与用途的集装箱规定了最低的装箱吨数，并以两者中高者作为装箱货物的最低运费吨。目前，主要有下列两种计费方法：
（1）按件杂货基本费率加附加费，以每运费吨为计算单位，再加收一定的附加费。
（2）按包箱费率，以每个集装箱为计费单位，包箱费率因不同的船公司和航线等而异。

小资料

世界主要集装箱航线

目前，世界主要集装箱航运地区有远东、西欧、北美和澳大利亚，这四个地区货运量大，消费水平高，适于集装箱运输的货源充足，联结这几个地区的集装箱航线便成为全球海上集装箱航运干线。

1. 北太平洋航线

北太平洋航线由远东—北美太平洋沿岸航线和远东—北美大西洋沿岸航线组成。本航线除承担太平洋沿岸附近地区货物运输外，还连接北美大西洋沿岸、墨西哥湾沿岸各港及通往美国中西部的内陆联合运输，是目前世界上最繁忙的航线。所联系的港口有亚太地区的东京、横滨、名古屋、神户、大阪、釜山、仁川、大连、天津、青岛、上海、香港、高雄、基隆；北美太平洋沿岸的洛杉矶、长滩、奥克兰（旧金山）、西雅图、波特兰和温哥华；北美东岸（包括墨西哥湾沿岸）的休斯敦、新奥尔良、坦帕、杰克逊维尔、诺福克、费城、纽约、波士顿、哈利法克斯、圣约翰等。

2. 北大西洋航线

北大西洋航线以美国东岸为中心，由北美东岸、五大湖—西北欧、地中海之间的航线组成，开展对西北欧、地中海及澳大利亚地区（经印度洋）的集装箱运输。所联系的港口在欧洲一端主要有汉堡、鹿特丹、安特卫普、勒阿弗尔、南安普敦等。

3. 远东—欧洲航线

远东—欧洲航线除联系远东和欧洲各港外，还把北美大西洋沿岸、加勒比海地区、地中海、中东、澳新等地连接起来。

除上述三大集装箱航线外，还有远东—澳新航线，澳新—北美航线以及欧洲、地中海—西非、南非航线。以上六条集装箱运输干线联结着世界主要贸易区，构成了世界海上集装箱运输网络的骨架，它和分布于全球各地的集装箱运输支线一起构成了覆盖全球的集装箱运输网。

（二）国际多式联运

国际多式联运是指按照多式联运合同，以至少两种不同的运输方式，由多式联运经营人把货物从一国境内接运货物的地点运至另一国境内指定交付货物的地点。

1. 构成国际多式联运应具备的条件

（1）必须有一个多式联运合同，合同中明确规定多式联运经营人和托运人之间的权利、义务、责任和豁免。

（2）必须是国家间两种或两种以上不同运输方式连贯运输。

（3）必须使用一份包括全程的多式联运单据，并由多式联运经营人对全程运输负总的责任。

（4）必须有一个多式联运经营人对全程运输负总的责任。

（5）必须是全程单一运费费率，其中包括全程各段运费的总和、经营管理费用和合理利润。

2. 国际多式联运的优点

（1）手续简便，责任统一明确。

（2）运输快捷，减少运输过程中的时间损失。

（3）节省运杂费用，降低运输成本。

（4）提高运输组织水平，实现合理运输。

（三）大陆桥运输

大陆桥运输（Land Bridge Transport），是指以横贯大陆的铁路或公路系统作为中间桥梁，把大陆两端的海洋连接起来的集装箱连贯运输方式。目前，世界上主要的大陆桥运输路线有以下几条：

1. 西伯利亚大陆桥

西伯利亚大陆桥（Siberian Land Bridge，SLB），又称第一亚欧大陆桥，是世界第一条连接欧洲、亚洲的大陆桥。它以俄罗斯东部的符拉迪沃斯托克（海参崴）为起点，经西伯利亚大铁路通向莫斯科，然后通向欧洲各国，最后到达荷兰鹿特丹港。整个大陆桥共经过俄罗斯、中国（支线段）、哈萨克斯坦、白俄罗斯、波兰、德国、荷兰七个国家，全长 13 000 公里左右。

西伯利亚大陆桥运输，是世界上最著名的国际集装箱多式联运线路之一，通过西伯利亚铁路，把远东、东南亚和中亚地区与欧洲、中东地区联结起来。西伯利亚大陆桥于 1971 年由全苏对外贸易运输公司正式确立，在沟通亚欧大陆、促进国际贸易中发挥了重要作用。从远东地区经西伯利亚大陆桥到西欧的运输距离，比绕道好望角的航程缩短 1/2，比经过苏伊士运河的航程缩短约 1/3。经西伯利亚大陆桥的集装箱运输，一般比全程海运可提前 15～35 天到达，运输成本比全程海运降低 20%～30%。

2. 新亚欧大陆桥

新亚欧大陆桥，又称第二欧亚大陆桥，指 1990 年 9 月经我国陇海铁路、兰新铁路与哈萨克斯坦铁路接轨的亚欧大陆桥。新亚欧大陆桥东起江苏连云港，向西经陇海铁路的徐州、商丘、开封、郑州、洛阳、三门峡、渭南、西安、宝鸡、天水等站（由东向西），兰新铁路的兰州、武威、金昌、张掖、酒泉、嘉峪关、哈密、吐鲁番、乌鲁木齐等站（由东向西），再向西经北疆铁路到达我国边境的阿拉山口，进入哈萨克斯坦，再经俄罗斯、白俄罗斯、波兰、德国，西至荷兰鹿特丹港。全长约 10 900 公里，中国段全长 4 213 公里。辐射亚欧大陆 30 多个国家和地区，于 1992 年 12 月 1 日正式投入国际集装箱运输业务。

与西伯利亚大陆桥相比，新亚欧大陆桥地理位置和气候状态更加优越，港口无封冻期，可以常年作业，装卸潜力较大。经新亚欧大陆桥的货物运输，可以进一步缩短运输距离，节省运输时间，降低运输成本。

3. 北美大陆桥

北美大陆桥包括美国大陆桥和加拿大大陆桥。北美的美国和加拿大的城市、人口都集中在大陆东西两岸，横跨北美大陆的大陆桥将东部的大西洋沿岸港口与西部的太平洋沿岸港口连接起来，可以缩短绕道巴拿马运河的距离，缓解拥挤的航线。北美大陆桥是东西海岸主要港口与城市之间、沿海与内地之间重要的运输线路。

美国大陆桥有两条路线，一条是从西部太平洋沿岸至东部大西洋沿岸的铁路（或公路）运输系统，全长约 3 200 公里。另一条是西部太平洋沿岸至南部墨西哥湾沿岸的铁路（或公路）运输系统，全长 500～1 000 公里。

加拿大大陆桥是从太平洋口岸的温哥华或美国的西雅图换装上桥，经美国、加拿大两大铁路线横穿北美大陆（加拿大和美国），运抵加拿大的大西洋口岸蒙特利尔，再换装海运至欧洲各港口。

五、其他运输方式

（一）公路运输

在国际贸易中，公路运输是指进出口货物借助汽车等运载工具，沿着公路实现跨越两个或两个以上国家或地区的移动过程。我国同许多周边国家/地区的货物进出口可以经由国境公路运输。内地与港澳地区的部分进出口货物也是通过公路运输的。

公路运输具有速度快、投资少、方便灵活等特点，最适合于短途运输。公路运输可以配合船舶、火车、飞机等运输工具完成运输的全过程，是港口、车站、机场集散货物的重要手段。它可以将两种或多种运输方式衔接起来，实现多种运输方式联合运输，做到进出口货物运输的"门到门"服务。

（二）内河运输

内河运输是指使用船舶通过国内江河湖泊等天然或人工水道运送货物的一种运输方式。它是水上运输的一个组成部分，是内陆腹地和沿海地区的纽带，也是边疆地区与邻国边境河流的连接线，在现代化的运输中起着重要的辅助作用。我国长江、珠江等主要河流中的一些港口已对外开放，同一些邻国及国际河流相通，为我国进出口货物通过河流运输或集散提供了十分有利的条件。

（三）邮包运输

邮包运输是一种较简便的运输方式。各国邮政部门之间订有协定和公约，通过这些协定和公约，各国可以互相传递货物。邮包运输是一种"门到门"的运输方式，并具有广泛的国际性。这种方式具有手续简便、费用低等特点，但只适用于重量轻、体积小的商品，如精密仪器、零配件、药品和样品等物品的运输。

（四）管道运输

管道运输是以管道作为运输工具，长距离输送液体和气体货物的一种运输方式，是一种专门由生产地向市场输送石油、煤和化学产品的运输方式，是统一运输网中干线运输的特殊组成部分。管道运输石油产品比水运费用高，但仍然比铁路运输便宜。大部分管道都被其所有者用来运输自有产品。

第二节　国际货物运输单据

运输单据是承运人收到承运货物后签发给托运人的证明文件，它是交接货物、处理索赔以及向银行结算货款或进行议付的重要单据。

一、海运提单

海运提单（Bill of Lading，B/L）简称提单，是指由承运人或其代理人签发的，用以证明海上运输合同和货物由承运人接管或装船，以及承运人或其代理人据以保证交付货物的凭证。

海运提单

（一）海运提单的性质和作用

1. 货物收据

提单签发表明承运人或其代理人已经收到提单上所列的托运货物。

2. 运输合同的证明

提单本身不是运输合同，而被认为是承运人和托运人之间达成的货物运输合同的证明文件。

3. 物权凭证

提单在法律上具有物权证书的作用，代表了货物的所有权。提单的善意持有人可以凭单在目的港向承运人或其代理人提取货物，也可以在载货船舶抵达目的港之前背书转让。

（二）海运提单的格式和内容

每个船公司有自己的提单格式，但主要内容基本相同，一般包括提单正面记载事项和提单背面印就的运输条款。

1. 提单正面的内容

（1）托运人（Shipper）。
（2）收货人（Consignee）。
（3）被通知人（Notify Party）。
（4）前程运输（Pre-carriage by）。
（5）收货地（Place of Receipt）。
（6）船名及航次（Vessel Voy No.）。
（7）装运港（Port of Loading）。
（8）卸货港（Port of Discharge）。
（9）交货地（Place of Delivery）。
（10）目的地（Final Destination）。
（11）标志和号码（Marks & Nos）。
（12）包装件数（No. of Packages）。
（13）货物名称（Description of Goods）。
（14）毛重（Gross Weight）。
（15）体积（Measurement）。
（16）运费与费用（Freight & Charges）。
（17）正本提单的份数（Number of Original B/L）。
（18）签发提单的地点及日期（Place and Date of Issue）。
（19）承运人或其代理人的签章（Signed for or on behalf of the Carrier）。
（20）提单号码（B/L No.）。

海运提单格式（正面）见表6-1。

表 6-1　海运提单格式

Shipper		B/L No. 中国对外贸易运输总公司 CHINA NATIONAL FOREIGN TRADE TRANSPORTATION CORP. 直运或转船提单 BILL OF LADING DIRECT OR WITH TRANSSHIPMENT	
Consignee			
Notify Party			
Pre-carriage by	Place of Receipt		
Vessel Voy No.	Port of Loading		
Port of Discharge	Final Destination		
		SHIPPED on board in apparent good order and condition (unless otherwise indicated) the goods or packages specified herein and to be discharged at the mentioned port of discharge or as near thereto as the vessel may safely get and be always afloat. 　The weight, measure, marks and numbers, quality, contents and value. Being particulars furnished by the shipper, are not checked by the currier on loading. 　The shipper, consignee and the holder of this bill of lading hereby expressly accept and agree to all printed, written or stamped provisions. Exceptions and conditions of this Bill of Lading, including those on the back hereof. 　IN WITNESS whereof the number of original Bills of Lading Stated below have been signed, one of which being accomplished, the other to be void.		
Container Seal No. or Marks and Nos.	Number and Kind of Packages Description of Goods	Gross Weight(kg)	Measurement(m³)
REGARDING TRANSSHIPMENT INFORMATION PLEASE CONTACT		Freight and Charges	
Ex. Rate	Prepaid at	Freight Payable at	Place and Date of Issue
	Total Prepaid	Number of Original B/L	Signed for or on behalf of the Carrier

(SINOTRANS STANDARD FORM 4)

SUBJECT TO THE TERMS AND CONDITIONS ON BACK 95c No. 0123450

2. 提单背面的条款

　　班轮提单背面通常都有印就的运输条款，用以确定承运人与托运人或收货人、提单持有人之间的权利、义务与责任豁免。虽然各种提单背面条款多少不一，内容不尽相同，但通常主要包括定义条款、首要条款、管辖权条款、承运人责任期间条款、承运人责任限额条款、运费及其他费用条款、索赔通知与时效条款、留置权条款、共同海损条款、自由转船条款、危险货物条款、舱面货条款等。

　　有关国际组织先后制定了一系列国际公约，以统一提单背面条款。当前，生效的国际海上货物运输公约有以下三个：

　　（1）《海牙规则》，全称为《统一提单的若干法律规则的国际公约》，它是在承运人势力强大的历史背景下产生的，是国际航运业中影响最大的一个公约，于1924年签署。

　　（2）《维斯比规则》，全称为《修改统一提单的若干法律规则的国际公约的议定书》，它是对《海牙规则》的补充和修改，于1968年签署。

　　（3）《汉堡规则》，全称为《1978年联合国海上货物运输公约》，它对《海牙规则》进行了实质性的修改，扩大了承运人的责任，于 1978 年签署。

（三）海运提单的种类

1. 根据货物是否已装船划分

（1）已装船提单（Shipped B/L, On Board B/L）。已装船提单是指承运人在已将货物装上指定的船只后签发的提单。这种提单的特点是提单上面有载货船舶名称和装货日期，同时还应由船长或其代理人签字。在国际贸易中，一般都必须是已装船提单。

（2）备运提单（Received for Shipment B/L）。备运提单是指承运人在收到托运的货物后准备装船期间签发给托运人的提单。这种提单上没有装船日期，也无载货的具体船名，将来货物能否装运，何时装运，都很难预料。因此，买方一般都不愿意接受这种提单。《跟单信用证统一惯例》（UCP600）规定，在信用证无特殊规定的情况下，要求卖方必须提供已装船提单，银行一般不接受备运提单。

备运提单可以在货物装船后调换成已装船提单，也可经承运人或其代理人批注货物已装上的船名及装船日期，使之成为已装船提单。

2. 根据提单上对货物外表状况有无不良批注划分

（1）清洁提单（Clean B/L）。清洁提单是指货物装船时，表面状况良好，承运人在签发提单时未加任何货损、包装不良或其他有碍结汇批注的提单。《跟单信用证统一惯例》（UCP600）规定，除非信用证另有规定，银行只接受清洁提单，清洁提单也是提单转让时所必备的条件。

（2）不清洁提单（Unclean B/L）。不清洁提单是指承运人收到货物之后，在提单上加注货物外表状况不良，或货物存在缺陷和包装破损等批注的提单。

3. 根据提单收货人抬头不同划分

（1）记名提单（Straight B/L）。记名提单又称收货人抬头提单，它是指在提单的收货人栏内，具体写明收货人的名称。这种提单的特点收货人已经确定，不得进行转让。

（2）不记名提单（Bearer B/L）。不记名提单又称空白提单，它是指在提单的收货人栏内，不填明具体的收货人或指示人的名称，或只填写持有人（Bearer）字样的提单。这种提单可以转让，而且不需要任何背书手续，仅凭提单交付即可，提单持有人凭提单提货。由于这种提单不凭人，只凭单，谁持有提单，谁就可以提货。因此，采用这种提单的风险较大，在国际贸易中使用较少。

（3）指示提单（Order B/L）。指示提单是指在收货人栏内，只填写"凭指示"或者"凭某人指示"字样的提单。这种提单通过指示人的背书，可以转让，所以又称为可转让提单，在国际贸易中广为使用。

指示提单又可分为记名背书和不记名背书两种：记名背书是指背书人除在提单背面签名外，还需列明被背书人名称。不记名背书又称空白背书，背书人在提单背面签名，而不注明被背书人名称。

实际业务中，使用得最多的"凭指示"并经空白背书的提单，称为"空白抬头，空白背书"提单。

4. 根据运输过程中是否需要转运划分

（1）直达提单（Direct B/L）。直达提单是指轮船装货后，中途不经过转船而直接驶往目的港，承运人签发的提单。这种提单不能出现"在某地转船"的字样。在国际贸易中，如果信用证规定不准转船，托运人就必须取得直达提单方能结汇。

（2）转船提单（Transshipment B/L）。转船提单是指货物在装运港装船后，不直接驶往目的港,而需在中途其他港口换装另一船只运往目的港(有时甚至换船不止一次),而由第一承运人在装运港签发的提单。这种提单一般注明"在某港转船"的字样。

(3)联运提单(Through B/L)。联运提单亦称全程提单,是指海陆、海空、海河等联运货物,由第一承运人或其代理人收取全程运费后并负责代办下程运输手续,在装运港签发的全程提单。转运提单和联运提单的区别在于前者仅限于转船,后者可在中途转换其他运输工具。

5．根据船舶营运的不同划分

(1)班轮提单(Liner B/L)。班轮提单是指货物采用班轮运输,由班轮公司签发的提单。

(2)租船提单(Charter Party B/L)。租船提单是指货物采用租船运输,由承运人根据租船合同签发的提单。提单上有"根据×××租船合同出立"的批注,受到租船合同的约束。

6．根据提单内容的繁简划分

(1)全式提单(Long Form B/L)。全式提单是指在大多数情况下使用的既有正面内容又有背面提单条款的提单。背面提单条款规定了承运人与托运人的权利与义务。

(2)简式提单(Short Form B/L)。简式提单又称略式提单,是指省略了提单背面条款的提单。简式提单的背面无条款,只在提单正面列出必须记载的事项。租船合同项下的略式提单,除非信用证另有规定,银行一般不予接受。

7．根据提单的使用效力划分

(1)正本提单(Original B/L)。正本提单是指提单上有承运人,船长或其代理人签字盖章,并注明签发日期的提单。这种提单在法律上和商业上都是公认有效的单证。提单上必须标有"正本"字样,以示与副本提单有别。一般签发一式两份或三份。

《跟单信用证统一惯例》(UCP600)规定:银行接受仅有一份的正本提单,如签发一份以上正本提单时,应包括全套正本提单。

(2)副本提单(Copy B/L)。副本提单是指提单上没有承运人、船长或其代理人签字盖章,仅供工作上参考使用的提单。

8．其他种类提单

(1)舱面提单(On Deck B/L)。舱面提单是指承运货物装在船舶甲板上所签发的提单,故又称为甲板货提单。由于货物装在甲板上风险较大,故托运人一般都向保险公司加保甲板险。承运人在签发提单时加批"货装甲板"字样。《跟单信用证统一惯例》(UCP600)规定,除非信用证另有约定,银行不接受甲板货提单。

(2)过期提单(Stale B/L)。过期提单是指错过规定的交单日期或晚于货物到达目的港日期的提单。《跟单信用证统一惯例》(UCP600)规定,银行将拒绝接受迟于装运日期后21天提交的单据。过期提单对买方不利,影响收货人及时提货、转售、甚至可能造成费用损失。因此,除非信用证另有规定,银行不接受过期提单。

后者是指由于航线较短或银行转递提单较慢或卖方延迟交货,以致船舶到达目的港时,收货人尚未收到的提单。常用于近海运输,一般在合同里规定"Stale B/L is acceptable"。

(3)预借提单(Advanced B/L)。信用证规定的最迟装运期已届临,而此时货物因故尚未装船,为了取得与信用证规定相符的提单,托运人要求承运人在货物装船前先行签发已装船提单,这种提单称为预借提单。预借提单是一种违法的提单。

(4)倒签提单(Anti-Dated B/L)。货物实际装船的日期晚于信用证规定的最迟装运日期,但仍在信用证的有效期内,若按实际装船日期签发提单,会造成单、证不符,托运人无法结汇。

为了使提单日期与信用证规定相符,承运人根据托运人的请求,按信用证规定的装运期签发提单,这种提单称为倒签提单。它也是一种违法的提单。

二、海运单

海运单（Sea Waybill）是证明海上运输合同和货物由承运人接管或装船,以及承运人保证据以将货物交付给单证所载明的收货人的一种不可流通的单证,又称为不可转让海运单。

海运单的正面内容与提单的基本一致,但是印有"不可转让"（Non Negotiable）的字样。海运单与提单一样都具有货物运输合同的作用和货物收据作用,托运人可凭其办理结汇手续,但海运单不是物权凭证,故不可流通转让。海运单收货人一栏应填写实际收货人的名称和地址,收货人是凭到货通知提货,而不是凭海运单。

海运单特别适用于不涉及货款支付的货物运输,跨国公司的总分公司或相关的子公司间的业务往来,或者买卖双方有长期的业务来往、充分信任、关系密切的贸易伙伴间的业务等。海运单不可流通转让,使伪造单证进行诈骗的危险相应减少。在短途海运的情况下,往往是货物先到而提单未到,宜采用海运单,收货人提货无须出示海运单,提货便捷及时,又避免了延期提货所产生的滞期费、仓储费等。

三、铁路运输单据

国际铁路联运运单（Rail Waybill）,是国际铁路联运的主要运输单据,它是参加联运的发送铁路与发货人之间订立的运输契约,其中规定了参加联运的各国铁路和收、发货人的权利和义务,对收、发货人和铁路都具有法律约束力。该运单从始发站随同货物附送至终点站并交给收货人,它不仅是铁路承运货物出具的凭证,也是铁路同货主交接货物、核收运杂费用和处理索赔与理赔的依据。国际铁路联运运单副本,在铁路加盖承运日期戳记后发还给发货人,它是卖方凭以向银行结算货款的主要单据之一。

与国际铁路货物联运不同,我国对港澳地区铁路运输的单据是承运货物收据（Cargo Receipt）。承运货物收据是承运人出具给托运人的货物收据,也是承托双方的运输合同。收据背面印有"承运简章",表明了它适用于铁路、轮船、公路、航空等单种和多种联合运输。我国内地通过铁路运往港澳地区的出口货物,不论是以港澳地区为目的地还是作为中转,发货人都委托中国对外贸易运输公司在承运货物装车后签发"承运货物收据",发货人据此连同其他相关单据结汇,而收货人凭以提货。承运货物收据代表了货物所有权,与海运提单基本相同,主要区别是它一般只出具一份正本。

四、航空运单

航空运单（Air Waybill）,是承运人和托运人之间签订的运输合同,也是承运人或其代理人签发的货物收据,还可作为核收运费的依据和海关查验放行的基本单据。但不是物权凭证,也不能背书转让。不能凭以提货,而应凭航空公司的到货提货通知单提货。

根据签发人不同,航空运单可分为主运单和分运单,主运单由航空公司签发,分运单一般由经营集中托运业务的空运代理签发。我国的国际航空货运单一般由一式12联组成,包括3联正本、6联副本和3联额外副本。正本一式三份,第一份交托运人,第二份由航空公司留存,第三份由航空公司随飞机带交给收货人。

五、多式联运单据

多式联运单据（Multimodal Transport Document,MTD）由承运人或其代理人签发,其作用与海运提单相似,既是货物收据也是运输契约的证明,根据发货人的要求,可分为可转让和不可转让的。在单据作成指示抬头或不记名抬头时,可作为物权凭证,可以转让。有正本和副本之分,副本没有法律效力。

多式联运单据和联运提单的格式内容基本相似,但区别在于:联运提单承运人只对自己执行的一段负责,而多式联运承运人对全程负责;联运提单由船公司签发,包括海洋运输在内的全程运输,而多式联运单据由多式联运承运人签发,也包括全程运输,但多种运输方式中可以不包括海洋运输。

六、邮包收据

邮包收据(Parcel Post Receipt)是邮包运输的主要单据,它既是邮局收到寄件人的邮包后所签发的凭证,也是邮局方和发货方之间运输契约的凭证。当邮包发生损坏或丢失时,还可以作为索赔和理赔的依据,但邮包收据不是物权凭证,不能凭以提货。

第三节 合同中的装运条款

我国大部分进出口货物都是通过海洋进行运输的,国际货物买卖合同中的装运条款主要包括:装运时间、装运港、目的港、分批装运与转运、装运通知以及装卸时间、装卸率、滞期费、速遣费等内容。

一、装运时间

装运时间(Time of Shipment)又称装运期,是指卖方在约定地点将合同规定的货物装上运输工具或交给承运人的时间。而交货时间又称交货期,是指卖方在约定地点履行交货义务的时间。在以 FOB、CFR、CIF、FCA、CPT、CIP 贸易术语成交的装运合同中,卖方在装运港或装运地将货物装上船或交给承运人,即完成交货,因此交货期与装运期是一致的。但在以"D"组贸易术语成交的到达合同中,交货期是在目的港或目的地交给买方货物的时间,而装运期是卖方在装运港将货物装上运输工具的时间,因此二者不是指同一个时间。

装运时间是合同中的一项重要条款。在合同签订后,卖方能否按规定的装运时间交货,直接关系到买方能否及时取得货物,以满足其生产、消费或转售的需要。《联合国国际货物销售合同公约》以及有些国家/地区的法律均规定,如果一方当事人未按合同规定的时间装运或交付货物,即构成违约,另一方当事人有权撤销合同,并要求赔偿其损失。

(一)装运时间的规定方法

国际贸易合同中,对装运期的规定方法一般有以下几种:

1. 明确规定具体装运时间

这种规定的方法可以是在合同中订明某年某月装或某年跨月装运,或某年某季度装运,或跨年跨月装运等。但装运时间一般不确定在某一个日期上,而只是确定在某一段时间内,如"2021年5月份装运""装运期不迟于7月31日""2021年11月15日以前装运"。这里需注意,按有关惯例的解释,凡是"以前"字样的规定,一般不包括那一个指定的日期。这种规定方法,期限具体,含义明确,双方不至于因在交货时间的理解和解释上产生分歧,因此在合同中采用较为普遍。

2. 规定在收到信用证后若干天或若干月内装运

例如在合同中订明:"收到信用证后 45 天内装运""收到信用证后 3 个月内装运"等。主要适用于下列情况：

（1）按买方要求的花色、品种和规格或专门为某一地区或某商号生产的商品，或者一旦买方拒绝履约难以转售的商品，为防止遭受经济损失，则可采用此种规定方法。

（2）在一些外汇管制较严的国家/地区，或实行进口许可证或进口配额的国家/地区，合同签订后，买方因申请不到进口许可证或其国家/地区不批准外汇，迟迟不开信用证。卖方为避免因买方不开证而带来的损失，即可采用这种方法来约束买方。

（3）合同签订后，买方因市场货物价格下跌对其不利迟迟不开信用证，卖方为避免买方不及时开证而带来的损失，可采用这一办法来约束买方。

（4）对某些信用较差的客户，为促使其按时开证，也可采用此方法。

3．笼统规定近期装运

采用如立即装运、即期装运、尽快装运等笼统的装运术语，往往是在卖方备有现货、买方急要货等情况下使用。但国际上对于这类术语没有统一解释，容易造成争议，应尽量避免使用。

（二）规定装运时间应注意的问题

（1）应该考虑货源和船源的实际情况，使船货衔接。如对货源心中无数，盲目成交，就有可能出现到时交不了货，形成有船无货的情况，无法按时履约。在按 CIF 和 CFR 条件下出口和 FOB 条件下进口时，还应考虑船源的情况。如对船源没有把握而盲目成交，或者没有留出安排舱位的合理时间，规定在成交的当月交货或装运，则可能出现到时租不到船或订不到舱位、有货无船的情况，或出现要经过多次转船、多付运费甚至倒贴运费的情况。

（2）对装运期限的规定应适度。应视不同商品租船订舱的实际情况而定，装运期过短，势必给船货的安排带来困难，过长也不合适，特别是在收到信用证后若干天内装运的条件下，会造成买方挤压资金、影响资金周转，从而反过来影响卖方的售价。

（3）要根据不同货物和不同市场需求，规定装运时间。如无妥善装载工具和设备，易腐烂、易受潮、易融化的货物一般不宜在夏季、雨季装运。

（4）在规定装运期的同时，应考虑开证日期的规定是否明确合理。

二、装运港和目的港

装运港（Port of Shipment），又称装货港（Loading Port），是指货物起始装运的港口。目的港（Port of Destination），又称卸货港（Unloading Port），是指货物最终卸下的港口。在国际贸易中，装运港一般由卖方提出，经买方同意后确认；目的港一般由买方提出，经卖方同意后确认。

（一）装运港和目的港的规定方法

（1）在一般情况下，装运港和目的港分别规定各为一个。

例如：装运港 - 大连，目的港 - 鹿特丹。

（2）有时按实际业务的需要，也可分别规定两个或两个以上的装运港或目的港。

例如：装运港 - 大连/天津/青岛，目的港 - 伦敦/利物浦/鹿特丹。

（3）在磋商交易时，如明确规定装运港或目的港有困难，可以采用选择港的办法。

一种是在两个或两个以上港口中选择一个，如 CIF 伦敦，选择港汉堡或鹿特丹；另一种是笼统规定某一航区为装运港或目的港，如"地中海主要港口""西欧主要港口"等。

(二）确定国外装运港和目的港时应注意的问题

（1）要根据我国对外政策的需要来考虑，不应选择我国政府不允许往来的港口为装卸港。

（2）对国外装卸港的规定应力求具体明确。在磋商交易时，对外商笼统地提出以"欧洲主要港口"或"非洲主要港口"为装运或目的港时，不宜轻易接受。因为国际上对此无统一解释，且各港距离远近不一，条件各异，基本运费和附加运费相差很大。

（3）不应接受内陆城市为装卸港。因为接受这一条件，我方要承担从港口到内陆城市运费和风险。

（4）必须注意装卸港口的具体条件，如有无直达班轮，港口装卸条件及运费和附加费水平等。如租船运输时，还应进一步考虑码头泊位的深度，有无冰封期、冰封具体时间以及对船舶国籍有无限制等港口制度。

（5）应注意国外港口有无重名。世界各国港口重名很多，例如，维多利亚港在世界上有 12 个之多，波特兰、波士顿、的黎波里等也有多个。为防止差错和引起纠纷，应在合同中订明港口所在的国家或地区。

（6）如采用选择港口规定，要注意各选择港口不宜多，一般不超过三个，且须在同一航区、航线上。同时还要规定：如所选目的港要增加运费、附加费，应由买方负担，以及由买方宣布最后目的港的时间。

（三）确定国内装运港和目的港时应注意的问题

（1）在出口业务中，规定装运港时，一般以接近货源地的港口为宜，以方便运输和节省运费。对统一对外成交而分口岸交货的某些货物，由于在成交时还不能最后确定装运港，可以规定为"中国口岸"或两个以上具体港口为装运港，这样较灵活主动。按 FOB 术语成交的合同，应考虑对方来船大小与我港口水深，以免船进不了港，引起争议。

（2）在进口业务中，规定目的港时，一般应选择接近用货单位或消费地区的港口为好。但根据我国目前港口条件，为避免港口到船集中造成卸货困难，目的港有时也可规定为"中国口岸"，并规定"买方应在装运期前 ×× 天内将港口名称通知卖方"。

三、分批装运和转运

（一）分批装运

分批装运（Partial Shipment），是指一个合同项下的货物分若干批或若干期装运。在大宗货物或成交数量较大的交易中，买卖双方根据交货数量、运输条件和市场销售等因素，可在合同中规定分批装运条款。

（1）《跟单信用证统一惯例》（UCP600）规定，除非信用证另有规定，允许分批装运。但有的国家/地区法律规定，若合同没有明确规定可以分批装运，则不允许分批装运。为了避免不必要的争议，争取早出口、早收汇，防止交货时发生困难，除非买方坚持不允许分批装运，原则上应明确在出口合同中订入"允许分批装运"。

（2）《跟单信用证统一惯例》（UCP600）规定："表明使用同一运输工具装运并经由同次航程运输的数套运输单据在同一次提交时，只要显示相同目的地，将不视为部分发运，即使运输单据上标明的发运日期不同或装卸港、接管地或发送地点不同。假如交单由数套运输单据构成，其中最晚的一个发运日将被视为发运日。"该惯例对分期支款、分期装运还规定："如信用证规定在指定的时间段内分期支款或分期发运，任何一期未按信用证规定期限支取或发运时，信用证对该期及以后各期均告失效。"

（二）转运

转运（Transshipment），是指货物在运输途中转船、转机或者从一种运输工具上卸下再装上另一种运输工具的行为。

《跟单信用证统一惯例》（UCP600）规定，除非信用证另有规定，可准许转运。为了明确责任和便于安排装运，买卖双方是否同意转运以及有关转运的办法和转运费的负担等问题，应在买卖合同中订明。

四、装运通知

装运通知是装运条款的一项重要内容。按照国际贸易的一般做法，在按FOB条件成交时，卖方应在约定的装运期开始以前，一般是30天或45天，向买方发出货物备妥通知，以便买方及时派船接货。

在FOB、CIF、CFR条件下，卖方应在货物装上船后，及时通知买方；在FCA、CIP、CPT条件下，卖方应在货物交给承运人后，及时通知买方。买卖双方按CFR或CPT条件成交时，卖方交货后，及时向买方发出装运通知，具有更为重要的意义。

五、装卸时间、装卸率及滞期费、速遣费条款

在定程租船方式下，如果船方不负责装卸货物，租船合同中需要规定装卸时间、装卸率及滞期、速遣条款。

（一）装卸时间

装卸时间指允许完成装卸任务所约定的时间，一般以天数或小时数来表示。装卸时间的规定方法主要有以下几种：

（1）日或连续日：也就是日历天数，从当天零时到次日零时之间的连续24小时算一日或连续日。在此期间，不论是实际不可能进行装卸作业的时间（如雨天等），还是星期天或节假日，都应计为装卸时间。

（2）累计24小时好天气工作日：在好天气的情况下，不论港口每天习惯作业为几小时，均以累计24小时作为一个工作日。

（3）连续24小时好天气工作日（国际上运用最多）：在好天气情况下，连续作业24小时算一个工作日，中间因坏天气影响而不能作业的时间应扣除。这种方法适合于昼夜作业的港口。在采用此种规定办法时，对于星期日和节假日是否计算也应具体订明。

（二）装卸率

装卸率指每日装卸货物的数量。装卸率的高低关系到装卸任务的完成时间和运费水平。装卸率的规定一定要适当。一般应按照港口习惯的正常装卸速度，掌握实事求是的原则。装卸率规定过高，完不成装卸任务，要承担滞期费的损失；规定过低，虽能提前完成装卸任务，可得到船方的速遣费，但船方会因装卸率低，船舶在港时间长而增加运费，致使租船人得不偿失。

（三）滞期费和速遣费

滞期费（Demurrage）是指在规定的装卸期限内，租船人未完成装卸作业，给船方造成经济损失，租船人对超过的时间应向船方支付一定的罚金。

速遣费（Despatch Money）是指在规定的装卸期限内，租船人提前完成装卸作业，使船方

节省了船舶在港的费用开支，船方应向租船人就可节省的时间支付一定的奖金。

滞期费、速遣费通常约定为每天若干金额，按惯例，每天速遣费的金额一般为滞期费的一半。

六、OCP 运输条款

OCP（Overland Common Points），意为内陆公共点或陆上公共点。美国的 OCP 地区，是以落基山脉为界，其以东的地区，约占全美 2/3 面积。OCP 运输条款是指先将货物海运至美国西海岸港口，再通过陆路运输转运至 OCP 地区。按 OCP 运输条款达成的交易，出口商可享受美国内陆运输和海运的优惠费率。海运运费可享受优惠的 OCP 运费率（每吨运费约低 3～4 美元），而从西海岸港口至最终目的地的铁路（或公路）运费也较其本地运输费率低 3%～5%。

采用 OCP 运输条款时，货物最终目的地必须属于 OCP 地区范围，提单上须标明 OCP 字样，并且在提单目的港一栏中除填明美国西部海岸港口名称外，还要加注内陆地区的城市名称。OCP 运输虽然由海运、陆运两种运输形式来完成，但海运、陆运段分别由两个承运人签发单据，运输与责任风险也是分段负责，不属于国际多式联运。

导入案例分析

① 根据货物是否已装船，海运提单可分为已装船提单和备运提单。已装船提单是指承运人在已将货物装上指定的船只后签发的提单。这种提单的特点是提单上面有载货船舶名称和装货日期，同时还应由船长或其代理人签字。备运提单是指承运人在收到托运的货物后准备装船期间签发给托运人的提单。这种提单上没有装船日期，也无载货的具体船名，将来货物能否装运，何时装运，都很难预料。在国际贸易中，一般都必须是已装船提单。

② 本案例中，银行可以拒绝付款。因为《跟单信用证统一惯例》（UCP600）规定，在信用证无特殊规定的情况下，要求卖方必须提供已装船提单，银行一般不接受备运提单。备运提单可以在货物装船后调换成已装船提单，也可经承运人或其代理人批注货物已装上的船名及装船日期，使之成为已装船提单。

本章小结

本章主要介绍了海洋运输中班轮运输的概念与特点，班轮运费的计算方法，租船运输的特点和方式，国际货物运输中其他运输方式的特点，海运提单的性质、内容和分类，其他运输单据的性质、种类，以及合同中的装运条款等内容。

思考与练习

一、填空题

1. _____运输是国际贸易中最主要的运输方式。
2. 按照海洋运输船舶的经营方式划分，可分为_____和_____两大类。
3. 班轮运输的最基本特点是"四固定"，即_____固定，_____固定，_____固定和_____相对固定。
4. 如果提单上批注"某件损坏"或"包装松散"，这样的提单称为_____提单。
5. 租船运输的方式主要包括_____、_____、_____。
6. 目前国际上一般都以_____作为计算衡量单位，以 TEU 表示，也称国际标准箱单位。

7. 世界上主要的大陆桥运输路线有_____、_____、_____。

8. _____是指在规定的装卸期限内，租船人未完成装卸作业，给船方造成经济损失，租船人对超过的时间应向船方支付一定的罚金。

二、单项选择题

1. 班轮运输的运费应该包括（　　）。
    A．装卸费，不计滞期费、速遣费
    B．装卸费，但是计滞期费、速遣费
    C．卸货费和应计滞期费，不计速遣费
    D．卸货费和速遣费，不计滞期费

2. 必须经背书才能进行转让的提单是（　　）。
    A．记名提单　　B．不记名提单　　C．指示提单　　D．海运单

3. 当大宗货物采用（　　）运输方式时，为了加快装卸速度，减少船舶在港口停留的时间，通常规定滞期、速遣条款。
    A．班轮　　B．定程租船　　C．定期租船　　D．光船租船

4. 在进出口业务中，能够作为物权凭证的运输单据是（　　）。
    A．铁路运单　　B．海运提单　　C．航空运单　　D．邮包收据

5. 国际多式联运是以至少两种不同的运输方式将货物从一国境内接收货物的地点运至另一国境内指定交付货物的地点的运输，它由（　　）。
    A．一个联运经营人负责货物的全程运输，运费按全程费率一次计收
    B．一个联运经营人负责货物的全程运输，运费按不同运输方式分别计收
    C．全程运输方式的经营人负责货物的全程运输，运费按全程费率一次计收
    D．多种运输方式，分别经营，分别计费

6. 班轮提单的签发日期是指（　　）。
    A．开始装船的日期　　B．装船完毕的日期
    C．货物送至装运港的日期　　D．货物到达目的港的日期

7. 所谓"空白抬头，空白背书"提单是指（　　）。
    A．提单的收货人一栏什么也不填，也不背书
    B．提单的收货人一栏填上"空白"二字，提单的背面也填上"空白"二字
    C．提单的收货人一栏填上"To Order"，提单的背面由托运人签字
    D．提单的收货人一栏填上"To Order"，提单的背面由承运人签字

8. CIF 条件下交货，（　　）。
    A．装运时间先于交货时间
    B．装运时间与交货时间一致
    C．装运时间迟于交货时间
    D．装运时间、交货时间的先后次序视运输方式而定

9. 下列表示船方负担装货费的是（　　）。
    A．Free In and Out　　B．Free In
    C．Free Out　　D．Liner Terms

10. 在国际海上货物运输中，若按照货物重量或体积或价值三者中较高的一种计收海运运费，船公司运价表内以（　　）表示。
　　A．"W/M"　　　　　　　　　　　　B．"W/M plus Ad Val"
　　C．"W/M or Ad Val"　　　　　　　D．"Ad Val"

三、判断题

1. 根据《跟单信用证统一惯例》（UCP600）的解释，同一条船、同一航次中多次装运货物，即使提单表示不同的装运港及不同的装运日期，也不作为分批装运。（　　）
2. 凡经海运再以陆路运往美国内陆地区的货物，如提单标明 OCP 字样，即可享受 OCP 优惠。（　　）
3. 记名提单比不记名提单风险大，故很少使用。（　　）
4. 采用租船运输时，租船合同中都应规定滞期速遣条款。（　　）
5. 清洁提单是指不载有任何批注的提单。（　　）
6. 如果信用证规定在指定时期内分批装运，若其中某一期未按规定装运，则信用证对该期即告失效，对其余各期仍有效。（　　）
7. 海运提单、铁路运单、航空运单都是物权凭证，都可以通过背书转让。（　　）
8. 大陆桥运输是指利用横贯大陆的铁路、公路运输系统作为中间桥梁把大陆两端的海洋运输连接起来组成的运输方式。（　　）

四、案例分析与计算

1. 某公司出口大米 5 000 公吨，信用证规定"自 1 月份起，每月装 1 000 公吨"。卖方 1 月份和 2 月份各装运 1 000 公吨，3 月份由于货物数量不足没有装运，4 月份装运了 2 000 公吨，5 月份装了 1 000 公吨。货到目的港后，银行以 3 月份未装货卖方违反交货期为由，拒绝对后两个月所装的 3 000 公吨货物付款。请问：银行做法是否正确？为什么？

2. 我国某出口企业与某外商按 CIF 某港口、即期信用证方式付款的条件达成交易，出口合同和收到的信用证均规定不准转运。我方在信用证有效期内将货物装上直驶目的港的班轮，并以直运提单办理了议付，国外开证行也凭议付行提交的直运提单付了款。承运船只驶离我国途经某港时，船公司为接载其他货物，擅自将我方托运的货物卸下，换装其他船舶继续运往目的港。由于中途耽搁，加上换装的船舶设备陈旧，使抵达目的港的时间比正常直运船的抵达时间晚了两个多月，影响了买方对货物的使用。为此，买方向我出口企业提出索赔，理由是我方提交的是直达提单，而实际上是转船运输，是弄虚作假行为。我方有关业务员认为，船舶的舱位是我方租订的，船方擅自转船的风险理应由我方承担。因此按对方要求进行了理赔。请问：我方这样做是否正确？为什么？

3. 出口箱装货物共 100 箱，报价为每箱 4 000 美元 FOB 上海，基本费率为每运费吨 26 美元或 1.5%，以 W/M or Ad Val 选择法计算，每箱体积为 1.4 米 ×1.3 米 ×1.1 米，毛重为每箱 2 公吨，并加收燃油附加费 10%，货币贬值附加费 20%，转船附加费 40%，求总运费。

4. 我某公司出口箱装货物一批，报价为 CFR 利物浦每箱 35 美元，英国商人要求改报 FOB 价。该批货物的体积为 50 厘米 ×40 厘米 ×25 厘米，每箱毛重为 35 公斤，商品计费标准为 W/M，基本运费为 120 美元 / 运费吨，并加收燃油附加费 20%，货币贬值附加费 10%。请问：我方应如何报价？

第七章　国际货物运输保险

Chapter Seven

学习目标

▲ 掌握海上货物运输保险承保的范围，理解海上风险、外来风险、海上损失及海上费用的定义和种类
▲ 熟练掌握我国《海洋运输货物保险条款》的基本险及附加险的险别和承保责任范围
▲ 掌握英国伦敦保险协会《协会货物条款》的承保风险与除外责任
▲ 了解其他运输方式下的货物运输保险的种类
▲ 熟练掌握保险金额的确定与保险费用的计算，能够正确订立合同中的保险条款

导入案例

2020年6月，南京某进出口公司与德国外商签订一份出口电缆合同，约定以CIF术语成交，总金额为30万美元，其中60%货款采用即期信用证支付，40%货款待货到目的地收货人仓库后，经买方查验后再用汇付方式支付。（合同保险条款规定：保险期限为货到收货人仓库90天为止。）南京公司于9月收到进口方开来的金额为18万美元的即期信用证，向中国人民保险公司投保了一切险和战争险。10月底南京公司将全部货物在上海港装船运往目的港，并取得船公司签发的清洁已装船提单。货物抵达目的港卸下海轮，货物数量与提单相符，之后被运到收货人仓库，仓库出具了清洁仓库收据。

2021年1月，收货人发现货物在仓库内有部分丢失，损失价值10万美元，于是买方持保险单向中国人民保险公司索赔。中国人民保险公司认为，保险单载明被保险人投保的是一切险和战争险，其责任起讫为"仓至仓"和"水面责任"，此案保险标的物已经安全如数运到收货人仓库，保险责任已经终止，所以拒赔。

1月底，德国进口方来电通知南京公司：在合同保险条款中规定保险期限不能少于货物到达买方仓库后90天，而贵公司只投保一切险和战争险，货物到达我方仓库后35天发生部分丢失，属于你方漏保而造成10万元损失。现在通知你方，损失金额从尚未汇付的12万美元货款中扣除，剩余2万美元汇付你公司。

你认为南京公司是否应赔偿？为什么？南京公司应该吸取什么教训？

国际贸易中的货物，一般都需要经过长途运输。在运输过程中，货物可能会遇到各种风险，并因此遭受损失。货主为了转嫁货物在运输途中的风险，通常都要投保货物运输险。国际货物运输保险属于财产保险的范畴，它是以运输过程中的各种货物作为保险标的，被保险人（买方或卖方）向保险人（保险公司）按一定金额投保一定的险别，并交纳保险费。保险人承保后，当货物发生承保范围内的损失时，被保险人可以获得一定的经济补偿，从而减少了自身的损失，保障其经营活动的正常进行。

由于国际贸易中有多种运输方式，相对应的国际货物运输保险的种类也很多，包括海上货物运输保险、陆上货物运输保险、航空货物运输保险和邮包运输保险等。其中以海上货物运输保险起源最早，所占比重最大，其他运输方式下的货运保险都是在海上货物运输保险的基础上发展起来的。

第一节　海上货物运输保险承保的范围

海上货物运输保险承保的范围，包括海上风险、海上损失与费用以及其他外来原因所造成的风险与损失。正确理解海上货物运输保险的范围，才能合理选择投保险别，订好合同中的保险条款，也有助于在货物发生损坏和灭失时恰当地处理保险索赔事宜。

一、风险

海上货物运输保险所承保的风险可分为两大类：海上风险和外来风险。

（一）海上风险

货物海运中的风险及损失

海上风险一般是指船舶或货物在海上航行途中或随附海上运输过程中发生的风险。保险人所承保的海上风险有其特定的含义和范围，按其发生性质可以分为自然灾害和意外事故两大类，但并不包括海上的一切危险。另外，海上风险又不局限于海上航行途中发生的风险，它还包括发生在与海上航运相连的内陆、内河、内湖运输中发生的一些风险。

1. 自然灾害

自然灾害是指不以人们意志为转移的自然界力量所引起的灾害，但在海上货运保险业务中，它并不是泛指一切由于自然力量所造成的灾害。根据我国《海洋运输货物保险条款》的规定，所谓自然灾害仅指恶劣气候、雷电、海啸、地震、洪水等人力不可抗拒的灾害。而在伦敦保险协会的《协会货物条款》中，属于自然灾害性质的风险有：雷电、地震、火山爆发、浪击落海，以及海水、湖水、河水进入船舶、驳船、运输工具、集装箱、大型海运箱或储存处所等。其具体含义如下：

（1）恶劣气候：由于海上飓风、大浪所引起的船舶颠簸、倾斜所造成的船体和机器设备的损坏，以及船上所载货物的损失。

（2）雷电：被保险货物在保险期限内，由雷电所直接造成的或由雷电引起的火灾所造成的船舶和货物的损失。

（3）海啸：海底地震或暴风所引起的海洋剧烈震荡而产生巨大波浪，从而导致海上航行的船舶及所载货物的损失。

（4）地震：船舶和货物的直接损失，又承保地上发生地震引起停泊在港口的船舶和货物的损失。

（5）洪水：因江河泛滥、洪水暴发、湖水上岸及倒灌、暴雨积水导致被保险货物遭受泡损、淹没、冲散等损失。

（6）火山爆发：由于火山爆发喷发出的火山岩灰造成被保险货物的损失。

（7）浪击落海：存放在舱面上的货物在运输过程中受海浪冲击落海而造成的损失。

（8）海水、湖水或河水进入船舶、驳船、运输工具、集装箱、大型海运箱或储存处所等：由于海水、湖水和河水进入船舶等运输工具或储存处所造成被保险货物的损失。

2. 意外事故

意外事故是指由于偶然的非意料中的原因所造成的事故，但在海上货运保险业务中，它不是泛指海上发生的所有意外事故。另外，海上货运保险所承保的意外事故并不局限于发生在海上，也包括发生在陆上的意外事故。根据我国《海洋运输货物保险条款》的规定，所谓意外事故仅指运输工具遭受搁浅、触礁、沉没、互撞、与流冰或其他物体碰撞以及失火、爆炸等。而在伦敦保险协会的《协会货物条款》中，意外事故包括船舶、驳船的搁浅、触礁、沉没、倾覆、火灾、爆炸等以及陆上运输工具的倾覆或出轨。其具体含义如下：

（1）搁浅：是指船舶在航行中，由于意外或异常的原因，船底与水下障碍物紧密接触，牢牢被搁住，并且持续一定时间失去进退自由的状态。这一状态必须是在事先预料不到的意外情况下发生的。至于规律性的潮汛涨落造成船底触及浅滩或滩床，退潮时搁浅、涨潮时船舶重新浮起继续航行，则属于必然现象，不能作为保险上的"搁浅"事故。

（2）触礁：是指船体触及海中的岩石险礁或其他障碍物，如木桩、渔栅等造成船体破漏或不能移动的意外事故。船只与沉船的残骸相接触，也可以视为"触礁"。

（3）沉没：是指船体的全部或大部分已经没入水面以下，并已失去继续航行的能力。如船体的一部分浸入水中或者不继续下沉，海水仍不断渗入舱内，但船只还具有航行能力的，则不能视作"沉没"。

（4）碰撞：船舶与他船或其他固定的、流动的固体物猛力接触即为碰撞。例如船只同码头、桥梁、浮筒、灯标等相撞。船只与海水的接触以及船只停泊在港口内与他船并排停靠码头旁边，因为波动相互挤擦，均不能作为"碰撞"。

（5）火灾（失火）：在航行途中因意外起火失去控制而造成船舶及其所载货物被火焚毁、烧焦、烟熏、烧裂等的经济损失，以及由于搬移货物、消防灌水等救火行为造成水渍所致的损失或其他损失。

（6）爆炸：物体内部发生急剧的分解或燃烧，迸发出大量的气体和热力，致使物体本身及其他物体遭受猛烈破坏的现象。

（7）倾覆：船舶由于遭受灾害事故而导致船身倾斜，处于非正常状态而不能继续航行。

（二）外来风险

外来风险一般是指海上风险以外的其他外来原因所造成的风险。所谓外来原因必须是意外的、非预期的，而不是必然发生的。因此，货物的自然损失和本质缺陷属于必然发生的损失，不应包括在外来风险所引起的损失之列。外来风险包括一般外来风险和特殊外来风险。

1. 一般外来风险

一般外来风险是指被保险货物在运输途中由于偷窃、短量、渗漏、淡水雨淋、碰损、破碎、受热受潮、生锈、串味、短少和提货不着、沾污等一般外来原因所造成的风险。其具体含义如下：

（1）偷窃：一般是指暗中的窃取，不包括公开的攻击性的劫夺。

（2）短量：是指货物在运输过程中发生重量短少。

（3）渗漏：是指流质或者半流质的物质因为容器的破漏引起的损失。

（4）淡水雨淋：是指由于淡水、雨水或融雪而导致货物水残的损失。

（5）碰损：主要是指金属及其制品在运输途中因受震动、受挤压而造成变形等损失。

（6）破碎：是指易碎物品遭受碰压造成破裂、碎块的损失。

（7）受热受潮：是指由于气温的骤然变化或者船上的通风设备失灵，使船舱内的水汽凝结，引起发潮发热导致货物的损失。

（8）生锈：是指货物在运输过程中发生锈损现象。

（9）串味：是指货物受到其他异味物品的影响而引起串味导致的损失。

（10）短少和提货不着：是指货物在运输途中被遗失而未能运到目的地，或运抵目的地发现整件短少，未能交给收货人。

（11）沾污：是指货物在运输途中受到其他物质的污染所造成的损失。

（12）钩损：是指货物在装卸搬运的操作过程下，由于挂钩或用手钩不当而导致货物的损失。

2．特殊外来风险

特殊外来风险是指由于军事、政治、国家政策法令以及行政措施等特殊外来原因所造成的风险与损失。例如：战争、罢工、因船舶中途被扣而导致交货不到，以及货物被有关当局拒绝进口或没收而导致的损失等。

二、海上损失

被保险货物在海上运输中因遭受海上风险而造成的损坏或灭失称为海上损失，简称海损。按照国际保险市场的一般解释，凡是与海上运输有关联的海陆连接运输过程中发生的损失，也都属于海损范围。通常按照损失程度的不同，海损可分为全部损失和部分损失。

（一）全部损失

全部损失（Total Loss）简称全损，是指运输中的整批被保险货物或不可分割的一批货物全部灭失。按其损失情况的不同，全部损失又可分为实际全损和推定全损两种。

1．实际全损

实际全损（Actual Total Loss）是指被保险货物完全灭失或完全变质，或者货物实际上已不可能归还保险人。构成被保险货物"实际全损"的情况有下列几种：

（1）被保险货物完全灭失。例如，船只遭遇海难后沉没，货物同时沉入海底。

（2）被保险货物丧失已无法挽回。例如，战争时期货物被敌方扣留并宣布为战利品，虽然货物本身仍然实际存在，可能并未遭到损失，但是被保险人已经无可挽回地失去了这些财产。

（3）被保险货物已丧失商业价值或失去原有用途。例如，茶叶经水泡后，虽没有灭失，仍旧是茶叶，但已不能饮用，失去商业价值。

（4）船舶失踪达到一定时期。例如，失踪半年仍无音讯，则可视为全部灭失。

2．推定全损

货物发生保险事故后，认为实际全损已经不可避免，或者为避免发生实际全损所需支付的费用与继续将货物运抵目的地的费用之和超过保险价值的，称为推定全损（Constructive Total Loss）。具体地说，构成被保险货物"推定全损"的情况有以下几种：

（1）被保险货物受损后，修理费用估计要超过货物修复后的价值。

（2）被保险货物受损后，整理和续运到目的地的费用将超过货物到达目的地的价值。

（3）被保险货物的实际全损已经无法避免，或者为了避免实际全损需要施救等所花费用将超过获救后的货物价值。

（4）被保险货物遭受保险责任范围内的事故，使被保险人失去货物所有权，而收回这一所有权所需花费的费用将超过收回后的货物价值。

如果发生了推定全损，被保险人可以选择保留保险标的，按照部分损失向保险人索赔，也可以选择放弃保险标的，按照推定全损向保险人索赔。按全损索赔时，被保险人要办理委付。委付是指被保险人在获悉受损情况后，以书面或口头方式向保险人发出委付通知书，声明愿意将保险标的的一切权益，包括财产权及一切由此产生的权利与义务转让给保险人，而要求保险人按全损给予赔偿的一种行为。如果被保险人决定索赔推定全损，则应在合理的时间内及时发出委付通知。委付通知可以是书面的或是口头的，并且要有明确的委付或放弃的意图。委付通知应是无条件的，并直接呈交保险人。

（二）部分损失

部分损失（Partial Loss）是指被保险货物的损失没有达到全部损失的程度，即凡不构成全损的损失均是部分损失，包括共同海损和单独海损两种。

1. 共同海损

共同海损（General Average）是指载货的船舶在海上遇到灾害、事故，威胁到船、货等各方的共同安全，为了解除这种威胁，维护船货安全，或者使航程得以继续完成，由船方有意识地、合理地采取措施，所做出的某些特殊牺牲或支出的某些额外费用。

常见共同海损牺牲项目有：抛弃、救火、自动搁浅、断链弃锚；船舶在避难港卸货、重装或倒移货物、燃料或物料，将船上货物或船舶物料当作燃料以保证船舶继续航行等所造成的货物或船舶的损失。

构成共同海损应具备以下条件：

（1）必须确实遭遇危难。亦即共同海损的危险必须是实际存在的，或者是不可避免的，而不是主观臆测的。

（2）必须是主动地、有意识地采取的合理措施。例如，船舶在海上遭遇风暴，船身剧烈倾斜，如不减轻重量，会导致船身整个倾入海中而沉没。船长为了避免船舶覆没，命令船员抛弃船舱内的一部分货物以保持船身平衡。这种有意识采取的合理措施造成的损失，应属共同海损。

（3）必须是为船、货共同安全而采取的措施。采取共同海损的措施，必须以维护船舶和所载货物的共同安全为目的。若只是为了船舶或货物单方面的利益而造成的损失，则不能作为共同海损。

（4）必须是属于非常性质的损失。共同海损的损失不是由于风险所直接造成的，而是人为做出的特殊牺牲，所支出的费用也是额外费用，正常运输中不会产生。例如，船舶因意外原因搁浅，为了使船舶脱险，船长只好雇用拖轮强行拖带脱浅，所产生的费用即为共同海损费用。

共同海损牺牲和费用都是为了使船舶、货物和运费收入方免于遭受损失而支出的，因而应该由船舶、货物和运费收入各方按最后获救价值的比例分摊，即为"共同海损的分摊"。

2. 单独海损

单独海损（Particular Average）是指被保险货物由于承保范围内的风险所直接造成的损失，即除共同海损以外的部分损失，该损失仅由各受损者单独负担。

共同海损和单独海损的区别主要表现在以下两个方面：

（1）造成海损的原因不同。单独海损是承保风险所直接导致的船货损失；共同海损则不是承保风险所直接导致的损失，而是为了解除船、货共同危险人为地采取合理措施所造成的损失。

（2）承担损失的责任不同。单独海损由受损方自行承担；而共同海损，则应由各受益方按照受益大小的比例共同分摊。

三、海上费用

海上风险不仅使被保险货物本身遭受损失，为了避免损失的扩大，还会引起一些费用的支出。这些费用，保险人在一定条件下也给予赔偿，主要包括施救费用和救助费用。

（一）施救费用

施救费用是指当被保险货物遭遇承保责任范围内的风险时，被保险人或者其代理人、雇佣人员和受让人等，为防止损失的扩大而采取各种抢救和防护措施所支出的合理费用。保险人对施救费用赔偿的条件如下：

（1）施救费用必须是合理的和必要的。

（2）施救费用必须是为防止或减少承保风险造成的损失所采取措施而支出的费用。

（3）施救费用是指由被保险人及其代理人、雇佣人采取措施而支出的费用。

（4）施救费用的赔偿与措施是否成功无关。

（二）救助费用

救助费用是指当被保险货物遭遇承保责任范围内的风险时，由保险人和被保险人以外的第三者采取救助行动并获得成功，而向其支付的报酬。

救助行为一般总是与共同海损相联系，因此救助费用往往是共同海损费用的一部分。保险人赔偿救助费用的首要条件是救助行为必须是为了避免承保风险引起的损失。另外，救助必须是第三人的行为，且必须取得实际效果，即遵循"无效果、无报酬"的原则。

小资料

海上保险的发展历史

海上保险有着比陆上保险更为悠久的历史，是现代保险制度的起源。

公元前 2000 年，在地中海一带广泛的海上贸易活动中，船只在海上时常会遇到风浪袭击或者是恶劣气候，为了保障船只的安全，使船不致沉没，不得不抛弃一部分货物，扔到海里。这部分抛弃货物的损失由船、货、运费的受益人共同来分摊。这种共同海损的分摊形式，是海上保险的最早萌芽。

而作为后来海上保险雏形的，则是在希腊出现的船舶抵押借款制度。公元前 700 年的希腊，船主在出海航行前，以船舶和船上的货物向当地商人抵押，取得航海资金的借款，如果安全完成航行，船主归还借款并支付较高的利息；如果中途沉没，船主就不必偿还本金和利息。这种抵押借款实际上是最早形式的海上保险。后来又出现了"无偿借贷"制度，在航行前，由资本所有人以借款人名义向贸易商借得一笔款项，如果船只货物安全抵达目的港，资本所有人不再偿还借款（相当于收取保险费）；反之，如果船、货中途沉没或损毁，资本所有人就负有偿债责任（相当于赔款），这与现代海上保险的含义更为接近。

现代意义上的海上保险发生于 14 世纪的意大利。当时在意大利的一些港口城市，海上保险已成为一种普遍的商业活动，商人和高利贷者将他们的贸易、汇兑票据与保险的习惯做法带至他们足迹所到之处，并已经开始使用保险单。1347 年 10 月 23 日，热那亚商人乔治·勒克维伦开出了迄今为止世界上发现最早的保险单，它承保"圣·克勒拉"号船舶从热那亚至马乔卡的航程保险。1397 年，在佛罗伦萨出现了具有现代特征的保险单形式。

随着 15 世纪资本主义萌芽的出现与发展，以及西欧各国对海上新航路的探寻与开通，欧洲商人的贸易范围得以空前扩大，海上保险业也得到迅猛发展。由于商业交往中保险方面的纠纷日益增多，因此，国家有必要通过制定法律来对保险加以调整，并对保险的习惯性做法予以统一规定。于是，海上保险法便开始形成。

1435 年，西班牙巴塞罗那颁布了世界上第一个海上保险法令，其目的是防止欺诈及给予本国船东以优先待遇，使西方海运界的保险业务系统化。1468 年威尼斯制定了关于法院如何保证保单实施及防止欺诈的法令。1523 年，佛罗伦萨在总结以往海上保险法的基础上，制定了条例，并规定了比较标准的保单格式。美洲新大陆发现以后，贸易中心逐渐从地中海区域转向大西洋沿岸。西班牙、法国、英国以及北欧一些城市开始进入世界贸易发展阶段。1556 年西班牙国王颁布法令，对保险经纪人加以管理，确定了经纪人制度。

1601年英国制订了第一部海上保险法律，在该法的序言中指出，用保险的办法由多数人来分担不测事故所致的损失较之由不幸的船舶所有人或商人来单独承担要优越得多，明确地阐明了海上保险的意义与作用。同时该法还规定在保险商会内设立仲裁庭以解决海上保险的纠纷案件。

17世纪中叶，英国逐步发展成为世界贸易和航运业垄断优势的殖民帝国，这给英国商人开展世界上的海上保险业务提供了有利条件。商人们要求政府给予特许，设立专营海上保险的公司组织。1720年，英王批准成立了皇家保险公司和伦敦保险公司，正式办理海上保险业务；其他公司或合伙组织不得经营海上保险业务。1745年，英国制定了海上保险单的标准格式，一直沿用至今。18世纪后期，英国成为世界海上保险的中心，占据了海上保险的统治地位。到了19世纪，欧洲主要海运国家/地区都把海上保险作为海商法的重要组成部分编入商法典内。其中，具有代表性的是1807年的《法国商法典》和1861年的《德国商法典》。

从历史上看，对现代海上保险法制的发展影响最大的还是英国的海上保险法。1906年，英国制定了《海上保险法》，并制定了既适用于船舶也适用于货物保险的标准保险合同格式，作为《海上保险法》的附件。这部法典将多年来所遵循的海上保险的做法、惯例、案例和解释等用成文法形式固定下来，至今仍为许多国家/地区采纳或效仿，在世界保险立法方面有相当大的影响。

第二节 我国海洋运输货物保险

为适应投保人的不同要求，各国保险组织或保险公司（即保险人）将其承保的风险按范围的不同划分成各种险别，并以条款的形式分别予以明确。保险险别是保险人与被保险人履行权利与义务的基础，也是确定保险人承保责任大小和被保险人缴付保险费多少的依据。

中国人民保险集团股份有限公司（以下简称中国人民保险公司）根据我国的实际情况并参照国际保险市场的习惯做法，制定了一系列条款，总称为《中国保险条款》（China Insurance Clause，CIC），包括海洋、陆上、航空及邮包等不同运输方式下的保险条款。现行的《海洋运输货物保险条款》（Ocean Marine Cargo Clauses）是由中国人民保险公司于2009年修订的。海洋运输货物保险的险别可分为基本险、附加险和专门险三大类，基本险可以单独投保，而附加险不能单独投保，只有在投保某一种基本险的基础上才能加保附加险。

一、基本险

基本险又称为主险，根据我国《海洋运输货物保险条款》的规定，基本险包括平安险、水渍险和一切险三种。

（一）承保责任

1. 平安险

平安险（Free from Particular Average，FPA）这一名称是我国保险业的习惯叫法，英文原意是"单独海损不赔"，即保险人只负责赔偿保险标的发生的全损，但当前平安险的责任范围远远超出了此范围，具体包括以下内容：

（1）被保险货物在运输途中由于恶劣气候、雷电、海啸、地震、洪水等自然灾害造成整批货物的全部损失。被保险货物是用驳船运往或运离海轮的，每一驳船所装的货物可视为一个整批。

（2）由于运输工具遭遇搁浅、触礁、沉没、互撞、与流冰或其他物体碰撞以及失火、爆炸这些意外事故造成被保险货物的全部或部分损失。

（3）在运输工具曾经发生搁浅、触礁、沉没、焚毁这四种意外事故的情况下，被保险货物在此前后又在海上遭遇恶劣气候、雷电、海啸等自然灾害所造成的部分损失。

（4）在装卸及转船过程中，被保险货物一件或数件落海所造成的全部或部分损失。

（5）被保险人对遭受承保责任内危险的货物采取抢救、防止或减少货损措施支付的合理费用，但以不超过该批被救货物的保险金额为限。

（6）运输工具遭遇自然灾害或意外事故后，需要在中途的港口或者在避难港口停靠，因而引起的卸货、装货、存仓以及运送货物所产生的特别费用。

（7）发生共同海损所引起的牺牲、分摊费和救助费用。

（8）运输契约订有"船舶互撞条款"，根据该条款规定应由货方偿还船方的损失。

2．水渍险

水渍险（With Average or With Particular Average，WA or WPA）英文原意是"负责单独海损责任"。水渍险的责任范围，除包括上列"平安险"的各项责任外，还负责被保险货物由于恶劣气候、雷电、海啸、地震、洪水等自然灾害所造成的部分损失。

3．一切险

一切险（All Risks，AR）的责任范围除包括"水渍险"的所有责任外，还包括货物在运输过程中，因一般外来风险所造成的被保险货物的全部或部分损失。

虽然一切险较平安险和水渍险范围广，但保险人并非对任何风险所致的损失都负责。一切险可以看作是水渍险和一般附加险的总和，但不包括特殊附加险和特别附加险。上述三种基本险别，被保险人可以从中选择一种投保。

（二）除外责任

所谓除外责任是指保险人明确规定不予承保的损失或费用。我国《海洋运输货物保险条款》规定，在上述三种基本险别中，保险人对下列损失不负赔偿责任：

（1）被保险人的故意行为或过失所造成的损失。如被保险人参与海运欺诈，故意装运走私货物；或被保险人不及时提货而造成的货损或损失扩大。

（2）属于发货人责任所引起的损失。如货物包装不良、不当或标志不清或错误。

（3）在保险责任开始前，被保险货物已存在的品质不良或数量短差所造成的损失。如货物的"原残"，如易生锈的钢材、二手机械设备等货物常存在严重的原残。

（4）被保险货物的自然损耗、本质缺陷、特性以及市价跌落、运输迟延所引起的损失或费用。如豆类含水量减少而导致货物自然短重；某些粮谷在装船前已有虫卵，遇到适当温度而孵化，货物被虫蛀受损；水果发霉、煤炭自燃等。

（5）海洋运输货物战争险条款和货物运输罢工险条款规定的责任范围和除外责任。

（三）责任起讫

我国《海洋运输货物保险条款》也对于上述基本险别的保险责任起讫做了相应的规定。保险责任起讫亦称保险期间或保险期限，是指保险人承担保险责任的有效期限。由于海运货物保险航程的特殊性，保险期限一般没有具体的起讫日期，我国海运货物基本险的保险责任起讫按照国际惯例，采用"仓至仓"条款（Warehouse to Warehouse Clause，W/W Clause）。该条款规定，保险人所承担的保险责任是自被保险货物运离保险单所载明的起运港（地）发货人仓库或储存处所开始，包括正常运输过程中的海上、陆上、内河和驳船运输在内，直到货物到达保险单所载明的目的港（地）收货人仓库或储存处所为止。当货物一进入收货人仓库，保险责任即行终止。但是，当货物从目的港卸离海轮时起算满 60 天，不论保险货物有没有进入收货人的仓库，保险责任均告终止。如上述保险期限内被保险货物需转运到非保险单所载明的目的地时，则以该项货物开始转运时终止，若被保险货物在运至保险单所载明的目的港（地）以前的某一仓库而发生分配、分派的情况，则该仓库就作为被保险人的最后仓库，保险责任也从货物运抵该仓库时终止。

二、附加险

海洋运输货物保险的附加险种类繁多，这些附加险是基本险的扩大和补充，不能单独投保，只能在投保基本险之后才能加保。被保险人可以根据需要选择加保一种或几种附加险。我国保险业习惯上将附加险分为一般附加险、特殊附加险和特别附加险三类。

1. 一般附加险

一般附加险（General Additional Risks）又称为普通附加险，承保一般外来风险所造成的全部和部分损失。具体有以下 11 种：

（1）偷窃、提货不着险。保险有效期内，保险人承保货物被偷走或窃取，以及货物运抵目的地以后，货物的全部或整件未交的损失。"偷"一般指货物整件被偷走，"窃"一般是指货物中的一部分被窃取，偷窃不包括使用暴力手段的公开劫夺。提货不着是指货物的全部或整件未能在目的地交付给收货人。

（2）淡水雨淋险。保险人承保货物在运输中，由于淡水、雨淋以及冰雪融化所造成的损失。淡水是相对于海水而言的，包括船上淡水舱、水管漏水以及舱汗等。

（3）短量险。保险人承保货物数量和重量发生短少的损失。通常对于包装货物的短少，必须要有外包装发生异常的现象，如破口、破袋、扯缝等。对于散装货物，往往以装船重量和卸船重量之间的差额作为计算短量的依据，但不包括正常运输途中的自然损耗。

（4）混杂、沾污险。保险人承保货物在运输途中混进了杂质或沾污所造成的损失。例如，矿砂中混进了泥土、草屑，布匹、食物被油类或带色的物质污染而引起的损失。

（5）渗漏险。保险人主要承保流质、半流质、油类等货物在运输过程中因为容器损坏而引起的渗漏损失，或用液体储藏的货物因液体的渗漏而引起的货物腐烂变质等损失。

（6）碰损、破碎险。保险人承保货物在运输途中由于震动、碰撞、挤压等造成货物本身碰损或破碎的损失。碰损主要是针对金属、木质等货物而言的，如金属机器、木家具的凹瘪、划痕、脱漆等损失；而破碎则主要是指易碎性物质。

（7）串味险。保险人承保货物在保险期间受其他物品影响串味造成的损失。例如，食品、中药材、化妆品在运输途中与樟脑堆放在一起，樟脑串味对上述货物造成的损失。

（8）受热、受潮险。保险人承保货物在运输途中因气温突然变化或由于船上通风设备失灵致使船舱内水汽凝结、发潮或发热所造成的损失。

（9）钩损险。保险人承保袋装、捆装货物在装卸或搬运过程中，由于装卸或搬运人员操作不当、使用钩子将包装钩坏而造成货物的损失，以及对包装进行修补或调换所支付的费用。

（10）包装破裂险。保险人承保装卸、搬运货物过程中因包装破裂造成货物的短少、沾污等损失，以及为继续运输安全需要对包装进行修补或调换所支付的费用。

（11）锈损险。保险人承保金属或金属制品一类的货物在运输过程中因为生锈造成的损失。不过这种生锈必须在保险期内发生，如原装时就已生锈，保险人不负责任。裸装的金属板、块、条、管等几乎会不可避免地生锈，保险人一般都拒绝对这类货物承保此种附加险。

当投保险别为平安险或水渍险时，可加保上述 11 种一般附加险中的一种或多种险别。但如果已经投保了一切险，就不需要再加保一般附加险，因为保险人承保一般附加险的责任已包含在一切险的责任范围内。

2. 特殊附加险

特殊附加险（Specific Additional Risks）主要承保由于军事、政治等特殊外来原因所引起的风险与损失。根据我国《海洋运输货物保险条款》规定，海运货物战争险、战争附加费用险和海运货物罢工险是海上运输货物保险的三个特殊附加险。

（1）海运货物战争险。保险人承保战争或类似战争行为等引起被保险货物的直接损失。此种险别具体的承保责任范围包括：由于战争、类似战争行为和敌对行为、武装冲突或海盗行为以及由此而引起的捕获、拘留、禁止、扣押所造成的损失，或者由于各种常规武器（包括水雷、鱼雷、炸弹）所造成的损失，由于上述原因所引起的共同海损的牺牲、分摊和救助费用。但对于原子弹、氢弹等核武器所造成的损失，保险人不予赔偿。

战争险的责任起讫与基本险的责任起讫不同，它不采用"仓至仓"条款。战争险的保险责任起讫是以水上危险（Waterborne）为限，即自货物在保险单所载明的起运港装上海轮或驳船时开始，直到在保险单所载明的目的港卸离海轮或驳船时为止。如果货物不卸离海轮或驳船，则保险责任最长延至货物到达目的港的当日午夜起算 15 天为止。如在中途港转船，则不论货物是否在当地卸货，保险责任以海轮到达该港或卸货地点的当日午夜起算满 15 天为止，待再装上续运的海轮时，保险责任才恢复有效。

（2）战争附加费用险。保险人承保由于战争险风险引起航行中断或挫折，以及由于承运人在契约权限内，把货物卸在保险单载明的目的港以外的港口或地点所产生的附加的合理的费用。即承保由于战争所引起的一些间接损失和费用，如上岸、卸货、存仓、转运费以及关税及保险费等。

（3）罢工险。保险人承保因罢工者、被迫停工工人、以及参加工潮、暴动和民众斗争的人员的行为，或任何人的恶意行为所造成的保险货物的直接损失，以及由于上述行为所引起的共同海损牺牲、分摊和救助费用。但对在罢工期间由于劳动力短缺或不能使用劳动力所造成的被保险货物的损失，包括因罢工而引起的动力或燃料缺乏使冷藏机停止工作所致的冷藏货物的损失，以及无劳动力搬运货物，使货物堆积在码头淋湿受损等，不负赔偿责任。

罢工险对保险责任起讫的规定，与其他海运货物保险险别一样，采用"仓至仓"条款。按照国际保险业惯例，已投保战争险后另加保罢工险，一般不另增收保险费。如仅要求加保罢工险，按战争险费率收费。

3. 特别附加险

特别附加险（Special Additional Risks）所承保的风险大多与国家/地区行政管理、政策措施、航运贸易习惯等因素有关。具体有以下六种：

（1）交货不到险。从被保险货物装上船开始，如果在预定抵达日期起满 6 个月仍不能运到原定目的地交货，则不论何种原因，保险人均按全部损失赔付。

（2）进口关税险。针对有些国家和地区对某些货物征收很高的进口关税，而且不论货物抵达时是否完好，一律按发票上载明的价值征收这一情况而设立的特别险别。如果货物发生保险责任范围内的损失，而被保险人仍须按完好货物完税时，保险人对受损货物所缴纳的关税负责赔偿。

（3）舱面险。保险人承保装载于舱面的货物因被抛弃或被风浪冲击落水所造成的损失。

（4）拒收险。保险人承保货物在进口时，不论何种原因在进口港被进口国的政府或有关当局拒绝进口或没收所造成的损失。保险人一般按货物的保险价值进行赔偿。

（5）黄曲霉素险。黄曲霉素是一种致癌的物质，如果被保险货物在进口港或进口地经当地卫生当局检验证明，因含黄曲霉素超标，而被拒绝进口、没收或强制改变用途时，保险人按照被拒绝进口或被没收部分货物的价值或改变用途所造成的损失负责赔偿。

（6）出口货物到我国香港（包括九龙在内）或澳门地区存仓火险责任扩展条款。承保我国内地出口到港澳地区的货物，如果直接卸到保险单载明的过户银行所指定的仓库，则延长存仓期间的火险责任。这是因为我国内地出口到港澳地区的货物，有些是向我国港澳地区的银行办理押汇。在货主向银行清还货款之前，货物的权益属于银行，因而在这些货物的保险单上注明过户给放款银行。如保险货物抵达目的地后，货物尚未还款，往往将其存放在过户银行指定的仓库中。为使货物在存仓期间发生火灾能够得到赔偿，特设立这一险别。

三、专门险

专门险条款又称为特种货物保险条款，可以单独投保，属于基本险性质。我国海上保险市场上目前常用的专门险条款主要有海洋运输冷藏货物保险和海洋运输散装桐油保险。

1. 海洋运输冷藏货物保险

海洋运输冷藏货物保险（Ocean Marine Insurance Clauses - Frozen Products）包括冷藏险和冷藏一切险。冷藏险与海运货物水渍险的责任范围相同，除了承保冷藏货物在运输途中由于海上自然灾害或意外事故造成的腐败或损失外，还对由于冷藏机器停止工作连续达24小时以上所造成的腐败和损失负责。冷藏一切险的责任范围是在冷藏险的责任范围基础上，增加承保由于一般外来原因所致的腐败和损失。

2. 海洋运输散装桐油保险

海洋运输散装桐油保险（Ocean Marine Insurance Clauses - Wood Oil Bulk）承保不论任何原因所致保险桐油的短量、渗漏超过免赔率的部分损失，以及被保险桐油的沾污和变质的损失。

第三节　英国伦敦保险协会海运货物保险

英国是开展海上保险业务历史比较悠久的国家，英国伦敦保险协会所制定的《协会货物条款》（Institute Cargo Clauses，ICC）对世界各国影响较大。目前，世界上很多国家/地区在海上保险业务中直接采用ICC条款，或在制定本国保险条款时参考该条款。《协会货物条款》最早制定于1912年，2009年1月1日，联合货物保险委员会（Joint Cargo Committee）推出了新的条款ICC2009。现将其主要内容介绍如下：

一、协会货物保险条款的种类

英国伦敦保险协会的《协会货物条款》主要包括以下七种海运货物保险险别：
（1）协会货物条款（A），简称ICC（A）。
（2）协会货物条款（B），简称ICC（B）。
（3）协会货物条款（C），简称ICC（C）。
（4）协会战争险（货物）。
（5）协会罢工险（货物）。
（6）恶意损害险。

(7) 偷窃、提货不着险。

在上述七种条款中，ICC（A）、ICC（B）、ICC（C）为主险，可以单独投保。协会战争险和罢工险在必要时征得保险人同意也可单独投保。只有恶意损害险和偷窃、提货不着险属于附加险，不能单独投保。

除恶意损害险和偷窃、提货不着险外，其他五种险别在条款结构上均可划分为八个部分：承保风险、除外责任、保险期间、索赔、保险的利益、减少损失、防止延迟以及法律和惯例。各险别的主要区别在于前三项内容，而其余五项内容则完全相同。

二、《协会货物条款》主要险别的承保风险与除外责任

《协会货物条款》的主要险别是ICC（A）、ICC（B）和ICC（C）。ICC（A）类似于我国CIC条款中的"一切险"，ICC（B）类似于"水渍险"，而ICC（C）类似于"平安险"，且比"平安险"的责任范围更小。下面主要阐述这三种险别的承保风险与除外责任：

（一）ICC（A）

1．承保责任

ICC（A）的承保责任范围最大。根据《协会货物条款》的规定，对ICC（A）采用"一切风险减除外责任"的办法。即除了"除外责任"项下所列风险保险人不予负责外，其他风险均予负责。

2．除外责任

ICC（A）的除外责任涉及第4、5、6、7条内容。

（1）第4条：如归因于被保险人故意的违法行为造成的损失或费用；保险标的的自然渗漏、重量或容量的自然损耗、自然磨损；货物包装不足或不当所造成的损失或费用；保险标的的内在缺陷或特性所造成的损失或费用；直接由于延迟所引起的损失或费用；由于船舶所有人、租船人或经营人破产或不履行债务所造成的损失或费用；由于使用任何原子或核武器所造成的损失或费用。

（2）第5条：由于不适航、不适货所引起的损失、损害或费用。所谓不适航、不适货除外责任是指保险标的在装船时，如被保险人或其受雇人已经知道船舶不适航，以及船舶、装运工具、集装箱等不适货，保险人不负赔偿责任。

（3）第6条：如由于战争、内战、敌对行为等造成的损失或费用；由于捕获、拘留、扣留等（海盗行为除外）所造成的损失或费用；由于漂流水雷、鱼雷等造成的损失或费用。

（4）第7条：罢工者、被迫停工工人造成的损失或费用以及由于罢工、被迫停工所造成的损失或费用等。任何恐怖分子或其他出于政治动机而行动的人员所造成的损失。

（二）ICC（B）

1．承保责任

与ICC（A）不同的是，ICC（B）采用"列明风险"的方法，即在条款中把保险人所承保的风险一一列出，凡属于列出风险范围内的损失，保险人均按损失程度给予赔偿，而未列出的则不负责。

具体风险包括：①火灾、爆炸；②船舶或驳船遭受搁浅、触礁、沉没或倾覆；③陆上运输工具的倾覆或出轨；④船舶、驳船或运输工具与除水以外的任何外界物体碰撞；⑤在避难港卸货；⑥地震、火山爆发或雷电；⑦共同海损牺牲；⑧抛货或浪击落海；⑨海水、湖水或河水进入船舶、驳船、运输工具、集装箱、大型海运箱或储存处所；⑩货物在船舶或驳船装卸时落海或跌落造成整件的全损，即"吊索损害"。

2. 除外责任

ICC（B）与ICC（A）的除外责任基本相同，但有以下两点区别：

（1）ICC（A）只对被保险人的故意不法行为所造成的损失、费用不负赔偿责任，而ICC（B）则规定，对任何人的故意损害和破坏行为对保险标的所造成的损失、费用都不负赔偿责任。也就是说，除被保险人以外的其他人（如船长、船员等）恶意损害的风险属于ICC（A）的承保范围，但在ICC（B）中，保险人对此不负赔偿责任，如果需要可以加保"恶意损害险"。

（2）ICC（A）在战争除外责任中，注明"海盗行为除外"，也即将海盗行为列入承保责任范围，而ICC（B）对此不负保险责任。

（三）ICC（C）

1. 承保责任

ICC（C）采用"列明风险"的方法，其承保责任范围比ICC（A）、ICC（B）要小得多，只承保"重大意外事故"，而不承保"自然灾害及一般意外事故"。

具体风险包括：①火灾、爆炸；②船舶或驳船遭受搁浅、触礁、沉没或倾覆；③陆上运输工具的倾覆或出轨；④船舶、驳船或运输工具与除水以外的任何外界物体碰撞；⑤在避难港卸货；⑥共同海损牺牲；⑦抛货。

2. 除外责任

ICC（C）与ICC（B）的除外责任完全相同。

为了便于理解，将ICC（A）、ICC（B）及ICC（C）三种险别中保险人承保的风险列表进行比较，见表7-1。

表7-1 ICC（A）、ICC（B）、ICC（C）承保风险之比较

承保责任范围	ICC(A)	ICC(B)	ICC(C)
（1）火灾、爆炸	√	√	√
（2）船舶或驳船遭受搁浅、触礁、沉没或倾覆	√	√	√
（3）陆上运输工具的倾覆或出轨	√	√	√
（4）船舶、驳船或运输工具与除水以外的任何外界物体碰撞	√	√	√
（5）在避难港卸货	√	√	√
（6）共同海损牺牲	√	√	√
（7）抛货	√	√	√
（8）地震、火山爆发或雷电	√	√	×
（9）浪击落海	√	√	×
（10）海水、湖水或河水进入船舶、驳船、运输工具、集装箱、大型海运箱或储存处所	√	√	×
（11）保险标的在船舶或驳船装卸时落海或跌落造成整件的全损	√	√	×
（12）由于被保险人以外的其他人（如船长、船员等）的故意违法行为所造成的损失或费用	√	×	×
（13）海盗行为	√	×	×
（14）下列（15）~（24）"除外责任"以外的一切风险	√	×	×
（15）被保险人故意的违法行为造成的损失或费用	×	×	×
（16）货物自然渗漏、重量或容量的自然损耗、自然磨损	×	×	×
（17）货物包装不足或不当所造成的损失或费用	×	×	×
（18）货物的内在缺陷或特性所造成的损失或费用	×	×	×
（19）直接由于延迟所引起的损失或费用	×	×	×
（20）由于船舶所有人、租船人或经营人破产或不履行债务所造成的损失或费用	×	×	×

（续）

承保责任范围	ICC(A)	ICC(B)	ICC(C)
（21）由于使用任何原子或核武器所造成的损失或费用	×	×	×
（22）船舶不适航，以及船舶、装运工具、集装箱等不适货	×	×	×
（23）战争除外责任（海盗行为除外）	×	×	×
（24）罢工除外责任	×	×	×

说明：1. "√"代表承保风险；"×"代表免责风险或不承保风险。
     2. 第（11）项即"吊索损害"，第（12）项即"恶意损害"。

三、《协会货物条款》主要险别的保险期限

ICC（A）、ICC（B）、ICC（C）对保险期限的规定与上节所述我国海运货物保险期限的规定大体相同，也采用"仓至仓"条款，但比我国的规定更为详细。ICC2009将"仓至仓"保险责任的起点扩展为："自保险标的为了开始运输而立即搬运至运输车辆或其他运输工具的目的，开始进入仓库或储存处所（本保险合同载明的地点）时生效……"而ICC1982的保险责任的起点则为"保险责任自货物运离仓库或储存处所开始运输时生效……"对保险责任终点而言，ICC2009强调保险责任在"完成卸货（on completion of unloading）"后终止，而ICC1982强调保险责任在"交付（on delivery to）"后终止。显然，ICC2009扩展了ICC1982的起点和终点，对被保险人更为有利。此外，ICC2009增加了一个终点，即"被保险人或其受人在正常运输过程之外，选择任何运输车辆或其他运输工具或集装箱储存货物"。

协会战争险（货物）的保险期限与我国海运货物战争险的保险期限规定一致，即仅承保"水面风险"。

在我国进出口业务中，特别是以CIF条件出口时，有些国外商人如要求我方出口公司按伦敦保险协会的《协会货物条款》投保，我方出口公司也可酌情接受。

第四节　其他运输方式下的货运保险

在国际贸易中，货物运输除了主要采用海洋运输方式外，还有陆上运输、航空运输、邮包运输以及由其中两种或两种以上的运输方式组成的多式联运等方式。其他运输方式下的货运保险都是在海运货物保险的基础上发展起来的，因此它们在很多方面都与海运货物保险有相似之处。但由于各种运输方式的不同特点，保险人在承保险别和保险责任范围等方面又有不同的规定。

一、陆上运输货物保险

陆上运输货物保险（Overland Transportation Cargo Insurance）承保以火车、汽车为主要交通工具进行货物运输的风险。中国人民保险公司于1981年1月1日修订的《陆上运输货物保险条款》（Overland Transportation Cargo Insurance Clauses）规定，陆运货物保险的基本险有"陆运险"和"陆运一切险"两种。另外，还有专设的基本险"陆上运输冷藏货物保险"以及附加险"陆上运输货物战争险及罢工险（火车）"。

1. 陆运险

陆运险（Overland Transportation Risks）与《海洋运输货物保险条款》中的"水渍险"承保的责任范围相似。保险人负责赔偿被保险货物在运输途中遭受暴风、雷电、洪水、地震等自然灾害，或由于运输工具遭受碰撞、倾覆、出轨或在驳运过程中因驳运工具遭受搁浅、触礁、沉没、碰撞，或由于遭受隧道坍塌、崖崩、失火、爆炸等意外事故所造成的全部或部分损失。

此外，对于施救、防止或减少货损的措施而支付的合理费用，保险人也负责赔偿，但以不超过此批被救货物的保险金额为限。

2. 陆运一切险

陆运一切险(Overland Transportation All Risks)与《海洋运输货物保险条款》中的"一切险"承保的责任范围相似。保险人除了承保上述陆运险的责任外，还负责被保险货物在运输途中由于偷窃、短量、渗漏、碰损破碎、钩损、雨淋、生锈、受潮受热、发霉、串味、沾污等一般外来风险所造成的全部或部分损失。

陆运险和陆运一切险与海运货物基本险的除外责任相同，其保险责任的起讫也采用"仓至仓"条款。最长保险责任的有效期限以被保险货物到达目的地车站后60天为限。

3. 陆上运输冷藏货物险

陆上运输冷藏货物险(Overland Transportation Insurance - Frozen Products)是陆上运输货物险中的一种专门保险。它除了负责陆运险所列举的自然灾害和意外事故所造成的全部或部分损失外，还负责赔偿由于冷藏机器或隔温设备在运输途中损坏所造成的被保险货物解冻溶化而腐败的损失。

一般的除外责任适用于本条款。但对于因战争、罢工或运输延迟所造成的被保险货物的损失，以及被保险冷藏货物在保险责任开始时冷藏不合格、包扎不妥等造成的损失不负赔偿责任。

陆上运输冷藏货物险的责任自被保险货物运离保险单所载起运地点的冷藏仓库装入运送工具开始运输时生效，包括正常的陆运和与其有关的水上驳运在内，直至货物到达保险单所载明的目的地收货人仓库为止。最长保险责任的有效期限以被保险货物到达目的地车站后10天为限。

4. 陆上运输货物战争险（火车）

陆上运输货物战争险（火车）(Overland Transportation Cargo War Risks - by Train)是陆上运输货物险中的特殊附加险。只有在投保了陆运险或陆运一切险的基础上经过投保人与保险人协商后方可加保此险，但目前仅限于火车运输。该险承保火车在运输途中由于战争、类似战争行为、敌对行为、武装冲突以及各种常规武器所致的损失。但对于敌对行为中使用原子弹或核武器所造成的损失和费用，保险人不负赔偿责任。

陆上运输货物战争险的责任起讫与海运战争险相似，以货物置于运输工具时为限。

与海洋运输货物保险一样，陆上运输货物在投保战争险的基础上再加保罢工险，不另收费。但若仅要求加保罢工险，则按战争险费率收费。陆上运输货物罢工险与海运货物罢工险的责任范围相同。

二、航空运输货物保险

航空运输货物保险(Air Transportation Cargo Insurance)是以飞机装载的航空运输货物为保险标的的一种保险。中国人民保险公司《航空运输货物保险条款》(Air Transportation Cargo Insurance Clauses)规定，我国航空运输货物保险包括"航空运输险"和"航空运输一切险"两种基本险及"航空运输货物战争险及罢工险"附加险。

1. 航空运输险

航空运输险(Air Transportation Risks)与《海洋运输货物保险条款》中的"水渍险"承保的范围基本相同，保险人负责赔偿被保险货物在运输途中因遭受雷电、火灾、爆炸以及由于飞机遭受恶劣气候、其他危难事故而被抛弃，或由于飞机遭受碰撞、倾覆、坠落、失踪等自然灾害或意外事故所造成的全部或部分损失。

2. 航空运输一切险

航空运输一切险（Air Transportation All Risks）除了承保航空运输险的损失外，还负责赔偿被保险货物由于被偷窃、短少等一般外来风险所造成的全部或部分损失。

航空运输险和航空运输一切险与海洋运输货物险的除外责任基本相同。同时，这两种基本险的保险责任起讫也采用"仓至仓"条款，但不同之处在于规定货物在运达目的地后保险责任的有效期限为卸离飞机后满30天，比海运货物保险中卸离海轮后满60天的期限大为缩短。

3. 航空运输货物战争险

航空运输货物战争险（Air Transportation Cargo War Risks）属于航空运输货物险的附加险，只有在投保了航空运输险或航空运输一切险的基础上经过投保人与保险人协商方可加保。保险人负责赔偿在航空运输途中由于战争、类似战争行为、敌对行为或武装冲突以及各种常规武器包括地雷、炸弹所造成的货物的损失，但不包括因使用原子弹或核武器所致的损失。

航空运输货物战争险的保险责任是自被保险货物装上保险单所载明的启运地的飞机时开始，直到卸离保险单所载明的目的地的飞机时为止。

此外，航空运输货物险的附加险也有罢工险，其责任范围、投保规定等与海运、陆运货物罢工险相同。

三、邮包运输货物保险

邮包运输保险（Parcel Post Insurance）主要承保通过邮局以邮包递运的货物在运输途中遭到自然灾害、意外事故或外来原因造成的货物损失。中国人民保险公司的《邮包保险条款》（Parcel Post Insurance Clauses），包括"邮包险""邮包一切险"两种基本险及"邮包战争险及罢工险"附加险。

1. 邮包险

邮包险（Parcel Post Risks）承保被保险邮包在运输途中由于恶劣气候、雷电、海啸、地震、洪水、自然灾害，或由于运输工具搁浅、触礁、沉没、出轨、倾覆、坠落、失踪或由于失火和爆炸等意外事故所造成的全部或部分损失，同时，还包括被保险人对遭受承保责任内风险的货物采取抢救、防止或减少货损的措施而支付的合理费用，但不能超过该批被救货物的保险金额。

2. 邮包一切险

邮包一切险（Parcel Post All Risks）除了承保邮包险的全部责任外，还负责被保险邮包在运输途中由于一般外来风险所致的全部或部分损失。

但在这两种险别下，保险人对因战争、敌对行为、类似战争行为、武装冲突、海盗行为、工人罢工所造成的损失，直接由于运输延迟或被保险物品本质上的缺陷或自然损耗所造成的损失，以及属于寄件人责任和被保邮包在保险责任开始前已存在的品质不良或数量短差所造成的损失，被保险人的故意行为或过失所造成的损失，不负赔偿责任。

其保险责任起讫，从被保险邮包离开保险单所载起运地点寄件人的处所运往邮局时开始生效，直至被保险邮包运达保险单所载明的目的地邮局，自邮局签发到货通知书给收件人当日午夜起满15天为止。但在此期间邮包一经递交至收件人处所，保险责任即告终止。

3. 邮包战争险

邮包战争险（Parcel Post War Risks）承保在邮包运输过程中由于战争、类似战争行为、敌对行为、武装冲突、海盗行为以及各种常规武器包括水雷、鱼雷、炸弹所造成的损失。此外，保险人还负责被保险人对遭受上述承保风险的物品采取抢救、防止或减少损失的措施而支付的合理费用，但保险人不承担因使用原子弹或核武器所致的损失。此险为附加险，只有在投保了邮包险或邮包一切险的基础上经过投保人与保险人协商后方可加保此险。

此外，邮包运输货物保险的附加险也有罢工险，其责任范围、投保规定等与前述海运、陆运货物罢工险相同。

第五节　合同中的保险条款和我国货运保险实务

国际货物运输保险是国际贸易得以正常进行的必要保障。保险条款是国际货物买卖合同的重要组成部分之一，其主要内容包括：投保人、保险金额、投保险别、保险公司、保险条款的选择等有关事宜。

一、合同中的保险条款

合同中的保险条款必须订得明确、合理。保险条款的内容因选用术语的不同而有所区别。采用不同的贸易术语，办理保险的人就不同。

海运货物保险条款

（1）以 FOB、CFR 或 FCA、CPT 条件成交的合同，由买方办理保险。

保险条款示例：

保险：由买方自理。

Insurance: To be covered by the buyer.

如买方委托卖方代为保险，则应明确规定保险金额、投保险别、按什么条款保险以及保险费由买方负担等。

（2）以 CIF 或 CIP 条件成交的合同，应由卖方办理保险。合同条款中还必须订明保险金额、保险险别的确定方法，以及按什么保险公司的条款保险，并注明该条款的生效日期。

保险条款示例：

保险：由卖方按发票金额的 110% 投保一切险和战争险，以中国人民保险公司 2009 年生效的海洋货物运输保险条款为准。

Insurance: To be covered by the seller for 110% of total invoice value against All Risks and War Risk as per Ocean Marine Cargo Clauses of the People's Insurance Company of China dated 2009.

在我国出口业务中，采用 CIF 或 CIP 贸易术语时，一般都以中国人民保险公司的保险条款为依据。如果国外客户要求按伦敦保险协会的《协会货物条款》或我方保险公司可以承保的其他保险条款投保，我国出口企业可以视具体情况酌情接受。若接受，则也应在合同的保险条款中明确规定。

二、我国货运保险实务

1. 投保险别的选择

国际货物运输保险的险别众多，不同的险别保险人承保的责任范围不同，被保险人受保障的程度不同，保险费率也不同。只有选择了适当的险别，才能既为被保险货物提供充分的保障，又减少不必要的保费支出。在选择险别时，主要应考虑以下几方面的因素：

（1）被保险货物的性质和特点。由于不同货物性质各异，其在运输途中所可能遇到的风险不同，从而遭受的损失也不尽相同。例如，茶叶容易吸湿、串味；粮谷类容易遭虫、鼠咬食、受潮发霉；玻璃制品容易碰损、破碎等。因此，根据这些商品各自的特点，可以在投保平安险或水渍险的基础上加保受潮受热险、串味险、短量险、碰损破碎险等，也可投保一切险。

（2）被保险货物的包装。货物在运输及装卸过程中，往往由于包装破损而造成质量上或数量上的损失，因此在选择险别时，必须考虑货物的包装因素。但属于装运前发货人的责任，如包装不良或不当造成的货物损失，则属于除外责任，保险人一般不予赔偿。

（3）运输方式及运输路线。货物在运输途中可能遇到的风险大小与其运输方式、所选择的运输路线以及停靠地区的安全情况等有很大的关系。例如，海洋运输的风险比陆上运输的风险大。在政局不稳定或已经发生战争的海域内航行，遭受意外损失的可能性自然增大。应按照不同的运输方式投保相应的险别，必要时可加保战争险。

（4）运输季节。不同的运输季节，给运输货物带来的风险和损失也不同。例如，夏季转运粮食、果品，极易发霉、腐烂或者生虫。冬季在北纬60度以北航行，可能会与流冰发生碰撞。因此，在选择险别时，应注意季节的影响。

2. 保险金额的确定与保险费的计算

（1）保险金额的确定。保险金额是保险人承担保险责任和损失赔偿的最高限额，也是核算保险费的基础。保险金额一般应由买卖双方经过协商确定。在我国出口业务中，通常按CIF或CIP价格的总值加10%（俗称"加一成"）计算，即为发票金额的110%。所加的百分率称为保险加成率，主要是为了在出现风险后补偿买方的经营管理费用和预期利润。如国外买方要求将加成率提高到20%或30%，其保险费差额部分应由买方负担。如果买方要求的加成率超过30%，应先征得保险人同意方能接受。

保险金额的计算公式为

$$保险金额 = CIF（或 CIP）价 \times (1 + 投保加成率)$$

如果出口业务按其他贸易术语（如FOB、CFR）成交，则应先转化成CIF（或CIP）价格再计算保险金额。

我国进口货物的保险金额原则上也按CIF（或CIP）价格为标准，但不另加成。如果按照CFR或FOB价格成交，则按照预约保险合同适用的特约保险费率和平均运费率直接计算保险金额。

按CFR进口时：保险金额 = CFR价 × (1 + 特约保险费率)

按FOB进口时：保险金额 = FOB价 × (1 + 平均运费率 + 特约保险费率)

（2）保险费的计算。投保人向保险人交付保险费，换取保险人承担相应的赔偿责任。保险费是保险人用于支付保险赔款的保险基金的主要来源，它以保险金额为基础，按一定保险费率计算得来。其计算公式为

$$保险费 = 保险金额 \times 保险费率$$

保险费率是按照不同货物、不同目的地、不同运输工具和投保险别，由保险人根据货物损失率和赔付率，并在此基础上，参照国际保险费率水平，结合我国国情而制定的。

如出口业务按CIF（或CIP）加成投保，则计算公式为

$$保险费 = CIF（或 CIP）价 \times (1 + 投保加成率) \times 保险费率$$

> **例**：上海某贸易公司出口一批货物到美国纽约，数量为 100 公吨，货物的 CIF 价格为每公吨 2 000 美元。卖方按照 CIF 价加成 10% 向中国人民保险公司投保了平安险（FPA），保险费率为 0.6%。请计算该批货物的保险金额和保险费。
>
> **解答**：CIF 总价 = 2 000×100 = 200 000（美元）
>
> 保险金额 = CIF 价 ×（1+ 投保加成率）= 200 000×110% = 220 000（美元）
>
> 保险费 = 保险金额 × 保险费率 = 220 000×0.6% = 1 320（美元）

3. 投保方式

（1）出口货物保险的做法。凡按 CIF 或 CIP 条件成交的出口货物，由出口企业向当地保险公司办理投保手续。在备妥货物，并确定装运日期和运输工具后，按规定格式逐笔填制投保单以提出书面申请，经保险公司接受后缴纳保险费，并向保险公司领取保险单证。

（2）进口货物保险的做法。按 FCA、FOB、CFR 和 CPT 条件成交的进口货物，均由买方办理保险。为了简化投保手续和防止出现漏保或来不及办理投保等情况，我国进口货物一般采取预约保险的做法。经营进口业务的企业可以和保险公司签订预约保险合同，凡属于合同规定范围内的每批进口货物，无须填制投保单，而仅以国外的装运通知代替投保单，视为办理了投保手续，保险公司则对该批货物自动承担保险责任。

4. 保险单证

保险单证是保险公司与投保人之间订立的保险合同，也是保险公司出具的承保证明，是被保险人凭以向保险公司索赔和保险公司进行理赔的依据。在国际贸易中，保险单证是可以转让的。常见的保险单证有：

（1）保险单（Insurance Policy）。保险单又称大保单，是一种正规的保险合同，使用最为广泛。保险单正面具体须列明被保险人名称、被保险货物名称、运输标志、包装及数量、投保险别、保险金额、保险费、运输工具名称、开航时间和运输起讫地等内容，并经保险公司签署生效。保险单背面印有表明保险公司和被保险人双方权利、义务等方面的保险条款。

保险单样本（正面）如图 7-1 所示。

（2）保险凭证（Insurance Certificate）。保险凭证又称小保单，它是一种简化的保险合同。基本内容与保险单相同，但背面没有具体的保险条款。保险凭证也具有与保险单同样的法律效力。

（3）联合凭证（Combined Certificate）。联合凭证又称联合发票，比保险凭证更为简化。只需在出口企业的商业发票上加注保险编号、承保险别、保险金额等，并加盖印戳，作为承保凭证，其他项目以发票所列为准。这种凭证目前仅适用于对港澳地区的出口业务。

（4）预约保险单（Open Policy）。预约保险单又称预约保险合同，是保险公司承保被保险人一定时期内所有货物的总合同。凡属于其承保范围内的货物一开始运输就自动按照预约保险单的内容条件承保，适用于经常有相同类型的货物需要陆续分批装运的情况。订立这种合同是为了简化投保手续和防止出现漏保或来不及办理投保等情况，保证货物及时投保。在实际业务中，我国进口货物一般采取预约保险的做法。凡属于预约保险单规定范围内的进口货物，一经起运，保险公司即自动承担保险责任。被保险人在每批货物装运时，应及时将货物的名称、数量、保险金额、运输工具名称种类、航程起点和终点、起航日期等信息以书面形式通知保险公司，并按约定办法缴纳保险费，即完成投保手续。

```
┌─────────────────────────────────────────────────────────────────────────┐
│ PICC                                                                    │
│ 中国人保                                                                │
│                                              货物运输保险单            │
│                                      CARGO TRANSPORTATION INSURANCE POLICY│
│                                         总公司设于北京   一九四九年创立 │
│                                       Head Office: BEIJING  Established in 1949│
│                                                                         │
│  合 同 号（Contract No.）                                               │
│  发 票 号（Invoice No.）                                                │
│  信用证号（LIC No.）                                                    │
│                                                                         │
│  被保险人（Insured）：_____                            │
│                                                       保险单号（Policy No.）│
└─────────────────────────────────────────────────────────────────────────┘
```

中国人民财产保险股份有限公司（以下简称本公司）根据被保险人要求，以被保险人向本公司缴付约定的保险费为对价，按照本保险单列明条款承保下述货物运输保险，特订立本保险单。

This Policy of insurance witnesses that PICC Property and Casualty Company Limited (hereinafter called "The Company") at the request of the Insured and in consideration of the agreed premium paying to the Company by the Insured, undertakes to insure the undermentioned goods in transportation subject to the conditions of this Policy as per the Clauses printed below.

标　记 Marks & Nos.	包装及数量 Quantity	保险货物项目 Description of Goods	保险金额 Amount Insured

总保险金额：
Total Amount Insured_____

保费（Premium）_____ 启运日期（Date of Commencement）_____
装载运输工具（Per Conveyance）_____
自：　　　　　　经：　　　　　　至：
From _____ Via _____ To _____

承保险别：
Conditions

所保货物如发生保险单项下可能引起索赔的损失，应立即通知本公司或下述代理人查勘。如有索赔，应向本公司提交正本保险单（本保险单共有____份正本）及有关文件。如一份正本已用于索赔，其余正本自动失效。

In the event of loss or damage may result in a claim under this Policy, immediate notice must be given to the Company or agent as mentioned. Claims, if any, one of the Original Policy which has been issued in ____ Original(s) together with the relevant documents shall be surrendered to the Company. If one of the Original Policy has been accomplished, the others to be void.

保险人：中国人民财产保险股份有限公司
PICC PROPERTY AND CASUALTY COMPANY LIMITED

_____
Authorized Signature

赔款偿付地点
Claim payable at_____
签单日期（Issuing Date）_____
核保人：_____ 制单人：_____ 经办人：_____

图 7-1　保险单样本

> **小资料**
>
> **出口信用保险**
>
> 出口信用保险（Export Credit Insurance），也称出口信贷保险，是指信用机构对企业投保的出口货物、服务、技术和资本的出口应收账款提供安全保障机制。它以出口贸易中国外买方信用风险为保险标的，保险人承保国内出口商在经营出口业务中因进口商方面的商业风险或进口国方面的政治风险而遭受的损失。
>
> 出口信用保险是各国政府为提高本国产品的国际竞争力，推动本国的出口贸易，保障出口商的收汇安全和银行的信贷安全，促进经济发展，以国家财政为后盾，为企业在出口贸易、对外投资和对外工程承包等经济活动中提供风险保障的一项政策性支持措施，属于非营利性的保险业务，是政府对市场经济的一种间接调控手段和补充，是WTO补贴和反补贴协议原则上允许的支持出口的政策手段。全球贸易额的12%～15%是在出口信用保险的支持下实现的，有的国家的出口信用保险机构提供的各种出口信用保险保额甚至超过其本国当年出口总额的1/3。
>
> 通过国家设立的出口信用保险机构承保企业的收汇风险、补偿企业的收汇损失，可以保障企业经营的稳定性，使企业可以运用更加灵活的贸易手段参与国际竞争，不断开拓新客户、占领新市场。
>
> 2001年12月18日，在中国加入WTO的大背景下，国务院批准成立专门的国家信用保险机构——中国出口信用保险公司（以下简称中国信保），由中国人民保险公司和中国进出口银行各自代办的信用保险业务合并而成。
>
> 中国信保是我国唯一承办政策性信用保险业务的金融机构。中国信保的主要任务是：积极配合国家外交、外贸、产业、财政、金融等政策，通过政策性出口信用保险手段，支持货物、技术和服务等出口，特别是高科技、附加值大的机电产品等资本性货物出口，支持中国企业向海外投资，为企业开拓海外市场提供收汇风险保障，并在出口融资、信息咨询、应收账款管理等方面为外经贸企业提供快捷、完善的服务。
>
> 中国信保的业务范围包括：中长期出口信用保险业务；海外投资（租赁）保险业务；短期出口信用保险业务；来华投资保险业务；国内信用保险业务；与对外贸易、对外投资与合作相关的担保业务；与信用保险、投资保险、担保相关的再保险业务；保险资金运用业务；应收账款管理、商账追收和保理业务；信用风险咨询、评级业务，以及经国家批准的其他业务。

导入案例分析

此案中，合同中明确规定保险期限不能少于货物到达买方仓库后90天。此条款没有引起南京公司重视，南京公司只是按通常做法投保了"一切险"和"战争险"，属于违约。因此，造成损失应该由南京公司承担。

如果南京公司在签此合同时，能仔细审查并发现此条款，完全可以有两种选择：一是不同意，要求买方删除此条款；二是同意此条款，但在履约时要依约投保，方可避免上述损失。

面对德国公司的索赔，南京公司也不能简单进行赔偿结案。南京公司应该请求我方驻外机构配合调查和实地勘察或请有资质的检验机构、公证机构、法律机构调查并出具合法证明，来确定案件真伪。因为本案中不能排除买方有意制造假案以欺骗我方的情况。

> 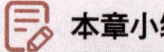 **本章小结**
>
> 本章主要介绍了海上货物运输保险承保的范围，海上风险、外来风险、海上损失及费用的定义和种类，我国《海洋运输货物保险条款》的基本险及附加险的险别和承保责任范围，英国伦敦保险协会《协会货物条款》的承保风险与除外责任，其他运输方式下的货物运输保险的种类，保险金额的确定与保险费用的计算，以及合同中的保险条款等内容。

思考与练习

一、填空题

1. 海上损失按其程度的不同，有全部损失和部分损失之分，在部分损失中，按其损失的性质可分为_____和_____两种。
2. 根据中国人民保险公司《海洋运输货物保险条款》规定，平安险、水渍险和一切险承保责任的起讫，均采用国际惯用的_____条款。
3. 根据伦敦保险协会《协会货物条款》（ICC）_____险和_____险承保被保险人以外的其他人的故意的不法行为所导致的被保险货物的灭失或损害。
4. 全部损失有_____和_____两种情况。
5. 投保人在投保一切险后，根据需要还可以加保_____附加险，不必加保_____附加险。
6. 共同海损分摊时，涉及的受益方包括_____、_____和_____。
7. ICC（A）对承保风险的规定采用_____的方式。
8. 航空运输保险的基本险有_____和_____，附加险有_____。

二、单项选择题

1. 按保险人承担责任范围从大到小，下列三种险别依次顺序为（　　）。
    A．平安险、一切险、水渍险　　　　　B．水渍险、平安险、一切险
    C．一切险、平安险、水渍险　　　　　D．一切险、水渍险、平安险
2. 下列选项不是构成共同海损的条件是（　　）。
    A．共同海损的危险必须是实际存在的，不是主观臆测的
    B．为消除船、货共同危险而采取的措施必须是合理的
    C．必须是属于非正常性质的损失
    D．采取措施后，船方和货方都做出一定的牺牲
3. 水泥受海水浸泡后结块，丧失原有的使用价值，属于（　　）。
    A．实际全损　　　　B．推定全损　　　　C．共同海损　　　　D．单独海损
4. 船舶在航行途中因故搁浅，船长为解除危险，将部分笨重货物抛入海中，使船舶起浮，继续航行至目的港，对于搁浅和抛货的损失说法正确的是（　　）。
    A．前者属于共同海损，后者属于单独海损
    B．前者属于单独海损，后者属于共同海损

C．都属于共同海损

D．都属于单独海损

5．海上货物运输保险中，除合同另有约定外，（   ）原因造成货物损失，保险人能给予赔偿。

A．交货延迟　　　　　　　　　　　B．被保险人的过失

C．市场行情变化　　　　　　　　　D．货物遭遇海水浸泡

6．下列（   ）不适用"仓至仓"条款。

A．平安险　　　　B．水渍险　　　　C．一切险　　　　D．战争险

7．一切险与水渍险各项保险责任的不同之处在于对（   ）的赔偿。

A．自然灾害所造成的单独海损

B．意外事故所造成的全部或部分损失

C．一般外来原因所造成的损失

D．特殊外来原因所造成的损失

8．陆运险和陆运一切险相当于海运中的（   ）。

A．一切险和水渍险　　　　　　　　B．水渍险和一切险

C．平安险和一切险　　　　　　　　D．平安险和水渍险

9．下列选项不构成实际全损的情况是（   ）。

A．被保险货物全部灭失

B．被保险货物完全变质

C．被保险货物失踪3个月

D．施救费用和救助费用超过保险价值

10．下列我国《海洋运输货物保险条款》中不能单独投保的险别是（   ）。

A．平安险　　　　B．水渍险　　　　C．一切险　　　　D．战争险

11．按英国伦敦保险协会《协会货物条款》的规定，（   ）不能作为独立的险别进行投保。

A．ICC（A）　　　B．ICC（B）　　　C．协会战争险　　D．恶意损害险

12．中方公司以CIF条件与国外客户达成一笔交易，由中方公司办理保险，合同未规定保险险别，按惯例，中方应投保（   ）。

A．一切险加战争险

B．一切险

C．水渍险

D．保险人承担责任范围最小的险别，并不应包括战争险

三、判断题

1．在投保一切险的情况下，保险公司对所承保的货物在运输途中由于自然灾害意外事故和一切外来风险所导致的损失均负赔偿责任。（   ）

2．在海运货物保险业务中，"仓至仓"条款对于驳船运输造成的损失，保险公司不承担责任。（   ）

3．水渍险的责任范围是除平安险责任范围以内的全部责任外，还包括由于暴风、巨浪等自然灾害引起的部分损失。（   ）

4．托运出口玻璃制品时，被保险人在投保一切险后，还应加保破碎险。（   ）

5．ICC（A）类似于我国的平安险。　　　　　　　　　　　　　　　　　（　　）
6．在出口业务中，保险单签发日期不应迟于提单日期。　　　　　　　（　　）
7．ICC（B）采用列明风险的方式规定保险人的承保风险。　　　　　　（　　）
8．航空运输基本险的保险责任起讫也采用"仓至仓"条款，保险责任终止期限规定为货物运达目的地卸离飞机后满60天。　　　　　　　　　　　　　　　　　　　（　　）

四、案例分析与计算

1．某载货船舶从天津新港驶往新加坡，在航行途中船舶货舱起火，大火蔓延到机舱，船长为了船、货的共同安全，决定采取紧急措施，往舱中灌水灭火。火虽被扑灭，但由于主机受损，无法继续航行，于是船长决定雇用拖轮将货船拖回新港修理。检修后重新驶往新加坡。事后调查，这次事件造成的损失有：①1 000箱货被火烧毁；②600箱货由于灌水灭火受到损失；③主机和部分甲板被烧毁；④拖轮费用；⑤额外增加的燃料和船长、船员工资。请问：上述各项损失从性质来看，分别属于共同海损还是单独海损？

2．某出口公司按CIF条件成交一批货物并向中国人民保险公司投保了水渍险，货物在转船过程中遇到大雨，货到目的港后，收货人发现货物有明显的雨水浸渍，损失达70%，因而向我方提出索赔。请问：我方对此能接受吗？为什么？

3．某外贸公司按CIF术语出口一批货物，装运前已经按发票总值的110%投保了平安险。货轮在航行途中于5月3日遇暴风雨袭击，该批货物部分被水浸泡，损失货值2 000美元。该轮在继续航行中又于5月8日触礁，货物再次发生部分损失，损失额为3 000美元。请问：在这种情况下，保险公司应赔偿多少？为什么？

4．出口一批手工具至我国香港地区，已知FOB价为1 000港元，运费为70港元，加一成投保一切险和战争险，一切险费率为0.25%，战争险费率为0.03%。试计算：保险金额和保险费各是多少？

5．一批出口货物CFR报价为250 000美元，现客户要求改报CIF价格，若投保海运一切险，投保加成率为10%，保险费率为1%。请问：我方应向客户报价多少？

第八章　进出口商品的价格

Chapter Eight

学习目标

▲　了解影响进出口商品价格的因素
▲　掌握进出口商品的作价方法，能正确选择计价货币
▲　掌握佣金和折扣的计算和使用
▲　掌握不同贸易术语之间的价格换算
▲　了解进出口合同价格条款的内容和注意事项，能正确订立价格条款

导入案例

江苏连云港某食品进出口公司对日本出口20公吨冷冻水产品（计1个20英尺集装箱），经了解该级别水产品每公吨的进货价格为5 000元人民币（含增值税13%）；出口包装费每公吨500元；该批货物国内运杂费计1 200元；出口商检费300元；报关费200元；港区港杂费900元；银行费用是报价的0.5%；其他各种费用共计1 500元。出口冷冻水产品的退税税率为3%；海洋运费从装运港连云港至日本千叶港一个20英尺冷冻集装箱的整箱运费是2 200美元，用户要求按成交价的110%投保，保险费费率0.88%；日本商人要求在报价中包括3%的佣金。若该食品进出口公司的预期利润是10%（以成交金额计），人民币对美元汇率为6.5:1。试报出每公吨水产品出口的FOB、CFR和CIF价格（最终报价保留两位小数）。

合同中的价格条款是国际货物销售合同中最重要的条款，它是交易双方磋商和合同订立的主要内容，也是交易双方履行合同的依据。国际贸易中，价格的影响因素有很多，如交易条件、运输距离、运输风险、市场供需、成交数量、交易佣金等。交易双方如何权衡各方条件，合理定价，是促成交易的关键因素。

第一节　影响进出口商品价格的因素

商品价格通常指商品单价。在国际贸易中，商品的价格比国内贸易中商品的价格更为复杂，它不仅包括单位价格金额，还涉及贸易术语、计价货币等，受到支付条件、汇率波动、商品质量、成交数量、运输方式、运输距离、国际市场需求及季节等多重因素的影响。

一、贸易术语选择

不同的贸易术语由于买卖双方承担的风险、责任和费用不尽相同，其价格的组成自然也不同。例如，CIF相较于FOB，卖方承担了国际运输中的运输和保险费用，因此，同一商品的成交价格，CIF报价要高于FOB报价。

二、交易条件变化

国际贸易合同中的主要交易条件包括商品的质量、数量、价格、包装、运输、保险、支付等。任何交易条件的不同，都有可能导致成交价格的不同。例如，商品质量的高低直接决定了价格的高低，有无品牌、品牌知名度的大小对价格的影响也很大。按照国际贸易的习惯做法，成交数量大时往往会有一定的价格折扣或优惠。而商品的包装材料、包装方式同样会对商品的价格产生影响，因为包装费用也是构成商品的组成部分。此外，不同的运输方式和保险险种，产生的运输费用和保险费用也不同，如空运的运费就远高于海运的运费，从而导致商品的价格不同。国际贸易中的支付方式不同，使得买卖双方承担的风险和资金负担不同，从而也会影响商品的价格。

三、运输距离远近

国际货物的买卖，往往涉及长距离的运输，运输距离的远近会直接影响商品的成交价格。据相关资料显示，国际贸易的运输成本可能占到商品价格的 15% 左右，甚至更多。因此，在国际贸易中，报价需要考虑交易国/地区的地理位置，以及交货口岸等因素，尽量选择境外的基本港或大港作为目的港，最大限度地降低运输成本。

四、市场供需关系

商品价格的确定一般是由市场的供给和需求相互作用形成的。一般来说，当市场供给大于需求时，价格下跌；而当市场供给小于需求时，价格上涨。因此，对于某些时令性商品，要充分考虑市场的价格弹性，切实把握好季节性差价，合理确定成交数量，巧妙选择不同的价格成交方法，规避交易风险，争取最大的利润。

五、汇率波动

在国际贸易中，货款支付会涉及不同币种，而不同币种之间的汇率在不同时期会存在波动的风险。因此，在报价时，还需要考虑汇率的风险。一笔交易往往从成交到付款需要几个月，甚至一两年，这期间，付款时的汇率与成交时的汇率可能存在一定的变化。因此，进出口商品的价格需要考虑汇率波动的影响。

除了上述主要因素会对进出口商品价格产生影响之外，还有一些因素也能影响进出口商品的价格。例如，进出口企业是生产型企业、外贸型企业，还是贸易中间商，企业类型的不同对价格也有一定的影响。

第二节　作价方法与计价货币的选择

一般情况下，进出口商品的价格采用固定价格，即明确规定每一单位商品的具体成交价格金额。但在实际业务中，对某些价格波动比较大的商品，也会采用非固定价格或其他作价方法。而计价货币可以是出口国/地区的货币，也可以是进口国/地区的货币，也可以是交易双方同意采用的第三国/地区货币。

一、作价方法

在国际贸易实务中，作价方法多种多样，一般来说，可归纳为以下几种：

（一）固定价格

国际货物销售合同中的作价方法，一般采用固定价格。固定价格的作价方法，具有明确、具体、便于计算和避免纠纷等优点。采用固定价格，无论市场行情发生什么变化，价格涨跌幅度有多大，都须按照合同中订立的成交价格来完成货款的计算和支付。在实际业务中，采用这种方法订立进出口合同前，买卖双方需要调研市场行情，充分考虑未来的价格变动情况，以及客户的资信和交货期的时间长短等因素，以保证合同的正常履行和货款的如期支付。

（二）非固定价格

非固定价格的作价方法主要包括暂不作价、暂定价格和滑准价格等情况。

1. 暂不作价

国际货物买卖中，有些货物因国际市场价格变动频繁、变化幅度较大，或者交货期比较长，买卖双方对价格的变化趋势难以估计和预测。在这种情况下，双方往往暂不作价，而是在合同的价格条款中明确规定未来确定价格的时间和方法，但当前不确定具体的价格金额。此种方法下，买卖双方都不承担未来价格波动带来的风险。

2. 暂定价格

暂定价格的作价方法，是指买卖双方对于成交的商品，在订立合同时，先暂时确定成交的价格，作为开立信用证和初步付款的依据，待日后交货时，再根据市场行情，买卖双方协调确定最后的成交价格，作为支付货款的依据。

3. 滑准价格

滑准价格亦称滑动价格，指签订合同时先规定一个基础价格，交货时再按工资、原材料价格变动指数对基础价格做出调整，确定最后的价格。这种方法常见于交货期较长的合同。有些商品（如机器、成套设备等），生产周期较长，卖方为防止原料价格和工资标准等变化而影响成本，常常要求在订立合同时规定基础价格，交货时允许按原料价格和工资标准的增减幅度相应调整价格。

二、计价货币的选择

在国际货物买卖合同中，计价货币是指双方当事人规定用来计算价格的货币，支付货币是指双方当事人规定用来结算货款的货币。通常，计价货币与支付货币是同一种货币，如果双方在合同中只规定了计价货币，没有规定支付货币，则计价货币也就是支付货币。

根据国际贸易的特点，用来计价的货币，可以是出口国/地区货币，也可以是进口国/地区货币或双方同意的第三国/地区货币，具体选用哪种货币需要由买卖双方协商，在交易合同中确定。世界各国/地区的货币价值并不是一成不变的，特别是在许多国家/地区普遍实行浮动汇率的条件下，通常被用来计价的各种主要货币的市值更是严重不稳定。国际货物买卖往往交货期比较长，从订约到履行合同，往往需要一个过程。在此期间，计价货币的市值可能会发生变化，甚至会出现大幅度的起伏，其结果必然直接影响买卖双方的经济利益。因此，如何选择计价货币具有重大的经济意义，是买卖双方在确定价格时必须注意的问题。这种情况下，国际贸易的通常做法是：出口业务中，尽可能选择成交期内汇率比较稳定且有上升趋势的货币（通常被称为硬币）；而在进口业务中，则应争取多使用成交期内汇率比较疲软且有下降趋势的货币（通常被称为软币）。当然，硬币和软币是相对而言的，也存在软币、硬币发生变化的情况。

在国际货物买卖合同中，也存在用一种货币计价，而用另一种货币支付的情况，即支付货币与计价货币不是同一种货币。两种货币在市场上的地位可能不同，其中有的汇率坚挺，有的汇率疲软，这两种货币按什么时候的汇率进行结算，是关系到买卖双方利害得失的一个重要问题。

按国际贸易的习惯做法，如两种货币的汇率是按付款时的汇率计算，则不论计价和支付用的是什么货币，都可以按计价货币的量收回货款。对卖方来说，如果计价货币是硬币，支付货币是软币，基本上不会受损失，可起到保值的作用；如果计价货币是软币，支付货币是硬币，其所收入的硬币就会减少，这对卖方不利，而对买方有利。

如果计价货币和支付货币的汇率在签约时已经固定，那么，在计价货币是硬币、支付货币是软币的条件下，卖方结算时收入的软币所代表的货值往往要少于按订约时的汇率应收入的软币所代表的货值，也就是说对买方有利，而对卖方不利；反之，如果计价货币是软币、支付货币是硬币，则对卖方有利，对买方不利。

在国际货物买卖合同中，如果为了达成交易，需要采用对我方不利的货币，为了避免外汇汇率变化可能带来的风险，可以与交易方友好协商，适当提高或降低成交价格，或者订立外汇保值条款，如采用一揽子汇率、特别提款权等办法来规避汇率变动带来的风险。

第三节 佣金与折扣

在国际贸易货物买卖中，有时买卖双方是通过中间商达成交易的，这时交易双方需要支付一定的佣金给中间商作为报酬，此种商品的成交价格可能含有佣金。此外，在国际贸易货物买卖中，卖方往往会给予成交数量和金额比较大的买方一定的折扣，鼓励买方尽快成交。佣金和折扣的存在会直接影响商品价格的高低。正确掌握佣金和折扣的计算和使用，可以更好地理解进出口商品价格的构成和计算。

一、佣金

佣金（Commission）是指代理人或经纪人为委托人介绍生意或代买代卖而收取的报酬。根据佣金在合同的价格条款中是否表明，可分为明佣或暗佣。明佣是指在合同价格条款中明确规定佣金率或佣金额；暗佣是指在合同价格条款中不明确规定佣金，而是暗中约定佣金。若中间商从买卖双方都获得佣金，则被称为"双头佣"。

（一）佣金的表示方式

通常，在价格条款中，佣金会在贸易术语后面表示出来，可以用文字说明，也可以用英文字母"C"来表示；佣金形式可以用百分比来表示，也可以是绝对数额。例如，"每公吨300美元 CIF 旧金山，包括2%佣金"，英文表述为"US$300 per M/T CIF San Francisco, including 2% commission"或"US$300 per M/T CIFC2% San Francisco"。此种方法下，佣金是用百分比来表示的。再如，"每公吨300美元 CIF 纽约，每公吨付佣金25美元"，英文表述为"US$300 per M/T CIF New York, including US$25 commission per M/T"。此种方法规定佣金为一定的金额，佣金表示为绝对数。

在国际货物买卖合同中，凡是成交价格中含有佣金，则被称为含佣价。不含有佣金的成交价格称为净价。

（二）佣金的计算

佣金的计算与支付

按照国际贸易习惯做法，佣金通常按照实际成交价格乘以佣金率来计算。也存在无论以何种价格成交，均按 FOB 价计算佣金的情况，原因是运费和保险费用是卖方实际支付出去的部分，不能作为卖方的销售收入来计算佣金，但这种做法在实际业务中较少采用。

佣金的计算公式如下：

$$佣金 = 含佣价 \times 佣金率$$

$$佣金 = 含佣价 - 净价$$

整理含佣价和净价的关系，可以通过下面的公式从净价计算出含佣价：

$$含佣价 = 净价 / (1 - 佣金率)$$

> **例1：** 已知产品的净价是每公吨100美元CIF新加坡，佣金率是3%，由上述公式计算含佣价。
> **解：** 　　　　　含佣价 = 100 / (1 - 3%)
> 　　　　　　　　　 ≈ 103（美元）

（三）佣金的支付方法

佣金的支付方法有两种做法：一是由卖方收到全部货款后再另行支付佣金给中间商；另一种做法是买卖双方达成交易后，立即支付佣金给中间商。第二种做法，如果进出口交易合同后期无法正常履行，由于佣金已经提前支付，可能就会出现缺乏中间商保证的问题。无论哪一种支付佣金的做法，都需要双方协商好，在合同中予以明确。

二、折扣

折扣（Discount）指货物买卖时按原价的若干成计价。国际货物买卖中，折扣名目繁多，有常用的价格折扣（Price Discount），也有为扩大销售而使用的数量折扣（Quantity Discount），以及为了实现某种特殊目的而给予的特别折扣（Special Discount）和年终回扣（Turnover Bonus）等。

凡在价格条款中表明折扣的，为明扣；反之，则为暗扣。折扣直接关系到商品的价格，成交价格中是否包括折扣和折扣率的大小都会影响商品价格，折扣率越高，价格越低。正确运用折扣，有利于调动采购商的积极性和扩大销路，在国际贸易中，它是加强对外竞销的一种手段，俗称为打折。

（一）折扣的表示方式

在国际贸易中，价格条款中的折扣通常用文字来表示。折扣与佣金一样，可以用百分比来表示，也可以用绝对数来表示。例如，"每公吨200美元CIF伦敦，包含3%的折扣"，英文表述为"US$200 per Metric Ton CIF London, including 3% discount"。

折扣也可以用绝对数来表示。例如，"每升折扣1美元"，英文表述为"US$1 discount per liter"。

在实际业务中，也有用"CIFD"或"CIFR"来表示CIF价格中包含折扣。这里的"D"和"R"是"Discount"和"Rebate"的缩写。鉴于在贸易往来中加注的"D"或"R"含义不清，可能引起误解，故最好不使用此缩写语。

（二）折扣的计算

折扣通常是以成交价格或实际发票金额为计算基础，即原价乘以折扣率。计算公式如下：

$$单位货物折扣额 = 原价（或含折扣价）× 折扣率$$

$$净价 = 原价 - 单位货物折扣额$$

（三）折扣的支付方法

折扣的支付与佣金不同，它由买方预先主动从货款中扣除。但由于暗扣不直接体现在价格中，有时是另行支付给中间商。

国际贸易中，不含折扣的商品价格，称为净价（Net Price）。

> **小资料**
>
> **折扣的种类**
> （1）数量折扣：制造商给经销商、零售商或大客户因购买数量大而给予的一种折扣。
> （2）现金折扣：对于及时付清货款的购买者的一种价格折扣。
> （3）功能折扣：是由制造商向购买者履行了某种功能，如推销、存储和账务记载的贸易渠道成员所提供的一种折扣。
> （4）季节折扣：卖主向那些非当令商品或服务的购买者提供的一种折扣。
> （5）网上订购折扣：给予在网上下单客户的折扣。

第四节 进出口商品价格核算

一、出口价格核算

进出口商品价格是由成本、费用和利润三部分组成的。为了实现企业的经济效益，进出口企业必须在每一笔交易前进行详细的商品成本收益核算，实现预期利润。接下来，将以出口业务的成本核算为例，对进出口商品的出口总成本、出口利润、出口效益（包括出口外汇净收入、出口换汇成本、出口盈亏额和出口盈亏率等）的核算一一进行说明。

（一）出口总成本核算

国际货物买卖中，出口成本通常指商品的采购成本。在核算进出口商品价格时，需要计入出口成本和境内总费用两部分，通常这两部分总和又称为出口总成本，即出口总成本等于采购成本和境内总费用之和。采购成本是指商品的购买价格，其中包含已交的增值税部分；如果企业是生产型企业，采购成本则为生产成本。境内总费用包含出口商品在出口前发生的一切费用和税金，主要包括货物附加费、境内储运费、办证费、出口税费、利息和银行费用、业务费用等。

1．货物附加费

货物附加费主要包括未计入价格中的后期加工、包装、损耗等费用。例如：包装材料和包装加工费用（未包括在货价中的）；预计损耗（耗损、短损、漏损、破损、变质等）；加工整体费用等。

2．境内储运费

境内储运费主要指境内运输费用（卡车运输费、内河运输费、路桥费、过境费及装卸费、港区杂费）和仓储费等。

3．办证费

办证费指出口商为出口商品办理出口许可、配额、产地证明及其他证明和手续所支付的费用，如检验费、公证费、领事签证费、产地证费、许可证费、报关费等。

4．出口税费

出口税费指国家/地区对出口商品征收、代收的有关税费，通常有出口关税和增值税、消费税等。

5．利息和银行费用

这部分费用包括垫款利息、远期收款利息和银行费用等。

6. 业务费用

业务费用指出口商在经营中发生的有关费用，如通信费、交通费、交际费、广告费等。

此外，也有些进出口企业在计算境内总费用时，直接按照商品采购成本的 5%～10% 不等的定额费率的办法来核算。

当前，我国为了鼓励出口，对大多数出口产品实行出口退税政策。出口企业在出口商品出口后，可以按照国家退税政策，退回一部分增值税。因此，退税收入应该核减出口总成本。出口退税收入、出口总成本和出口商品价格计算公式如下：

出口退税收入 =[商品采购成本（含增值税）/（1+ 增值税率）]× 退税率

出口总成本（退税后）= 商品采购成本 + 境内总费用 − 出口退税收入

出口商品价格 = 出口总成本（退税后）+ 利润

> **例 2**：某公司出口的产品，单件含税采购成本是 113 元人民币，其中包括 13% 的增值税，若该产品的退税率为 9%，试计算该产品的实际采购成本。
>
> **解**：　　　　实际采购成本 = 商品采购成本 − 出口退税收入
> 　　　　　　　　　　=113−[113/（1+13%）]×9%
> 　　　　　　　　　　=104（元）

小资料

增值税出口退税政策

增值税出口退税是国际贸易中经常采用并为世界各国/地区普遍接受，目的在于鼓励各国/地区出口货物公平竞争的一种退还或免征间接税的税收措施。由于这项制度比较公平合理，因此已经成为国际社会通行的惯例。

生产企业自营或委托外贸企业代理出口自产货物，除另有规定外，增值税一律实行免、抵、退税管理办法和制度。其中免税是指对生产企业出口的自产货物免征本企业生产销售环节增值税；抵税是指生产企业出口自产货物所耗用的原材料、零部件、燃料、动力等所含应予退还的进项税额，抵顶内销货物的应纳税额；退税是指生产企业出口的自产货物在当月内应抵顶的进项税额大于应纳税额时，对未抵顶完的部分予以退税。

2019 年 4 月 1 日起，为贯彻落实党中央、国务院的决策部署，推进增值税实质性减税，增值税改革如下：

（1）增值税一般纳税人（以下称纳税人）发生增值税应税销售行为或者进口货物，原适用 16% 税率的，税率调整为 13%；原适用 10% 税率的，税率调整为 9%。

（2）纳税人购进农产品，原适用 10% 扣除率的，扣除率调整为 9%。纳税人购进用于生产或者委托加工 13% 税率货物的农产品，按照 10% 的扣除率计算进项税额。

（3）原适用 16% 税率且出口退税率为 16% 的出口货物劳务，出口退税率调整为 13%；原适用 10% 税率且出口退税率为 10% 的出口货物、跨境应税行为，出口退税率调整为 9%。

（4）适用 13% 税率的境外旅客购物离境退税物品，退税率为 11%；适用 9% 税率的境外旅客购物离境退税物品，退税率为 8%。

（二）出口利润核算

出口利润即是出口企业的预期利润，预期利润率及计算办法通常由出口企业自行确定，主要计算办法有以下两种：

（1）按出口成本为基础：利润 = 出口成本 × 预期利润率

（2）以成交价格为基础：利润 = 出口成交价格 × 预期利润率

按出口成本为基础计算利润时，出口成本可以用采购成本，也可以用出口总成本。国际贸易实践中，通常以出口成交价格作为利润计算的基础。

（三）出口效益核算

出口效益核算实际上是核算进出口企业出口业务是赢利还是亏损。在核算出口企业的出口效益指标时，需要掌握出口外汇净收入、出口换汇成本、出口盈亏额和出口盈亏率等指标的计算方法。

1. 出口外汇净收入

出口外汇净收入指出口外汇收入减去出口业务中应支出的非贸易外汇收入，其差额即为出口外汇净收入。出口业务中应支出的非贸易外汇收入主要包括：境外运费、境外保险费、佣金和理赔款等。在国际货物买卖中，由于合同采用贸易术语不同，出口外汇净收入的计算也有所不同。例如，如果以 FOB 价格成交，其成交价格就是出口外汇净收入；如果以 CIF 价格成交，则要扣除境外运费和保险费，才是出口外汇净收入。以含佣价成交的，还需要扣除佣金。

如果以外币计价结算，出口外汇净收入就是外币；如果以人民币计价结算，则是出口外汇人民币净收入。

2. 出口换汇成本

换汇成本是指出口商品换回一单位外汇需多少元本币（人民币）成本。换言之，即用多少元人民币的"出口总成本"可换回单位外币的"外汇净收入"。换汇成本的计算公式为

出口换汇成本 = 出口总成本（人民币）/ 出口外汇净收入（外币）

换汇成本是出口商品盈亏情况的重要指标，反映了出口企业经济效益的好坏。其衡量的标准是：人民币对外币的汇价。如果换汇成本高于银行的外汇牌价，则该商品出口为亏损，此时虽然企业有创汇，但出口本身却无经济效益，换汇成本越高，亏损越大；反之，换汇成本低于银行的外汇牌价，则该商品的出口为盈利。因此，出口企业要避免亏损，必须准确核算换汇成本。

> **例3**：某出口企业出口实际采购总成本（不含增值税）为6 000元人民币，境内费用总计为600元人民币，出口报价FOB价为1100美元，已知此时银行美元对人民币的外汇牌价是7.3，试计算该货物的换汇成本，并判断其盈亏情况。
>
> **解**：　　　　出口总成本（人民币）= 6 000+600 = 6 600（元人民币）
>
> 出口换汇成本 = 6 600/1100 = 6（元人民币/美元）
>
> 此时，出口换汇成本低于银行美元对人民币的外汇牌价。因此，可以判断该业务盈利。

3. 出口盈亏额和出口盈亏率

出口盈亏额是出口商品销售净收入与出口商品总成本之间的差额。当销售净收入大于出口总成本时，出口为净盈余；当销售净收入小于出口总成本时，出口为净亏损。计算公式为

出口盈亏额 = 出口销售净收入（人民币）− 出口总成本

其中出口销售净收入是外汇,要按银行当日外汇牌价折合成人民币,与出口总成本相比较。出口盈亏额是企业出口经营决策的主要依据之一。

出口盈亏率是指出口销售净收入(人民币)减去出口总成本的差与出口总成本相比,即出口盈亏额与出口总成本的比值,用百分比表示。计算公式为

$$出口盈亏率 = 出口盈亏额 / 出口总成本 \times 100\%$$

二、不同贸易术语间的价格换算

在国际贸易中,选用不同的贸易术语,组成价格的因素不同,价格所包含的费用不同,对外报价也不同。国际货物买卖中,买卖双方在洽谈价格时,往往会要求对方在报价时更换贸易术语,如由 CIF 改成 CFR 或 FOB。因此,需要掌握不同贸易术语间的价格换算。

接下来,以最常用的两组贸易术语的价格换算方法及公式为例介绍如下:

(一)FOB、CFR 和 CIF 的价格换算

$$FOB = 境内实际采购成本 + 境内费用 + 净利润$$
$$CFR = 境内实际采购成本 + 境内费用 + 境外运费 + 净利润$$
$$CIF = 境内实际采购成本 + 境内费用 + 境外运费 + 境外保险费 + 净利润$$

因此,FOB、CFR 和 CIF 的价格换算如下:

$$CFR = FOB + 境外运费$$
$$CIF = FOB + 境外运费 + 境外保险费$$
$$= CFR + 境外保险费$$
$$= CFR / [1 - (1 + 投保加成率) \times 保险费率]$$

公式中的实际采购成本指采购成本减退税后的差额。

(二)FCA、CPT 和 CIP 的价格换算

$$CPT = FCA + 境外运费$$
$$CIP = FCA + 境外运费 + 境外保险费$$
$$= CPT + 境外保险费$$
$$= CPT / [1 - (1 + 投保加成率) \times 保险费率]$$

第五节 进出口合同中的价格条款

价格条款是进出口合同中的重要条款,是表明价格条件的款项,一般包括商品的单价和总值两部分。

一、价格条款内容

(一)单价

商品的单价通常由四部分组成,分别是单位价格金额、计量单位、计价货币和贸易术语。具体写法如"每公吨 300 美元,FOB 新加坡(US$300 per Metric ton, FOB Singapore)"。

(二)总值

商品的总值等于商品的单价乘以成交数量,也就是一笔交易的总金额。总值所使用的货币

单位应与单价的货币单位保持一致。

二、制订价格条款的注意事项

（1）合理地确定商品的单价，防止偏高或偏低。

（2）根据船源、货源等实际情况，选择适当的贸易术语。

（3）争取选择有利的计价货币，必要时可加订保值条款。

（4）灵活运用各种不同的作价办法，尽可能避免价格变动的风险。

（5）参照国际习惯做法，注意佣金和折扣的合理运用。

（6）如交货品质、交货数量有机动幅度或包装费另行计价时，应一并订明机动部分作价和包装费计价的具体办法。

（7）单价中的计量单位、计价货币和装运地（港）或卸货地（港）名称，必须书写清楚，以便于合同的履行。

三、价格条款参考示例

单价：每件 8 美元 CIF 旧金山，包含 2% 的佣金。

总值：3 000 美元。

Unit Price: USD 8 per piece CIF San Francisco, including 2% commission.

Total Value: USD 3 000 (Say U.S. Dollars Three Thousand Only).

导入案例分析

解：实际采购成本 = 进货价格 − 出口退税额
$$= 5\,000 - 5\,000 \times 3\% / (1+13\%)$$
$$\approx 4\,867.26（元/公吨）$$

各项费用计算：

境内费用 = 500 + (1 200+300+200+900+1 500) / 20
$$= 705（元/公吨）$$

银行手续费 = 出口报价 × 0.5%

佣金 = 出口报价 × 3%

出口运费 = 2 200/20 = 110（美元/公吨）

出口运费（人民币）= 110 × 6.5
$$= 715（元/公吨）$$

出口保费 = CIF 价 × 110% × 0.88%

预期利润 = 出口报价 × 10%

（1）FOB 报价：

FOBC3% = 实际采购成本 + 境内费用 + 佣金 + 银行手续费 + 预期利润
= 4 867.26 + 705 + 出口报价 × 3% + 出口报价 × 0.5% + 出口报价 × 10%

FOBC3% = (4 867.26 + 705) / (1 − 3% − 0.5% − 10%)
$$\approx 6\,441.92（元/公吨）$$
$$\approx 991.06（美元/公吨）$$

（2）CFR 报价：

CFRC3%= 实际采购成本＋境内费用＋出口运费＋佣金＋银行手续费＋预期利润
＝4 867.26+705+715+ 出口报价×3%+ 出口报价×0.5%+ 出口报价×10%

CFRC3%=（4 867.26+705+715）/（1-3%-0.5%-10%）
＝6 287.26/0.865
≈7 268.51（元／公吨）
≈1 118.23（美元／公吨）

（3）CIF 报价：

CIFC3%＝实际采购成本＋境内费用＋出口运费＋佣金＋银行手续费
　　　　＋出口保险费＋预期利润
＝4 867.26+705+715+ 出口报价×3%+ 出口报价×0.5%+ 出口报价
　×110%×0.88%+ 出口报价×10%

CIFC3%=（4 867.26+705+715）/（1-3%-0.5%-110%×0.88%-10%）
＝6 287.26/0.855 32
≈7 350.77（元／公吨）
≈1 130.89（美元／公吨）

通过以上计算，20 公吨冷冻水产品的出口报价如下：

US$ 991.06 per Metric Ton FOBC3% Lianyungang.

US$ 1 118.23 per Metric Ton CFRC3% Chiba.

US$ 1 130.89 per Metric Ton CIFC3% Chiba.

本章小结

国际贸易合同中的价格条款是重要条款，买卖双方在制订价格条款时，应充分考虑到价格的各项影响因素，如交易条件、运输距离、运输风险、市场供需、成交数量、交易佣金等。

合同中价格的作价方法和计价货币也是影响价格的重要因素，买卖双方需要根据交易商品的特点选择使用固定价格，还是非固定价格，这直接影响后期合同货款的结算。此外，佣金和折扣也需要在交易中明确下来，这对成交价格也有影响。

合同中的价格条款一般包括商品的单价和总值两部分。在核算商品单价时，应明确价格的组成部分，注意采购成本与实际采购成本的差别，注意掌握出口退税的计算和核减，还需要注意境内总费用的组成，以及利润计算的基础有不同的做法。由于不同贸易术语所包括的境内外费用不同，因此报价也有所不同，需要掌握不同贸易术语间的价格换算。

在制订进出口合同的支付条款中，要充分考虑以上各项影响因素，争取买卖双方互利互赢，长期友好合作。

思考与练习

一、填空题

1. 一般来说，国际货物买卖中，作价的方法有_____和_____。

2. 国际货物买卖合同中，根据佣金在合同中的表述方法，可以分为_____和_____。

3. 在国际货物买卖合同中，计价货币是指_____，计价货币和支付货币可以是_____，也可以是_____。

4. 国际货物买卖合同中，商品的单价包含_____、_____、_____、_____。

5. 价格条款是国际贸易合同中的重要条款，一般包括_____和_____两部分。

6. 出口换汇成本与_____成正比，与_____成反比。

7. 由净价计算含佣价的公式是_____。

二、单项选择题

1. 在我国进出口业务中，计价货币选择应（　　）。
   A. 力争采用硬币收付
   B. 力争采用软币收付
   C. 出口时采用软币计价收款，进口时采用硬币计价付款
   D. 进口时采用软币计价付款，出口时采用硬币计价收款

2. 进出口合同中规定佣金率时，其幅度通常应掌握在（　　）。
   A. 1% 以下　　　B. 1%～5%　　　C. 5% 以上　　　D. 5%～8%

3. 下列表示商品单价的方法正确的是（　　）。
   A. 每公吨 500 美元 CIF 千叶
   B. 每公吨 CIF500 美元
   C. 每公吨 CIF 千叶 500
   D. 每公吨净价 CIFC3% 千叶 500 美元

4. 正确表示含佣价的是（　　）。
   A. FOBS　　　B. FOBT　　　C. FOBC　　　D. FOBST

5. 在国际贸易中，含佣价的计算公式是（　　）。
   A. 净价 × 佣金率
   B. 含佣价 × 佣金率
   C. 净价 ×（1+ 佣金率）
   D. 净价 /（1- 佣金率）

6. 如果商品单价表示为"每打 30 美元 CIF 净价纽约"，则指的是（　　）。
   A. 该价格中不包括佣金
   B. 该价格中不包括佣金或折扣
   C. 该价格中不包括运费
   D. 该价格中不包括保险费

7. 在合同对外洽商过程中，如果报出的净价为 2 000 美元，可是对方要求 2% 的佣金，为了保证实收 2 000 美元，所报的含佣价应是（　　）。
   A. 2040 美元　　　B. 2000 美元　　　C. 2040.82 美元　　　D. 2200 美元

8. 某单位出口一批货物，成交条件为 CFR，总价为 1 000 港元，其中含运费 5%，销售佣金 300 港元。请问该批货物的 FOB 总价应为（　　）。
   A. 1000 港元　　　B. 650 港元　　　C. 1250 港元　　　D. 665 港元

三、判断题

1. 在国际贸易业务中，常采用的作价方法是固定作价。（　　）

2. 如果成交的商品价格相对比较稳定，采取固定作价；如果成交的商品价格波动比较大

或者交货期比较长，适合采取非固定作价。（   ）

3．不含有佣金、含有折扣的商品价格叫作净价。（   ）

4．佣金是买方给卖方的价格减让。（   ）

5．折扣的支付可以采取货款支付前支付，也可以货款支付后再支付。（   ）

6．佣金的支付可以采取与货款支付一起支付，也可以货款支付后再支付。（   ）

7．出口外汇净收入是指国际货物买卖中以成交价格收回的外汇收入。（   ）

8．国际货物买卖中，成本核算中的境内总费用包含出口商品在出口前发生的一切费用和税金，即包括货物附加费、境内储运费、办证费、出口税费、利息和银行费用、业务费用等。（   ）

9．如果换汇成本高于银行的外汇牌价，则该商品出口为亏损，反之亦然。（   ）

10．出口企业在出口商品出口后，可以按照国家退税政策，退回一部分消费税。（   ）

四、案例分析与计算

1．我方向英国客户出口商品，已知发盘价格为每公吨 1150 英镑 CFR 伦敦，对方复电要求改按 FOB 上海，并给予 2% 佣金。查自上海至伦敦的运费为每公吨 170 英镑。试计算：我方如要保持外汇收入不变，改报 FOB 上海，应为何价？

2．我方公司某出口合同规定，每公吨 300 美元 CIFC3% 旧金山，现外商要求我方增加佣金两个百分点。试计算：为维持净收入不变，我方应报价多少？

3．我国某公司出口报价为每打 2 000 美元 CIF 香港，折扣 2%。试计算：单位货物折扣额和卖方实际净收入是多少？

4．外贸公司 A 出口某商品，已知采购成本 7 000 元/公吨，境内费用总和 2 000 元/公吨，成交价 CIFC3% 价 1 200 美元/公吨（其中运费 42.37 美元/公吨，保险费 8.58 美元/公吨，佣金 36 美元/公吨）。假设出口 200 公吨，求该批商品出口盈亏率和换汇成本。

5．我国江苏苏州公司出口一批机电产品到泰国。交易双方经由泰国某中间商联系而达成交易，并约定我方按成交金额的 3% 支付佣金给中间商。不久，交易双方达成交易，合同约定 2 个月后，货物由我国上海发往泰国。合同签订后不久，泰国某中间商发来邮件，要求我方支付佣金 1 800 美元。我国江苏苏州公司立即回复邮件，称：佣金将在我方收到泰方的货款后再支付。为此，双方发生了争议。

请问：在国际货物买卖中，佣金是由买卖双方哪方支付的？支付的时间是什么？分析这起案件发生争议的原因，我方应吸取什么教训？

第九章　国际货款的支付

Chapter Nine

学习目标

▲ 掌握汇票的定义、内容、当事人、种类和使用，掌握本票、支票的定义、内容和种类
▲ 掌握汇付的定义、当事人、种类、应用和风险
▲ 掌握托收的定义、当事人、种类和应用
▲ 掌握信用证的定义、特点、当事人、内容、种类和一般支付流程
▲ 了解各种支付方式的选用
▲ 能正确订立进出口合同的支付条款

导入案例

上海公司与香港公司签订一份买卖合同，成交商品价值为 400 000 美元。上海公司向香港公司卖断此批产品。合同规定：商品均以三夹板箱盛放，每箱净重 10 公斤，两箱一捆，外套麻包。香港公司如期通过中国银行香港分行开出不可撤销跟单信用证，信用证中的包装条款为：商品均以三夹板箱盛放，每箱净重 10 公斤，两箱一捆。对于合同与信用证关于包装的不同规定，上海公司为保证安全收汇，严格按照信用证规定的条款办理，只装箱打捆，没有外套麻包。"长江号"轮船将该批货物 5 000 捆运抵香港。上海公司持全套单据交中国银行上海银行办理收汇，该行对单据审核后未提出任何异议，因信用证付款期限为提单签发后 60 天，不做押汇，中国银行上海分行将全套单据寄交开证行，开证行也未提出任何不同意见。但货物运出之后，香港公司数次来函，称包装不符合要求，重新打包的费用和仓储费应由上海公司负担，并进而表示了退货主张。上海公司认为在信用证条件下应凭信用证来履行义务。在这种情况下，香港公司又通知开证行单据不符，上海公司立即复电主张单据相符。

请问：本案应如何处理？为什么？

第一节　票据

国际贸易结算工具主要有两大类——现金和信贷工具。目前，国际贸易结算绝大部分使用非现金结算，即使用代替现金的信贷工具来结算。票据是当前国际通行的结算和信贷工具。

票据的概念有广义和狭义之分。广义上的票据包括各种有价证券和凭证，如股票、企业债券、发票、提单等；狭义的票据，即《中华人民共和国票据法》（以下简称《票据法》）中规定的"票据"，包括汇票、本票和支票，是指由出票人签发的、约定自己或者委托付款人在见票时或指定的日期向收款人或持票人无条件支付一定金额的有价证券。国际贸易中使用的票据主要包括汇票、本票和支票，其中以汇票为主。

一、汇票

汇票（Money Order / Bill of Exchange）是国际贸易中最常见的票据，也是最常用的支付工具。根据我国《票据法》第十九条规定："汇票是出票人签发的，委托付款人在见票时，或者在指定日期无条件支付确定的金额给收款人或者持票人的票据。"

汇票的填制

《英国票据法》被世界各国广泛引用或参照，其将汇票定义为："汇票是由一人签发给另一人的无条件书面命令，要求受票人见票时或于未来某一规定的或可以确定的时间，将一定金额的款项支付给某一特定的人或其指定的人或持票人。"

（一）汇票的基本内容

1. 汇票的绝对应记载事项及其效力

根据我国《票据法》第二十二条规定，汇票必须记载下列事项：

（1）表明"汇票"的字样。
（2）无条件支付的委托。
（3）确定的金额。
（4）付款人名称。
（5）收款人名称。
（6）出票日期。
（7）出票人签章。

汇票上未记载前款规定事项之一的，汇票无效。

2. 汇票的相对应记载事项及其效力

根据我国《票据法》第二十三条规定：

汇票上记载付款日期、付款地、出票地等事项的，应当清楚、明确。

汇票上未记载付款日期的，为见票即付。汇票上未记载付款地的，付款人的营业场所、住所或者经常居住地为付款地。

汇票上未记载出票地的，出票人的营业场所、住所或者经常居住地为出票地。

3. 不具票据法上效力的记载事项及其效力

我国《票据法》第二十四条规定，汇票上可以记载本法规定事项以外的其他出票事项，但是该记载事项不具有汇票上的效力。

4. 其他国家票据法规定

世界各国票据法对汇票内容的规定存在差异，如《英国票据法》明确表明汇票必须记载的项目中，不因没有记载出票日期、出票地和付款地而导致汇票无效。

《日内瓦统一票据法》之《汇票本票统一法公约》规定：

（1）票据主文中列有"汇票"一词，并以开立票据所使用的文字说明之。
（2）无条件支付一定金额的命令。
（3）付款人（受票人）的姓名。
（4）付款日期的记载。
（5）付款地的记载。
（6）受款人或其指定人的姓名。
（7）开立汇票的日期和地点的记载。

(8) 开立汇票的人（出票人）的签名。

欠缺前条所载任何要求的票据，无汇票效力；未载付款日期的汇票，视为见票即付。

可见，尽管各国的票据法对汇票基本内容的规定不尽相同，但都明确规定汇票必须记载必要的法定事项，才能成为完整的汇票，才具有法定效力。汇票样本如图 9-1 所示。

```
                        BILL OF EXCHANGE

                                                    NO.  NXY-2038B-21
FOR  USD72927.5                           DATE:  11/Apr/21

AT   60 DAYS
     AFTER SIGHT          . PAY THIS FIRST OF EXCHANGE (SECOND OF EXCHANGE
BEING  UNPAID) TO THE ORDER OF CHINA MERCHANTS BANK OFFSHORE BANKING. THE SUM OF
SAY U.S.DOLLARS SEVENTY-TWO THOUSAND NINE HUNDRED AND TWENTY-SEVEN AND FORTY CENTS
ONLY.
FOR  VALUE  RECEIVED  IN  REIMBURSEMENT  OF  DRAWING  UNDER  REGIONS BANK  MIAMI,FLORIDA
L/C NO.  80006015       DATED   12/Oct/20
ISSUED  BY    REGIONS BANK, BIRMINGHAM, AL, US


TO   REGIONS BANK
     MIAMI,FLORIDA USA
```

图 9-1　汇票样本

（二）汇票当事人

汇票是一种无条件支付命令，通常有三个当事人：出票人、受票人、收款人。

1. 出票人

出票人（Drawer）是开立票据并将其交付给他人的其他法人、组织或者个人。出票人对持票人及正当持票人承担票据在提示付款或承兑时必须付款或者承兑的保证责任。

根据我国《票据法》的规定，汇票的出票人必须与付款人具有真实的委托付款关系，并且具有支付汇票金额的可靠资金来源。

2. 受票人

受票人（Drawee/Payer）又称"付款人"，是指受出票人委托支付票据金额的人、接受支付命令的人。进出口业务中，通常为进口商或银行。

3. 收款人

收款人（Payee）是凭汇票向付款人请求支付票据金额的人，即是汇票的债权人，一般是出口商或其指定方。

此外，当汇票涉及承兑和转让行为时，汇票的当事人不仅包括出票人、受票人和收款人，还涉及承兑人和受让人等。

（三）汇票的种类

汇票主要有以下几种类型划分：

1．汇票按出票人的不同，分为银行汇票和商业汇票

银行汇票（Banker's Draft）是指由银行签发的汇票，是一家银行向另一家银行发出的书面支付命令，出票人和付款人都为银行的汇票。

商业汇票（Commercial Draft）是签发人为企业或者个人，付款人为其他企业、个人或银行的汇票。

2．汇票按有无附属单据，分为光票和跟单汇票

光票（Clean Draft）指汇票本身不附带货运单据，银行汇票多为光票。光票在国际贸易中多用于支付佣金、收取尾款等场合。

跟单汇票（Documentary Draft）又称信用汇票、押汇汇票，是指附带提单、仓单、保险单、装箱单、商业发票等单据，才能进行付款的汇票。商业汇票多为跟单汇票。

3．汇票按付款时间不同，分为即期汇票和远期汇票

即期汇票（Sight Draft 或 Demand Bill）指持票人向付款人提示后，付款人立即付款的汇票，又称见票即付汇票。

远期汇票（Time Draft 或 Usance Draft）是指在出票后的一定期限或特定日期付款的汇票。远期汇票的付款时间，有以下几种规定方法：

（1）见票后若干天付款（At ×××　days after sight）。

（2）出票后若干天付款（At ×××　days after date）。

（3）提单签发日后若干天付款（At ×××　days after date of Bill of Lading）。

（4）指定日期付款（Fixed date）。

4．远期汇票按承兑人不同，分为商业承兑汇票和银行承兑汇票

商业承兑汇票（Commercial Acceptance Draft）是以银行以外的任何企业或个人为承兑人的远期汇票。

银行承兑汇票（Banker's Acceptance Draft），是由银行承兑的远期汇票。

一张汇票往往可以同时具备几种性质。例如，一张商业汇票同时又可以是即期的跟单汇票；一张远期的商业跟单汇票，同时又可以是银行承兑汇票。

（四）汇票的使用

汇票的使用有出票、提示、承兑、付款、背书、拒付和追索等。如需转让，通常应经过背书行为。如汇票遭拒付，还需制成拒付证书，行使追索权。

1．出票

出票（Draw/Issue）是指出票人签发汇票并交付给收款人的行为。出票后，出票人即承担保证汇票得到承兑和付款的责任。出票时，收款人通常有三种写法：

（1）限制性抬头（Restrictive payee），这种汇票通常会标注 "pay ××× Co. only"（仅付 ××× 公司）或 "pay ××× Co., not negotiable"（付 ××× 公司，不准流通）。这种汇票不能流通转让。

（2）指示性抬头（To order），这种汇票常会标注 "pay ××× Co. or Order" 或者 "pay to the order of ××× Co."（付 ××× 公司或指定人）。这种汇票能够通过背书转让给第三者。

（3）持票人或者来人抬头（To bearer），这种汇票通常会标注"pay to bearer"（付给来人）或者"pay to ×××Co. or bearer"（付×××公司或来人）。这种汇票无须由持票人背书即可转让。

2．提示

提示（Presentation）是持票人将汇票提交付款人要求承兑或付款的行为，是持票人要求取得票据权利的必要程序。提示可分为付款提示和承兑提示。

3．承兑

承兑（Acceptance）指付款人在持票人向其提示远期汇票时，在汇票上签名，承诺于汇票到期时付款的行为。具体做法是付款人在汇票正面写明"承兑（Accepted）"字样，注明承兑日期，于签章后交还持票人。付款人一旦对汇票做承兑，即成为承兑人，以主债务人的地位承担汇票到期时付款的法律责任。

4．付款

付款（Payment）指付款人在汇票到期日，向提示汇票的合法持票人足额付款的行为。持票人将汇票注销后交给付款人作为收款证明。汇票所代表的债务债权关系即告终止。

5．背书

背书（Endorsement）是转让汇票的一种手续。根据我国《票据法》规定，除非出票人在汇票上记载"不得转让"外，汇票的收款人可以以记名背书的方式转让汇票权利。即在汇票背面签上自己的名字，并记载被背书人（即打算接受汇票款项收取权利的人）的名称，然后把汇票交给被背书人即受让人，受让人成为持票人，是票据的债权人。

受让人有权以背书方式再行转让汇票。对受让人来说，所有在其之前的背书人和出票人都是其"前手"；对背书人来说，所有其转让以后的受让人都是其"后手"，前手对后手承担汇票得到承兑和付款的责任。

在金融市场上，最常见的背书转让为汇票的贴现，即远期汇票经承兑后，尚未到期，持票人背书后，由银行或贴现公司作为受让人，从票面金额中扣减按贴现率结算的贴息后，将余款付给持票人。

在国际市场上，一张远期汇票的持有人若想提前取得票款，可以经过背书转让汇票，即将汇票进行贴现。贴现（Discount）是指远期汇票经承兑后，汇票持有人在汇票尚未到期前在贴现市场上转让，受让人扣除贴现息后将票款付给出让人的行为。

6．拒付和追索

拒付（Dishonour）是指持票人向付款人提示，付款人拒绝付款或拒绝承兑，或是付款人逃匿、死亡或宣告破产，以致持票人无法实现提示。出现拒付，持票人有追索权（Recourse），即有权向其前手（背书人、出票人）要求偿付汇票金额、利息和其他费用的权利。在追索前必须按规定制成拒付证书和发出拒付通知。拒付证书用以证明持票人已进行提示而未获结果，由付款地公证机构（如法院）出具，也可由付款人自行出具退票理由书，或有关的司法文书。持票人不能出示拒绝证明、退票理由书或者未按照规定期限提供其他合法证明的，丧失对其前手的追索权。但是，承兑人或者付款人仍应当对持票人承担责任。

二、本票

根据我国《票据法》，本票（Promissory Note）是指由出票人签发的，承诺自己在见票时无条件支付确定的金额给收款人或者持票人的票据。我国《票据法》规定下的本票都是银行本票。

（一）本票的内容

1. 本票的绝对应记载事项

根据我国《票据法》第七十五条，本票必须记载下列事项：
（1）表明"本票"的字样。
（2）无条件支付的承诺。
（3）确定的金额。
（4）收款人名称。
（5）出票日期。
（6）出票人签章。
本票上未记载前款规定事项之一的，本票无效。

2. 本票的相应记载事项

根据我国《票据法》第七十六条，本票上记载付款地、出票地等事项的，应当清楚、明确。本票上未记载付款地的，出票人的营业场所为付款地。本票上未记载出票地的，出票人的营业场所为出票地。《票据法》第七十八条规定，本票自出票日起，付款期限最长不得超过 2 个月。

（二）本票的种类

本票的种类主要分为以下几种：

1. 本票根据签发人的不同，可分为商业本票和银行本票

商业本票，又叫"一般本票"，是指出票人为企业或个人的本票。商业本票可以是即期本票，也可是远期本票。

银行本票，是指以银行为出票人的本票。银行本票只能是即期本票。

2. 本票根据付款时间的不同，可分为即期本票和远期本票

即期本票指见票即付的本票。
远期本票指在将来某一时间或指定日期付款的本票。

3. 本票根据有无收款人之记载，可分为记名本票和不记名本票

记名本票指出票人在票面上记载受款人的姓名和企业的本票。
无记名本票指出票人在票面上不记载受款人的姓名和企业的本票。

4. 本票根据支付方式的不同，可分为现金本票和转账本票

银行本票可以用于转账，注明现金字样的银行本票可以用于支取现金。

三、支票

根据我国《票据法》，支票（Cheque/Check）是指出票人签发的，委托办理支票存款业务的银行或者其他金融机构在见票时无条件支付确定的金额给收款人或者持票人的票据。

（一）支票的内容

根据我国《票据法》第八十四条，支票必须记载下列事项：
（1）表明"支票"的字样。
（2）无条件支付的委托。
（3）确定的金额。
（4）付款人名称。
（5）出票日期。

（6）出票人签章。

支票上未记载前款规定事项之一的，支票无效。

（二）支票的种类

支票可分为现金支票和转账支票。支票可以支取现金，也可以转账，用于转账时，应当在支票正面注明。支票中专门用于支取现金的，可以另行制作现金支票，现金支票只能用于支取现金。支票中专门用于转账的，可以另行制作转账支票，转账支票只能用于转账，不得支取现金。

根据我国《票据法》规定，支票限于见票即付，不得另行记载付款日期。另行记载付款日期的，该记载无效。因此，我国支票仅限于即期支票。支票的持票人应当自出票日起10日内提示付款；异地使用的支票，其提示付款的期限由中国人民银行另行规定。

> **小资料**
>
> **汇票、本票和支票的异同**
>
> （1）性质不同。汇票、支票为委托证券，本票为自付证券。即本票由自己支付，汇票和支票由第三方受委托支付。
>
> （2）基本当事人不同。汇票和支票有三个基本当事人，即出票人、受票人、收款人；而本票只有出票人（付款人和出票人为同一个人）和收款人两个基本当事人。
>
> （3）出票人责任不同。本票和支票出票人有直接支付责任；汇票无直接支付责任，只有担保责任。本票和支票的主债务人是出票人，而汇票的主债务人，在承兑前是出票人，在承兑后是承兑人。
>
> （4）付款时间不同。汇票、本票都存在即期和远期之分，即付款时间存在见票即付和定日付款之分；支票仅限于见票即付。
>
> （5）汇票有复本，一式两份；而本票、支票则没有，只有一份。

第二节　汇付和托收

汇付和托收是国际贸易中常用的支付方式。按照资金的流向与支付工具的传递方向，支付方式可以分为顺汇和逆汇。顺汇指进行国际债权债务清算时，由债务人或付款人主动将款项交付给银行，委托其用某种信用工具支付给债权人或收款人的一种汇兑结算方式。逆汇指由债权人或收款人出立票据（如汇票），委托银行通过其联行或代理行向异地债务人或付款人收取款项的汇兑结算方法。顺汇的特点是结算工具传递与资金的运动方向一致，并且是从付款（债务）方传递到收款（债权）方的，如汇付。逆汇的特点是资金流向和结算支付工具的流向相反，如托收和信用证。

一、汇付

汇付（Remittance）又称为汇款，是国际贸易中主要的结算方式。汇付是付款方通过第三者（一般是银行）使用各种结算工具，主动将款项汇付给收款方的一种支付方式。

（一）汇付的当事人

汇付业务中，通常有四个当事人，即汇款人、汇出行、汇入行和收款人。

1. 汇款人

汇款人（Remitter）指汇出款项的人，在国际贸易中，一般是进口商。

2. 收款人

收款人（Payee/Beneficiary）指收取款项的人，在国际贸易中，一般是出口商。

3. 汇出行

汇出行（Remitting Bank）指接受汇款人的委托，办理汇款业务的银行，一般是进口地的银行。

4. 汇入行

汇入行（Paying Bank）指受汇出行的委托办理解付汇款的银行，又称为解付行，一般是出口地的银行。

（二）汇付的种类

根据汇付方式不同，汇付可分为电汇、信汇和票汇三种。

1. 电汇

电汇（Telegraphic Transfer，T/T），是指汇出行应汇款人申请，以电报、电传或SWIFT方式通知境外的汇入行，委托其将汇款支付给指定收款人的一种付款方式。

电汇的特点是手续简单，收款人可以快速地收到汇款，且安全系数较高，但费用相对较高。电汇是当前国际贸易中使用较多的一种付款方式。

2. 信汇

信汇（Mail Transfer，M/T），是指汇出行应汇款人申请，将信汇委托书邮寄给汇入行，委托汇入行解付一定金额给收款人的一种付款方式。

信汇的特点是费用低，速度慢，资金在途时间长。

电汇、信汇的流程如图9-2所示。

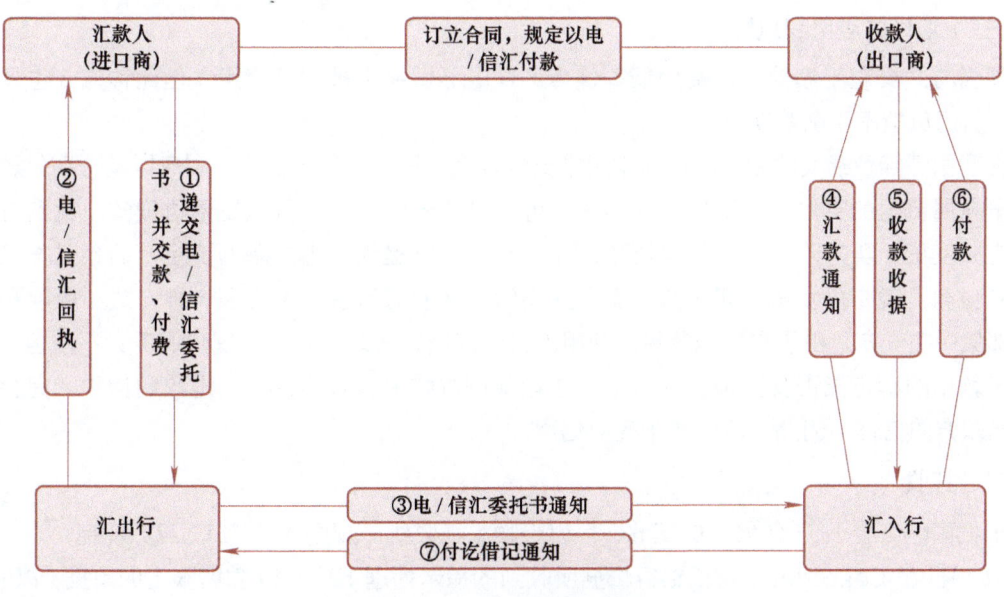

图9-2 电汇、信汇流程图

3. 票汇

票汇（Remittance by Banker's Demand Draft，D/D），是指汇出行应汇款人申请，代开

以汇入行为付款人的汇票，交给汇款人自行邮寄或携带出境，交给收款人向汇入行领取汇款的一种汇款方式。

票汇与电汇、信汇的不同在于票汇由收款人持票到汇入行收取款项。这种汇票通常是可以背书转让的，而电汇、信汇的收款人则不能转让收款权。

票汇的流程如图 9-3 所示。

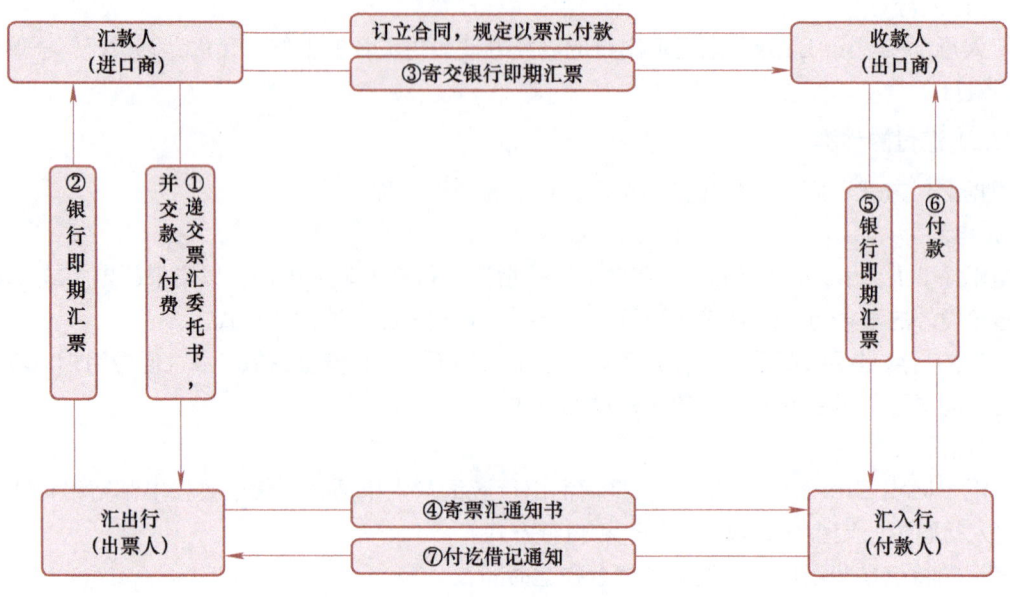

图 9-3　票汇流程图

（三）汇付的应用和风险

汇付方式具有手续简单、费用低等优点，在国际贸易中被广泛使用，但此种方式也具有风险高、费用负担不平衡等缺点。

在我国国际贸易实践中，汇付通常用来支付订金、货款尾数、佣金、利息以及分期付款等，多用于从属费用的支付。以汇付方式结算，可以是货到付款，也可以是预付货款。货到付款是指卖方先发货，买方收到货物后再付款，即卖方向买方提供信用并融通资金；而预付货款则是买方先付款，卖方再发货，即买方向卖方提供信用并融通资金。不论哪一种方式，风险和资金负担都集中在一方。由于在国际贸易中使用汇付方式结算货款，银行只提供服务，不承担风险，货到付款中的卖方能否安全地收到货款，或者预付货款中买方能否安全地收到货物，完全取决于买卖双方的信任。因此，汇付属于商业信用。

二、托收

根据国际商会 1995 年修订的第 522 号出版物《托收统一规则》（URC522）规定：

（1）托收（Collection）是指银行依据所收到的指示处理下述（2）款所限定的单据，以便于：①取得付款和／或承兑；或②凭以付款或承兑交单；或③按照其他条款和条件交单。

（2）单据是指金融单据和／或商业单据。

①金融单据是指汇票、本票、支票或其他类似的可用于取得款项支付的凭证。

② 商业单据是指发票、运输单据、所有权文件或其他类似的文件，或者不属于金融单据的任何其他单据。

简单地讲，托收是指在国际贸易中，出口商开具以进口商为付款人的汇票，委托出口地银行通过其在进口地的分行或代理行向进口商收取货款的一种结算方式。

（一）托收的当事人

托收业务中，主要涉及四个基本当事人，即委托人、付款人、托收行和代收行。

1．委托人

委托人（Principal）是委托银行办理托收业务的一方，在国际贸易中，通常是出口商。

2．付款人

付款人（Payer）是银行根据托收指示书的指示提示单据的对象，在国际贸易中，通常是进口商。

3．托收行

托收行（Remitting Bank）又称寄单行，指受委托人的委托办理托收的银行，通常为出口商所在地的银行。

4．代收行

代收行（Collecting Bank）是指接受托收行委托，向付款人收款的银行，通常是托收行在进口商所在地的分行或代理行。

除了上述四个基本当事人，托收业务中还可能存在提示行和"需要时代理"。提示行（Presenting Bank）是向付款人提示单据要求付款的银行，通常由代收行兼任。"需要时代理"（Principal's Representative in case of need）是委托人的代表，是委托人指定的在付款地代为照料货物进仓、转售、运回或改变交单条件等事宜的代理人。

（二）托收的种类及业务流程

根据托收项下的金融单据有无随附商业单据，托收可分为光票托收和跟单托收。

1．光票托收

光票托收（Clean Collecting）是指不附有商业单据的金融单据的托收，即仅把金融单据委托银行代为收款。光票托收可以用于货款尾数、小额货款、贸易从属费用和索赔款的收取。

2．跟单托收

跟单托收（Documentary Collecting）是指附有商业单据的金融单据的托收或不附有金融单据的商业单据的托收。

跟单托收按交付货运单据条件的不同，又可分为付款交单（Documents against Payment，D/P）和承兑交单（Documents against Acceptance，D/A）两种。

（1）付款交单（D/P）。付款交单是卖方的交单须以买方的付款为条件，即出口商将汇票连同商业单据交给银行托收时，指示银行只有在进口商付清货款时才能交出商业单据。如果进口商拒付，就无法从银行取得商业单据，也无法提取单据项下的货物。付款交单按付款时间不同又可分为即期付款交单和远期付款交单两种。

1）即期付款交单（D/P at sight）指由出口商通过银行向进口商提示付款时，进口商见单即付,在付清货款后,领取商业单据。即期付款交单的流程如图 9-4 所示。

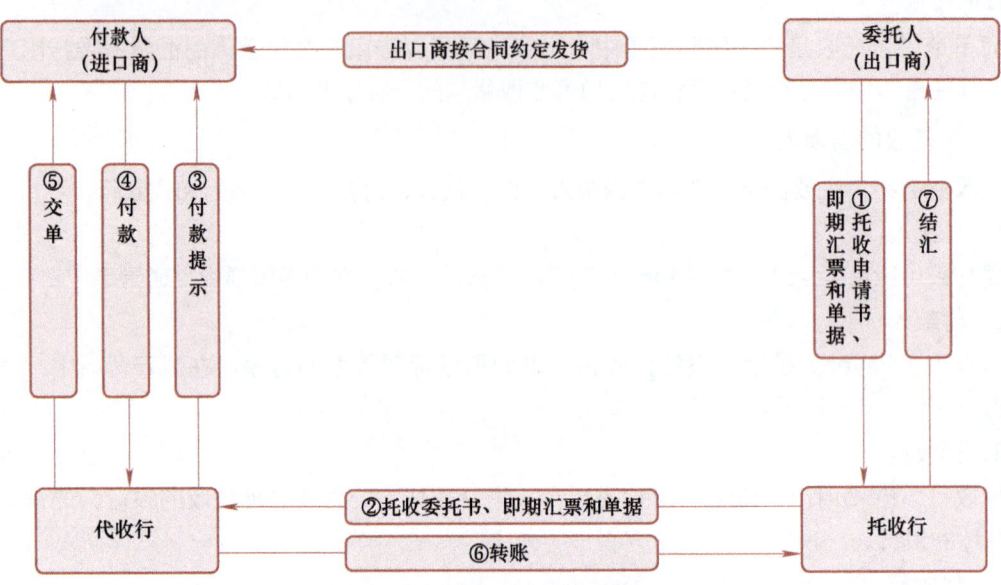

图 9-4 即期付款交单流程图

2)远期付款交单(D/P after sight)指由出口商通过银行向进口商提示付款时,进口商立即在汇票上承兑,并于汇票到期日由代收银行再次向其提示时付款,向代收银行付款取得单据。在汇票到期付款前,汇票和商业单据由代收行掌握。远期付款交单的流程如图 9-5 所示。

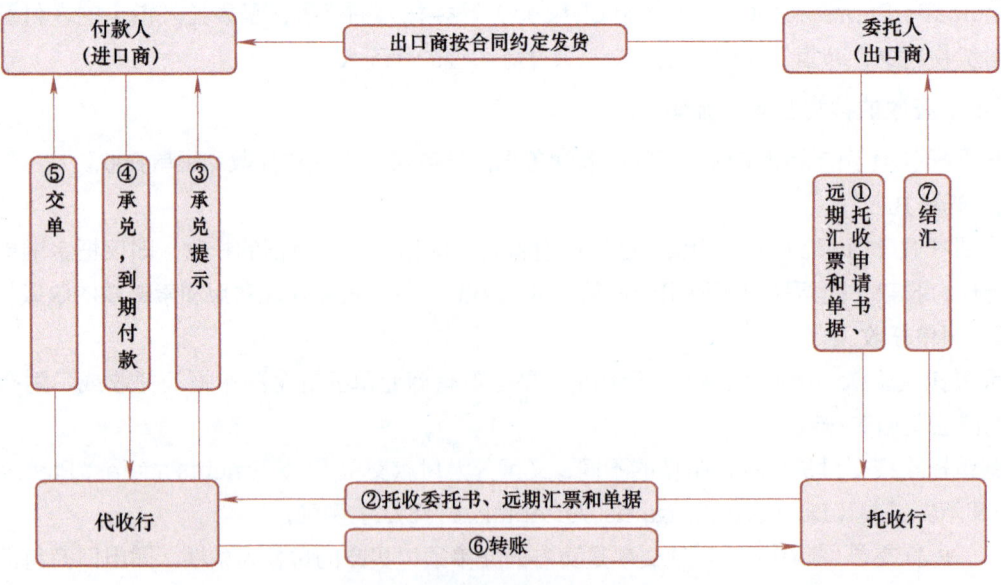

图 9-5 远期付款交单流程图

(2)承兑交单(D/A)。承兑交单指出口商的交单以进口商的承兑为条件。进口商承兑汇票后,即可向银行取得商业单据,待汇票到期日才付款。承兑交单只适用于远期汇票的托收。承兑交单的流程如图 9-6 所示。

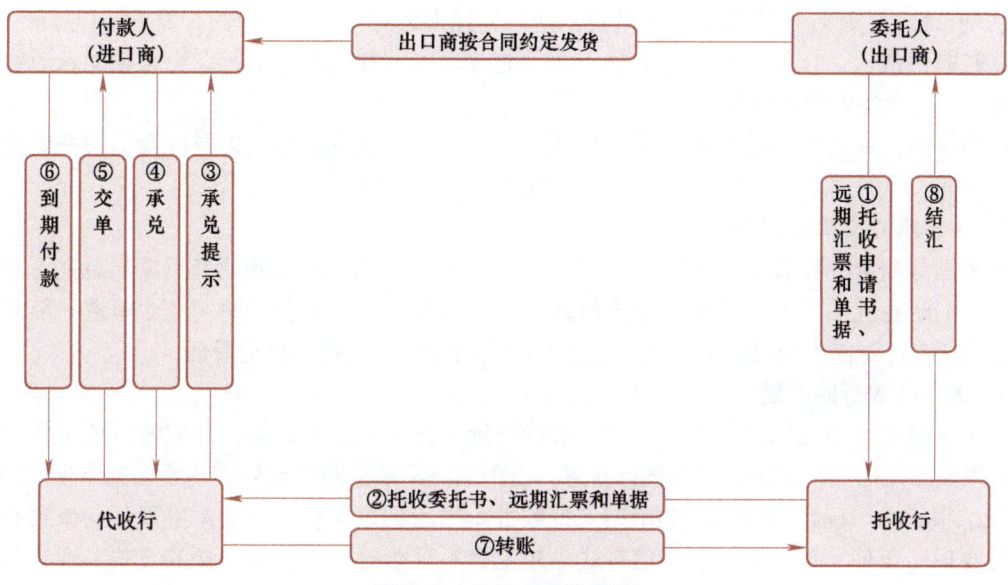

图 9-6 承兑交单流程图

(三) 托收的性质和应用

托收属于商业信用，因此，银行办理托收业务时，既没有检查货运单据正确与否或是否完整的义务，也没有承担付款人必须付款的责任。托收在大多数情况下，是通过银行办理，但银行只是作为出口商的受托人行事，并不需要承担必须付款的责任，进口商是否付款与银行无关。出口商能否顺利向进口商收取货款只能依靠进口商的商业信用。

托收方式对买方较有利，因为托收费用低、风险小、资金负担小，甚至可以取得卖方的资金融通。对卖方来说，无论是付款交单方式，还是承兑交单方式，因为卖方货物已经出运，如果买方由于市价低落或财务状况不佳等原因拒付，卖方将遭受来回运输费用的损失和货物转售的损失。如果是远期付款交单或承兑交单，卖方承受的资金负担和风险就更大，承兑交单的风险尤其大。

我国外贸业务中，以托收方式出口，主要采用付款交单方式，出口商在签订进出口合同前，需要重点考虑商品市场行情、进口商的资信情况和财务状况以及成交金额的大小等因素，以免发生拒付的情况。

我国外贸企业一般不采用承兑交单方式出口；而在进口业务中，尤其是对外加工装配和进料加工业务中，往往对进口料件采用承兑交单方式付款。

(四) 托收业务应注意的问题

1. 关于托收指示的问题

根据国际商会《托收统一规则》(URC522) 的规定：

(1) 所有送往托收的单据必须附有一项托收指示，注明该项托收将遵循《托收统一规则》(URC522) 并且列出完整和明确的指示。银行只准允根据该托收指示中的命令和本规则行事。

(2) 银行将不会为了取得指示而审核单据。

(3) 除非托收指示中另有授权，银行将不理会来自除了其所收到托收的有关人/银行以外的任何有关人/银行的任何指令。

《托收统一规则》（URC522）还规定，如果委托人指定一名代表作为在发生不付款和（或）不承兑时的预备人，托收指示中应清楚、详尽地指明该预备人的权限。在无该项指示时，银行将不接受来自预备人的任何指示。

这意味着，在进出口业务中，银行办理出口企业的托收业务时，先要取得出口托收指示，根据托收指示中的规定来行事，不受任何其他的人/银行的干预。

2．关于承兑交单的问题

根据国际商会《托收统一规则》（URC522）的规定：如果托收包含有远期付款的汇票，托收指示应列明商业单据是凭承兑不是凭付款交给付款人。如果未有说明，商业单据只能是付款交单，而代收行对由于交付单据的任何延误所产生的任何后果将不承担责任。

3．关于托收行的问题

（1）未经银行事先同意，货物不得以银行的地址直接发送给该银行，或者以该行作为收货人或者以该行为抬头人。除非征得银行同意，否则银行不承担收货或处理货物相关事项的责任。

（2）银行必须确定其所收到的单据与托收批示中所列表面相符，如果发现任何单据有短缺或非托收指示所列，银行必须以电信方式（如电信不可能时，以其他快捷的方式）通知从其收到指示的一方，不得延误。

第三节　信用证

在国际贸易中，买卖双方可能存在互不信任的情况：买方担心预付款后，卖方不按合同要求发货；卖方也担心在发货或提交货运单据后买方不付款。信用证（Letter of Credit，L/C）的出现，解决了买卖双方互不信任的矛盾，成为当前国际贸易中一种主要的结算方式。

一、信用证的定义

根据国际商会2007年修订本《跟单信用证统一惯例》（UCP600），信用证意指一项约定，无论其如何命名或描述，该约定不可撤销并因此构成开证行对于相符提示予以兑付的确定承诺。

信用证是指由银行（开证行）依照（申请人的）要求和指示或自己主动，在符合信用证条款的条件下，凭规定单据向第三者（受益人）或其指定方进行付款的书面文件。简单地说，信用证是一种银行开立的有条件的承诺付款的书面文件。

二、信用证的特点

1．信用证是一种银行信用

信用证是指银行根据进口商（买方）的请求，开给出口商（卖方）的一种保证承担支付货款责任的书面凭证。在信用证内，银行授权出口商在符合信用证所规定的条件下，以该行或其指定的银行为付款行，开具不得超过规定金额的汇票，并按规定随附装运单据，按期在指定地点收取货款。此种结算方式下，开证行为第一付款人，开证行对受益人（出口商）的付款责任是一种独立责任，即只要受益人提交了符合信用证条款的单据，开证行或其指定的付款行付款时无须征得进口商的同意。

2．信用证是一项自足文件

根据《跟单信用证统一惯例》（UCP600），"就性质而言，信用证与可能作为其依据的销售合同或其他合同，是相互独立的交易。即使信用证中提及该合同，银行亦与该合同完全无关，且不受其约束。因此，一家银行做出兑付、议付或履行信用证项下其他义务的承诺，并不受申请人与开证行之间或与受益人之间在已有关系下产生的索偿或抗辩的制约。"

可见，信用证不依附于买卖合同，信用证和买卖合同是相互独立的，银行在付款审单时强调的是信用证与单据的一致性。

3．信用证是纯单据业务

信用证是凭单付款，不以货物为准。银行处理的是单据，而不是单据所涉及的货物、服务或其他行为，只要单据相符，开证行就应无条件付款。

三、信用证的当事人

信用证涉及的当事人较多，分别介绍如下：

1．开证申请人

开证申请人（Applicant）又称为开证人、申请人，指发出开立信用证申请的一方。在信用证交易中，开证申请人通常指进口商。

2．受益人

受益人（Beneficiary）指信用证中受益的一方。在信用证交易中，受益人根据信用证规定缮制并提交单据，索取货款，通常指出口商。

3．开证行

开证行（Opening Bank / Issuing Bank）指接受开证申请人的委托开立信用证的银行，承担保证付款的责任。在信用证交易中，开证行通常是进口商所在地的银行。

4．通知行

通知行（Advising Bank）指应开证行要求，通知信用证的银行，即指受开证行的委托，将信用证转交出口商的银行，它只证明信用证的真实性，不承担其他义务，一般是出口商所在地的银行。

5．议付行

议付行（Negotiating Bank）又称为押汇行，指愿意买入受益人交来的跟单汇票的银行。

议付行根据信用证开证行的付款保证和受益人的请求，按信用证规定对受益人交付的跟单汇票垫款或贴现，并向信用证规定的付款行索偿，通常由通知行兼任。

6．付款行

付款行（Paying Bank / Drawee Bank）指信用证上指定付款的银行，在多数情况下，付款行就是开证行，也可以是开证行指定的其他银行。

7．保兑行

保兑行（Confirming Bank）指受开证行委托对信用证以自己名义保证的银行，与开证行具有相同的第一付款责任。

8．承兑行

承兑行（Acceptance Bank）指对受益人提交的汇票进行承兑的银行，亦是付款行。

9．偿付行

偿付行（Reimbursing Bank）指受开证行在信用证上的委托，代开证行向议付行或付款行清偿垫款的银行（又称清算行）。

四、信用证的内容

信用证内容主要包含以下几个方面：

1. 对信用证本身的说明

对信用证的说明主要包括信用证的开证行、通知行、议付行、付款行，以及信用证的号码、种类、性质、开证日期、有效期及到期地点等内容。

2. 对汇票的说明

对汇票的说明主要包括汇票的出票人、受票人、收款人、汇票期限、汇票种类和汇票金额等内容。

3. 对商品的要求

根据合同内容列明商品描述、数量/重量、单价、贸易条件等，且这些内容应与买卖双方签订的合同条款一致。

4. 对运输的要求

在信用证中，应根据合同内容列明装运港、目的港、分批装运、转运、装运期限等事项。

5. 对单据的要求

在信用证中，应列明所需要的各项单据，主要包括商业发票、运输单据、保险单据及其他有关单证。

6. 其他事项

这部分内容，通常包括：开证行对受益人及汇票持有人保证付款的责任文句；信用证所适用的规则，如境外来证大多数均加注："除另有规定外，本证根据国际商会《跟单信用证统一惯例》（UCP600）办理"；以及银行间电汇索偿条款等内容。

五、信用证的开立形式

信用证的开立形式主要有以下几种：

（一）信开本（To Open by Airmail）

信开本信用证是指开证银行采纳印就的信函格式的信用证，开证后以航空邮寄送通知行。信开本信用证因传递速度慢且易被伪造，目前多数国家/地区的银行不使用此种形式。

（二）电开本（To Open by Cable）

电开本信用证是指开证银行使用电传、传真、SWIFT 等各种电信方法将信用证条款传达给通知行。电开本信用证又有简电本、全电本和 SWIFT 之分。

1. 简电本

简电本（Brief Cable），开证银行只是通知已经开证，将信用证的主要内容预先告知通知行，详细条款将另航寄通知行。简电本在法律上是无效的，不能作为交单议付的依据。通常，简电通知中会注明"详情后告"或类似词语，或声明以邮寄确认书为有效信用证或修改的文本，借以表明该简电仅作预先通知之用。

2. 全电本

全电本（Full Cable）指开证银行以电信方式开证，把信用证全部条款传达给通知行。全电本是一个内容完整的信用证，因此是交单承付或议付的依据。

3. SWIFT

SWIFT 是 Society for Worldwide Interbank Financial Telecommunications 的缩写，中

文名称为"全球银行间金融电信协会",于 1973 年在比利时布鲁塞尔成立。

凡按照国际商会所制定的电信信用证格式,利用 SWIFT 系统设计的特殊格式,通过 SWIFT 系统开立或通知的信用证称为 SWIFT 信用证。

SWIFT 的使用,使银行的结算提供了安全、可靠、快捷、标准化、自动化的通信业务,从而大大提高了银行的结算速度。目前信用证的格式主要使用 SWIFT 电文,SWIFT 信用证已在欧洲、美洲、亚洲很多国家与地区广泛使用。

小资料

SWIFT 信用证

27: Sequence of Total
    1/2
40B: Form of Documentary Credit
    IRREVOCABLE WITHOUT OUR CONFIRMATION
20: Transferring Bank's Reference
    SCGI020267BTST2A
21: Documentary Credit Number
    NUSCGI020267
31C: Date of Issue
    201220
40E: Applicable Rules
    UCP LATEST VERSION
31D: Date and Place of Expiry
    210120TRANSFERRING BANK'S COUNTER
52D: Issuing Bank of Orig D/C-Nm&Addr
    JPMORGAN CHASE BANK NA, U.S.A.
50: First Beneficiary
    ****
59: Second Beneficiary
    ****
32B: Currency Code, Amount
    Currency: USD (US DOLLAR)
    Amount: #52425.00#
39A: Percentage Credit Amt Tolerance
    05/05
41D: Available with...by... - Name&Addr
    ANY BANK BY NEGOTIATION
42C: Drafts at...
    AT SIGHT

42D: Drawee - Name & Address
　　CHASUS33
43P: Partial Shipments
　　ALLOWED
43T: Transshipment
　　ALLOWED
44E: Port of Loading/Airport of Dep.
　　ANY PORT/AIRPORT CHINA OR BANGLADESH
44F: Port of Discharge/Airport of Dest
　　ANY US PORT/AIRPORT
44B: Pl of Final Dest / of Delivery
　　CHARLOTTE NC OR MOUNTHOPE WV OR SAVANNAH GA
44C: Latest Date of Shipment
　　210110
45A: Description of Goods and/or Services
　　PO 200245086　　　　　　　　SHIP DATE 1/10/2021

ITEM	DESCRIPTION	QTY	COST
615775	KNIFE CS PKT	3,000	17,040.00
615780	KNIFE CS RUBBER LCKBK BLU	3,000	9,450.00
615782	KNIFE DELUXE	3,000	17,790.00
638251	KNIFE ROSEWOOD HANDLE SS BLADE	1,500	8,145.00
PO 200245086	TOTAL	10,500	52,425.00
GRAND TOTAL		10,500	52,425.00

　　SHIPMENT TERM:FOB ANY PORT/AIRPORT CHINA OR BANGLADESH INCOTERMS 2020
46A: Documents Required
　　+ SIGNED COMMERCIAL INVOICE IN ORIGINAL AND 3 COPIES, WHICH ALSO STATES THE COUNTRY OF ORIGIN OF THE GOODS.
　　+ ONE ORIGINAL ITEMIZED PACKING LIST IDENTIFYING THE EXACT CONTENTS OF EACH CARTON.
　　+ SIGNED INSPECTION CERTIFICATE CERTIFYING THAT THE MERCHANDISE IS IN ACCORDANCE WITH ORDER SPECIFICATIONS.
　　+ SIGNED AND DATED - CERTIFICATE OF ORIGIN.
　　+ SIGNED FIRST BENEFICIARY'S STATEMENT THAT ALL MASTER CARTONS ARE MARKED IN ACCORDANCE WITH THE BSA VENDOR COMPLIANCE MANUAL.
　　+ SIGNED FIRST BENEFICIARY'S STATEMENT STATING THAT ALL MERCHANDISE IS MARKED CONSPICUOUSLY, LEGIBLY, AND PERMANENTLY IN ENGLISH WITH THE COUNTRY OF ORIGIN OF THE GOODS.
　　+ 3/3 SET ORIGINAL AND NEGOTIABLE OCEAN BILLS OF LADING ISSUED BY AN AGENT OF KUEHNE & NAGEL CONSIGNED TO THE ORDER OF NEGOTIATING BANK IN

BANGLADESH FURTHER ENDORSED TO THE ORDER OF JP MORGAN CHASE BANK, NA, SUPPLY ACCOUNTING, 2109 WESTINGHOUSE BLVD, CHARLOTTE, NC 28241, UNITED STATES, EVIDENCING FREIGHT COLLECT (FOR BANGLADESH SHIPMENT ONLY).

+ 3/3 ORIGINAL MASTER BILL OF LADING ISSUED BY STEAM LINE.CONSIGNED TO THE ORDER OF NEGOTIATING BANK IN BANGLADESH FURTHER ENDORSED BY THEM TO THE ORDER OF JP MORGAN CHASE BANK, NA, SUPPLY ACCOUNTING, 2109 WESTINGHOUSE BLVD, CHARLOTTE, NC 28241, UNITED STATES, EVIDENCING FREIGHT COLLECT. (FOR BANGLADESH SHIPMENT ONLY)

+ 3/3 MASTER BILL OF LADING OR COPIES OF FORWARDERS CARGO RECEIPT ISSUED BY AN AGENT OF KUEHNE & NAGEL. CONSIGNED TO ORDER OF JP MORGAN CHASE BANK, NA, SUPPLY ACCOUNTING, 2109 WESTINGHOUSE BLVD., CHARLOTTE, NC 28241, UNITED STATES, EVIDENCING FREIGHT COLLECT.

+ ORIGINAL AIRWAY BILL PLUS 1 PHOTOCOPY OF THE ORIGINAL CONSIGNED TO 2109 WESTINGHOUSE BLVD. CHARLOTTE NC 28241, UNITED STATES AND MARKED FREIGHT COLLECT.

71D: Charges

ALL BANKING CHARGES OTHER THAN THOSE OF THE ISSUING BANK ARE FOR THE ACCOUNT OF THE SECOND BENEFICIARY.

49: Confirmation Instructions

WITHOUT

78: Instr to Payg/Accptg/Negotg Bank

+ WITHOUT ANY RESPONSIBILITY OR UNDERTAKING ON THE PART OF THIS BANK AND AT THE REQUEST OF FIRST BENEFICIARY, WE HAVE TODAY TRANSFERRED THE ABOVE IRREVOCABLE DOCUMENTARY CREDIT WITH SUBSTITUTION TO THE SECOND BENEFICIARY. THIS DOCUMENTARY CREDIT IS RESTRICTED FOR PRESENTATION OF DOCUMENTS TO THE SHANGHAI BANKING CORPORATION LIMITED FOR SUBSTITUTION. HOWEVER, PLEASE NOTE THAT THIS CREDIT IS AVAILABLE FOR PAYMENT AT THE COUNTERS OF THE ISSUING BANK AGAINST THEIR RECEIPT OF CONFORMING DOCUMENTS.

72Z: Sender to Receiver Information

OUR TRANSFERRED REF.

NUSCGI020267BTST2A

47A: Additional Conditions

+ THIS CREDIT IS SUBJECT TO THE UNIFORM CUSTOMS AND PRACTICE FOR DOCUMENTARY CREDITS, INTERNATIONAL CHAMBER OF COMMERCE PUBLICATION 600.(EXCEPT FOR ARTICLE 32)

+ IN THE EVENT A NOMINATED BANK HAS FORWARDED DOCUMENTS TO DC ISSUING BANK AND SUCH DOCUMENTS ARE LOST IN TRANSIT AS STATED IN UCP 600 ARTICLE 35, DC ISSUING BANK RESERVE THE RIGHT TO DELAY HONOUR OF

THE PRESENTATION UNTIL DC ISSUING BANK'S RECEIPT OF PHOTOCOPIES (FRONT AND BACK) OF ALL REQUIRED DOCUMENTS SHOWING SIGNATURES AS ORIGINALLY REQUIRED UNDER THE LETTER OF CREDIT, OR UNTIL RECEIPT OF SIGNED DUPLICATE ORIGINALS PLUS COPIES OF DOCUMENTS, ARE EXAMINED AND FOUND TO BE IN COMPLIANCE WITH THE LETTER OF CREDIT TERMS AND CONDITIONS.

+ DC ISSUING BANK MUST COMPLY WITH ALL SANCTIONS, EMBARGO AND OTHER LAWS AND REGULATIONS OF THE U.S. AND OF OTHER APPLICABLE JURISDICTIONS TO THE EXTENT. THEY DO NOT CONFLICT WITH SUCH U.S. LAWS AND REGULATIONS ('APPLICABLE RESTRICTIONS'). SHOULD DOCUMENTS BE PRESENTED INVOLVING ANY COUNTRY/REGION, ENTITY, VESSEL OR INDIVIDUAL LISTED IN OR OTHERWISE SUBJECT TO ANY APPLICABLE RESTRICTION, DC ISSUING BANK SHALL NOT BE LIABLE FOR ANY DELAY OR FAILURE TO PAY, PROCESS OR RETURN SUCH DOCUMENTS OR FOR ANY RELATED DISCLOSURE OF INFORMATION.

+ SECOND BENEFICIARY MAY NOT ANY PERSON OR ENTITY THAT IS THE SUBJECT OF ANY SANCTION OR EMBARGO UNDER ANY APPLICABLE RESTRICTIONS.

+ APPLICANT REFERENCE NUMBER IS SD12052020ACC.

+ EXCEPT SO FAR AS OTHERWISE EXPRESSLY STATED, THIS DOCUMENTARY CREDIT IS SUBJECT TO UNIFORM CUSTOMS AND PRACTICE FOR DOCUMENTARY CREDITS (2007 REVISION) INTERNATIONAL CHAMBER OF COMMERCE PUBLICATION NO. 600.

六、信用证的种类

信用证可根据其性质、期限、流通方式等特点，分为以下种类：

（一）根据信用证项下的汇票是否附有货运单据，可分为跟单信用证和光票信用证

1. 跟单信用证

跟单信用证（Documentary L/C）是开证行凭跟单汇票或仅凭单据付款的信用证。单据指代表货物或证明货物已交运的单据，即货运单据。国际贸易中所使用的信用证大部分是跟单信用证。

2. 光票信用证

光票信用证（Clean L/C）是指开证行凭不附单据的汇票付款的信用证。有的信用证要求汇票附有非货运单据，如发票、垫款清单等，也属光票信用证。在采用信用证方式预付货款时，通常是用光票信用证。

（二）根据开证行所负责任不同，可分为不可撤销信用证和可撤销信用证

1. 不可撤销信用证

不可撤销信用证（Irrevocable L/C）是指信用证一经开出，在有效期内，未经受益人及有关当事人的同意，开证行不得修改或撤销，只要受益人提交的单据符合信用证规定，开证行必须履行付款义务。这种信用证对受益人较有保障，在国际贸易中使用较为广泛。不可撤销信用证，在信用证中最好注明"不可撤销"（Irrevocable）字样，并载有开证行保证付款的文句。

根据《UCP600》规定，信用证如无注明是不可撤销的，应视为不可撤销的信用证。

2. 可撤销信用证

可撤销信用证（Revocable L/C）是指开证行对所开信用证不必征得受益人或有关当事人的同意，随时可以撤销或修改的信用证。凡是可撤销信用证，应在信用证上注明"可撤销"（Revocable）字样，以资识别。

国际贸易中，可撤销信用证一般不被出口商接受，可撤销的信用证很少使用。

（三）根据有无另一银行加以保证兑付，可分为保兑信用证和不保兑信用证

1. 保兑信用证

保兑信用证（Confirmed L/C）是指由另一银行保证对符合信用证条款规定的单据履行付款义务。对信用证进行保兑的银行，称为保兑行（Confirming Bank）。

根据《UCP600》规定，只要规定的单据提交给保兑行，或提交给其他任何指定银行，并且构成相符交单，保兑行必须承付或者如果信用证规定由保兑行议付，保兑行须无追索权地议付。保兑行自对信用证加具保兑之时起即不可撤销地承担承付或议付的责任。

2. 不保兑信用证

不保兑信用证（Unconfirmed L/C）是指开证银行开出的信用证没有经另一家银行保兑。当开证银行资信较好或成交金额不大时，一般都使用不保兑信用证。

（四）根据付款方式不同，可分为即期付款信用证、延期付款信用证、承兑信用证和议付信用证

1. 即期付款信用证

即期付款信用证（Sight Payment L/C）是指履行付款责任的银行收到信用证项下单据，经在规定的时间内审核相符，立即付款。即期付款信用证，通常会注明"付款兑现"（Available by Payment）字样。即期付款信用证的付款行可以是开证行，也可以是出口地的通知行或指定的第三方银行。付款行一经付款，对受益人均无追索权。

2. 延期付款信用证

延期付款信用证（Deferred Payment L/C）是指开证行在信用证中规定货物装船后若干天付款，或开证行收单后若干天付款的信用证。延期付款信用证要求注明"延期付款兑现"（by deferred payment）字样。延期付款信用证不要求受益人开立汇票，所以出口商不能利用汇票进行贴现，只能自行垫款或向银行借款。

3. 承兑信用证

承兑信用证（Acceptance L/C）是指付款行在收到符合信用证规定的远期汇票和单据时，先在汇票上履行承兑手续，待汇票到期日再行付款的信用证。承兑信用证必须标明"承兑"（Acceptance）字样。承兑信用证的汇票付款人可以是开证行或其他指定的银行，不论由谁承兑，开证行均负责远期汇票的承兑及到期付款。由于承兑信用证是以开证行或其他银行为汇票付款人，故这种信用证又称为银行承兑信用证。

4. 议付信用证

议付信用证（Negotiation L/C）是指开证行允许受益人向某一指定银行或任何银行交单议付的信用证。议付是指由议付行对汇票和（或）单据付出对价。只审核单据而不支付对价，不能构成议付。议付信用证又可分为公开议付信用证和限制议付信用证。

（1）公开议付信用证（Open Negotiation L/C），又称为自由议付信用证（Freely Negotiation L/C），

是指开证行对愿意办理议付的任何银行做公开议付邀请和普遍付款承诺的信用证，即指任何银行均可按信用证条款自由议付的信用证。

（2）限制议付信用证（Restricted Negotiation L/C），是指开证银行指定某一银行或开证行本身自己进行议付的信用证。

公开议付信用证和限制议付信用证的到期地点都在议付行所在地。这种信用证经议付后，如因故不能向开证行索得票款，议付行有权向受益人追索。

（五）根据付款时间的不同，可分为即期信用证和远期信用证

1. 即期信用证

即期信用证（Sight L/C）是指开证行或付款行收到符合信用证条款的跟单汇票或装运单据后，立即履行付款义务的信用证。这种信用证的特点是出口商收汇迅速、安全，有利于资金周转。

即期信用证又可分为单到付款信用证和电汇索偿条款信用证（L/C with T/T Reimbursement Clause）两种。前者是指开证行或其指定付款行一旦收到符合信用证规定的汇票和单据，便立即付款，开证人也应于单到立即向开证行付款赎单；后者是指开证行将最后审单付款的权利交给议付行，只要议付行审单无误，在对受益人付款的同时，即以电信方式向开证行或其指定付款行索偿，开证行或其指定付款行接到通知后立即以电汇方式向议付行偿付。使用电汇索偿条款信用证，比一般即期信用证收汇快，通常只需2～3天时间，有时当天即可收回货款。因此，带有电汇索偿条款的信用证，出口方可以加快收回货款，付款后如发现单据与信用证规定不符，开证行或付款行有追索的权利。这是因为此项付款是在未审单的情况下进行的。

2. 远期信用证

远期信用证（Usance L/C）是指开证行或付款行收到符合信用证的单据后，在规定期限内履行付款义务的信用证。

远期信用证主要包括承兑信用证（Acceptance L/C）和延期付款信用证（Deferred Payment L/C）。

3. 假远期信用证

假远期信用证（Usance L/C payable at sight）又称为买方远期信用证，是银行为买方提供资金融通和信用证。假远期信用证特点是信用证规定受益人开立远期汇票，由付款行负责贴现，并规定一切利息和费用由买方负担。这种信用证，表面上看是远期信用证，实质是卖方的即期信用证、买方的远期信用证，又称之为"假远期信用证"。这种假远期信用证对出口商而言，实际上仍属即期收款，但对进口商来说，要承担承兑费和贴现费。

假远期信用证与远期信用证的区别，主要有以下方面：

（1）开证基础不同。假远期信用证是以即期付款的贸易合同为基础，而远期信用证是以远期付款的贸易合同为基础。

（2）信用证的条款不同。假远期信用证中有"假远期"条款，而远期信用证中只有利息由谁负担条款。

（3）利息的负担者不同。假远期信用证的贴现利息由进口商负担，而远期信用证的贴现利息由出口商负担。

（4）收汇时间不同。假远期信用证的受益人能即期收汇，而远期信用证要待汇票到期才能收汇。

（六）根据受益人对信用证的权利可否转让，分为可转让信用证和不可转让信用证

1. 可转让信用证

可转让信用证（Transferable L/C）是指信用证的受益人（第一受益人）可以要求授权转让的银行将信用证全部或部分转让给一个或数个受益人（第二受益人）使用的信用证。

根据《UCP600》的规定，可转让信用证系指特别注明"可转让"（Transferable）字样的信用证。可转让信用证只能转让一次，信用证允许分批装运/付款，在总和不超过信用证金额的前提下，可分别按若干部分办理转让，即可转让给多个第二受益人。已转让信用证不得应第二受益人的要求转让给任何其后受益人。第一受益人不视为其后受益人。信用证只能按原证规定条款转让，但信用证金额、单价、截止期日、交单日及最迟装运日期可以减少或缩短，保险加保比例可以增加。

在实际业务中，要求开立可转让信用证的第一受益人通常是中间商，为了赚取差额利润，中间商可将信用证转让给实际供货人，由供货人办理出运手续。

2. 不可让信用证

不可转让信用证（Non-transferable L/C）是指受益人不能将信用证的权利转让给他人的信用证。凡信用证中未注明"可转让"（Transferable）者，都是不可转让信用证。

（七）其他信用证种类

1. 循环信用证

循环信用证（Revolving Credit）是指信用证被全部或部分使用后，其金额又恢复到原金额，可再次使用，直至达到规定的次数或规定的总金额为止。循环信用证又分为按时间循环信用证和按金额循环信用证。

（1）按时间循环的信用证。按时间循环的信用证是指受益人在一定的时间内可多次支取信用证规定金额的信用证。

例如，信用证规定："本证按月循环，信用证每月可支取 10 000 美元，于每个日历月的 15 日自动恢复。本信用证项下的最大责任不超过 3 个月的总值 30 000 美元，每个月未使用的金额，不能移至下个月合并使用。"

（2）按金额循环的信用证。按金额循环信用证是信用证金额议付后，仍恢复到原金额可再次使用，直至用完规定总额为止。具体做法有三种：

1）自动式循环信用证。即每期用完一定金额，不需要等待开证行的通知，即可自动恢复到原金额。

2）非自动循环信用证。即每期用完一定金额后，必须开证行通知到达，信用证才恢复到原金额继续使用。

3）半自动循环信用证。即每次支款后若干天内，开证行未提出停止循环使用的通知，自第 × 天起即可自动恢复至原金额。循环信用证与一般信用证的不同之处就在于：一般信用证使用后即告失效；而循环信用证则可多次循环使用。

循环信用证的优点在于进口方可以不必多次开证，可以节省开证费用，同时也简化了出口商的审证、改证等手续，有利于合同快速履行。所以，循环信用证一般在分批均匀交货的情况下采用。

2. 对开信用证

对开信用证（Reciprocal Credit）是指两张信用证的开证申请人互以对方为受益人而开立的

信用证。对开信用证的特点是第一张信用证的受益人（出口商）和开证申请人（进口商）就是第二张信用证的开证申请人和受益人，第一张信用证的通知行通常就是第二张信用证的开证行。两张信用证的金额相等或大体相等，两证可同时互开，也可先后开立。对开信用证多用于对销贸易或加工贸易。

3. 对背信用证

对背信用证（Back to Back Credit）又称转开信用证，是指受益人要求原证的通知行或其他银行以原证为基础，另开一张内容相似的新信用证。对背信用证的受益人可以是境外的，也可以是境内的，对背信用证的开证银行只能根据不可撤销信用证来开立。对背信用证的开立通常是中间商转售他人货物，从中图利，或两国/地区不能直接办理进出口贸易时，通过第三者以此种方法来沟通贸易。

4. 备用信用证

备用信用证（Standby L/C）又称为担保信用证，是指不以清偿商品交易的价款为目的，而以贷款融资，或担保债务偿还为目的所开立的信用证。

开证行保证在开证申请人未能履行其应履行的义务时，受益人只要凭备用信用证的规定向开证行开具汇票，并随附开证申请人未履行义务的声明或证明文件，即可得到开证行的偿付。备用信用证属于银行信用，开证行保证在开证申请人不履行其义务时，即由开证行付款。如果开证申请人履行了约定的义务，该信用证则不必使用。因此，备用信用证对于受益人来说，是备用于开证申请人发生违约时取得补偿的一种方式，其具有担保的性质。

七、信用证的一般支付流程

信用证的支付流程随着信用证的类型不同，其具体做法有所不同，但是其基本流程通常包括申请开证、开证、通知、审证、交单、议付、索偿、索付和付款赎单等环节。图9-7为信用证的一般支付流程。

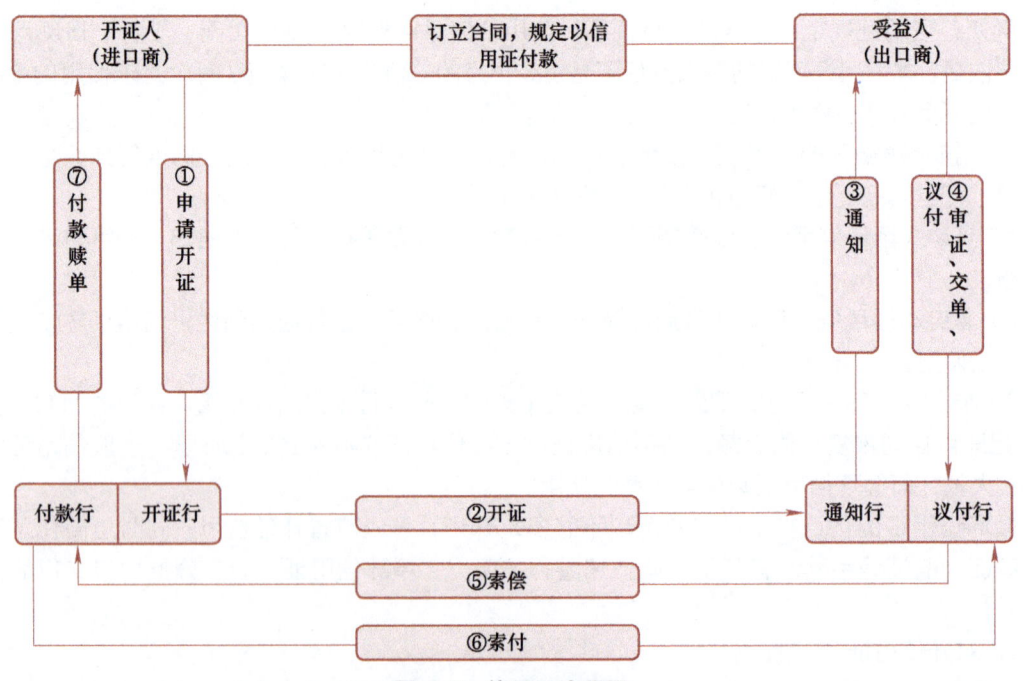

图9-7 信用证流程图

> **小资料**
>
> **银行保函与跟单信用证的区别**
>
> 银行保函（Bank Guarantee）又称"银行保证书""银行信用保证书"，简称"保证书"，银行作为保证人向受益人开立的保证文件。银行保函是由银行开立的承担付款责任的一种担保凭证，银行根据保函的规定承担绝对付款责任。银行保函大多属于"见索即付"（无条件保函），是不可撤销的文件。银行保函的主要当事人通常有委托人（要求银行开立保证书的一方）、受益人（收到保证书并凭此向银行索偿的一方）、担保人（保函的开立人）。
>
> 银行保函具有以下两个特点：
>
> （1）保函依据商务合同开出，但又不依附于商务合同，具有独立法律效力。当受益人在保函项下合理索赔时，担保行就必须承担付款责任，而不论委托人是否同意付款，也不管合同履行的实际事实。即保函是独立的承诺并且基本上是单证化的交易业务。
>
> （2）银行信用作为保证，易于为合同双方接受。
>
> 国际贸易中，跟单信用证为买方向卖方提供了银行信用作为付款保证，但不适用于需要为卖方向买方做担保的场合，也不适用于国际货物买卖以外的其他各种交易方式。银行保函与跟单信用证的主要区别在跟单信用证要求受益人提交包括运输单据在内的商业单据作为付款条件，而银行保函的付款条件是受益人出具的关于委托人违约的声明或证明。可见，两者适用范围有了很大的不同，保函可适用于各种经济交易中，为契约的一方向另一方提供担保。此外，如果委托人没有违约，银行保函的担保人不必为承担赔偿责任而付款，而信用证的开证行则必须付款。

第四节　各种支付方式的选用

国际贸易中，买卖双方都想力争对自己有利的支付方式，在选择支付方式时，需要兼顾双方的利益，以便达成交易。因此，在实践中，买卖双方需要了解交易国/地区的外汇管制情况、竞争对手采用的支付条款、双方的资信、资金占用时间等因素，还需要综合分析各种支付方式的利弊，然后结合本国商品供求情况，在保证收汇安全的前提下，根据需要灵活地选择各种支付方式。

一、信用证与汇付相结合

信用证与汇付相结合是指部分货款用信用证支付，余款用汇付支付。这种结合常用于允许交货数量有一定机动幅度的某些初级产品的交易。例如，对于矿砂等初级产品的交易，双方约定，信用证规定凭装运单据先付发票金额的若干成，余数待货到目的地后，根据检验的结果，按实际品质或重量计算出确切的金额，另用汇付方式支付。

二、信用证与托收相结合

信用证和托收相结合是指部分货款用信用证支付，余款用托收方式结算。一般做法是，出口商开立两张汇票，属于信用证部分的货物凭光票付款，而全套单据附在托收部分汇票项下，按即期或远期付款交单方式托收。但合同上必须订明"在发票金额全部付清后才可交单"的条款，以保证收汇安全。

这种做法，对进口商而言，可以减少开证金额和费用，减少资金的占用；对出口商而言，由于全套单据附在托收部分汇票项下，银行必须等全部货款付清后，才能交出全套单据。因此，这种方式的托收是比较安全的。

三、汇付、托收、信用证三者相结合

在成套设备、大型机械产品和交通工具的交易中，因为成交金额较大，成品生产周期较长，一般采取按工程进度和交货进度分若干期付清货款，即分期付款和延期付款的方法，一般采用汇付、托收和信用证相结合的支付方式。

1. 分期付款

分期付款（Pay by Installments）大多用在一些生产周期长、成本费用高的产品交易上，如成套设备、大型交通工具、重型机械设备等产品的出口。分期付款的做法是在进出口合同签订后，进口商先支付一小部分货款作为定金给出口商，其余大部分货款在产品部分或全部生产完毕装船付运后，或在货到安装、试车、投入以及质量保证期满时分期偿付。

2. 延期付款

延期付款（Deferred Payment）是指买方在预付一部分定金后，大部分货款在交货后若干年内分期摊付。具体做法是：进出口合同签订后，进口商先支付一小部分货款作为定金支付给出口商，有的合同还规定按照工程进度或交货进度分期支付部分货款，其他大部分货款是在全部交货后若干年内分期摊付，即采用远期信用证支付，货物所有权一般在货物交付时转移。延期付款中的交货后支付的货款实际上是一种赊销。

四、汇付与银行保函或备用信用证相结合

汇付与银行保函或备用信用证相结合是指全部货款通过汇付方式进行支付，同时开具银行保函或备用信用证，以确保合同顺利履行。这种结合常见于大型机械、成套设备的交易。

五、托收与银行保函或备用信用证相结合

托收与银行保函或备用信用证相结合是指全部货款通过托收方式进行支付，同时买方开具银行保函或备用信用证交给卖方，为卖方提供收款保证。

第五节　进出口合同中支付条款实务

国际贸易中，进出口合同的支付条款包括支付货币、支付金额、支付时间和支付方式。选择和运用各种不同的支付方式，应在贯彻我国外贸方针政策的前提下，从保障外汇资金安全、加速资金周转、扩大贸易往来等因素来考虑。支付时间和支付方式是支付条款的重要内容，就我国外贸业务中常见的不同支付方式举例说明如下：

一、汇付条款

在使用汇付时应明确规定汇付的时间、具体的汇付方式和汇付金额等内容。

> **例1**：买方应不迟于2月1日将100%的货款用票汇预付并抵达卖方。
> The buyer shall pay 100% of the sales proceeds in advance by Demand Draft to reach the seller not later than Feb.1.

> **例2**：买方同意在本合同货物装运之日起7天内，将全部货款用电汇方式汇付给卖方。
> The buyer agrees to remit the total payment to the seller by T/T within 7 days from the date of shipment of the contract goods.

二、托收方式

由于托收的种类多种多样，在磋商和订立合同条款时，应在进出口合同中明确规定托收种类、交单条件、承兑或付款责任以及期限等。

1. 即期付款交单

> **例**：买方应凭卖方开具的即期跟单汇票于见票时立即付款，付款后交单。
>
> The buyer shall pay at sight against the documentary draft drawn by the seller at sight and deliver the documents after payment.

2. 远期付款交单

> **例**：买方对卖方开具的见票后 30 天付款的跟单汇票，于第一次提示时即予承兑，并应于汇票到期日即予以付款，付款后交单。
>
> The buyers shall duly accept the documentary draft drawn by the Sellers at 30 days sight upon first presentation and make payment on its maturity. The shipping documents are to be delivered against payment only.

3. 承兑交单

> **例**：买方对卖方开具的跟单汇票，于提示日承兑，并应于提单日后××天付款，承兑后交单。
>
> The buyer shall accept the documentary draft drawn up by the seller on the date of presentation, and shall pay for the documentary draft at ×× days after the date of Bill of Lading.

三、信用证方式

信用证条款有各种不同的订法，在制订信用证方式的支付条款时，应在合同中明确规定信用证的种类、受益人、开证日期、信用证金额、有效期和到期地点、随附单据等。

> **例**：买方应在合同生效后 45 天内，开出以卖方为受益人的不可撤销的议付信用证，信用证在装船完毕后 15 天内到期。
>
> The buyer shall open an irrevocable Negotiation L/C in favor of the seller within 45 days after the effective date of the contract. The L/C shall expire within 15 days after the completion of loading of the shipment.

1. 汇付与信用证相结合方式

> **例**：合同签订后 45 天内，买方应将合同总价的 30% 作为预付款电汇给卖方，其余 70% 的货款凭信用证项下的跟单汇票支付。
>
> 30% of the total contract value as advance payment shall be remitted by the buyer to the seller through telegraphic transfer within 45 days after signing this contract, while the remaining 70% of the invoice value against the documentary draft on L/C basis.

2. 托收与信用证相结合方式

例： 在装运月前45天以不可撤销的信用证支付给卖方50%发票金额，凭光票支付，其余50%凭即期汇票托收。全套装运单据应随托收汇票一并提交，并在全额支付发票金额后才可放行。如果买方未能支付全部发票金额，装运单据应由开证行持有，由卖方处理。

Payment by Irrevocable L/C to reach the seller 45 days before the month of shipment stipulating that 50% of the invoice value available against clean draft, while the remaining 50% against the draft at sight on collection basis. The full sets of shipping documents shall accompany the collection draft and shall only be released after full payment of the invoice value. If the buyers fail to pay the full invoice value, the shipping documents shall be held by the issuing bank at the seller's disposal.

导入案例分析

在本案中，双方争执的焦点是其成交合同与信用证的规定不相符合，处理本案争执的关键是依合同，还是依据信用证。根据《跟单信用证统一惯例》（UCP600）的规定，信用证"单单相符、单证一致"的支付原则，卖方上海公司依据信用证行事是合法、合理的，应给予支持。因为在给付时，开证行和受益人只依据信用证行事，而不看重合同的规定，而对买方香港公司的主张证据不足，不予支持，因为本案处理是依据信用证而不依据合同。

本章小结

国际结算中常用的三种票据为汇票、本票和支票，其中汇票是国际贸易中最常见的票据类型之一，本章重点介绍了汇票的定义、内容、涉及的当事人、种类和使用。

在国际货款的结算中，较常见的结算方式有汇付、托收和信用证。其中，汇付和托收属于商业信用，信用证属于银行信用。在国际货物买卖中，商业信用和银行信用的区别在于卖方能否顺利获得货款，取决于企业信用还是银行信用，通常情况下，银行信用优于商业信用。因此，在进出口业务中，买卖双方在签订货款支付条款时，一定要充分考虑对方的信用、资金状况、市场行情、汇率变动等，合理地选用各种支付方式。在实践中，可以只选用一种支付方式，也可以是汇付和信用证相结合，托收和信用证相结合，汇付、托收和信用证相结合等多种组合方式，以便既能有效规避交易中的支付风险，又能减轻银行费用，简化手续，促进交易顺利、有序地进展。

国际贸易中，进出口合同的支付条款包括支付货币、支付金额、支付时间和支付方式。在制订支付条款时，要综合运用各种不同的支付方式，可以从以下方面防范风险：①采用汇付方式时，注意考察对方的资信情况，出口商尽可能争取先100%付清货款后再发货（即前T/T）。如果是分期付款，那么出口商电汇货款的预付款比例一般在30%左右，出口商要争取进一步提高这个比例，比例越高，比例越大，出口商在合同履行中的风险越小，也能缓解出口商的资金压力。②采用托收方式时，尽量选用即期付款交单（D/P at sight）。由于D/P远期付款方式的具体掌握方法在国际上尚无明确的规定，各国的处理方法也不同，D/P远期托收还存在许多争议，因此出口商应慎重使用。③采用信用证方式时，加强对开证行的资信调查。信用证属于银行信用，因而开证行的信用至关重要。为防范这一风险，出口商应事先了解进口商所在国家或地区的经济、金融状况以及当地银行信用证业务的做法，在订约时具体规定信用证的开证行，还可以要求由开证行以外的另一家银行对该证进行保兑。此外，需要严格审查信用证，注意信用证的内容是否与合同一致，是否有条件限制和软条款等陷阱。

思考与练习

一、填空题

1. 国际贸易的结算工具主要有两大类，是_____和_____。
2. 我国《票据法》规定的"票据"指_____、_____和_____，在国际贸易中，_____是最常见的票据类型之一。
3. 汇票是一种无条件支付命令，通常有三个当事人，即_____、_____和_____。
4. 汇票的种类很多，按照付款人的不同，汇票可以分为_____和_____。
5. 汇票出票时，收款人通常有三种写法，分别为_____、_____和_____。
6. 按照资金的流向与支付工具的传递方向的关系，支付方式可以分为_____和_____。
7. 根据汇付方式不同，汇付可分为_____、_____和_____三种，其中，_____最为常用。
8. 电汇业务中，买方先付清100%货款后，卖方再发货，此种方式又称为_____。
9. 跟单托收按交付货运单据条件的不同，又可分为_____和_____两种。
10. 托收属于_____信用，银行办理托收业务时，既没有_____的义务，也没有_____的责任。
11. 信用证是_____的书面文件，简单地说，信用证是一种银行开立的有条件的承诺付款的书面文件。
12. 信用证内容主要包含六个方面：_____、_____、_____、_____、_____和_____。

二、单项选择题

1. 票据是国际通行的结算信贷工具，以下不属于结算信贷工具的票据的是（　　）。
   A．支票　　　　　B．本票　　　　　C．汇票　　　　　D．发票
2. 由出口商签发的要求银行在一定时间内付款并经银行承兑的票据（　　）。
   A．既是银行汇票，又是商业汇票　　　B．既是商业汇票，又是银行承兑汇票
   C．既是银行支票，又是远期汇票　　　D．既是即期汇票，又是银行承兑汇票
3. 某公司签发一张汇票，上面注明"at 180 days after sight"，则这是一张（　　）。
   A．即期汇票　　B．远期汇票　　　C．光票　　　　　D．银行汇票
4. 汇票按照有无附属单据，可以分为（　　）。
   A．银行汇票和商业汇票　　　　　　　B．即期汇票和远期汇票
   C．光票和跟单汇票　　　　　　　　　D．商业汇票和跟单汇票
5. 下面不属于跟单汇票中所指单据的是（　　）。
   A．提单　　　　B．发票　　　　　C．保险单　　　　D．股票
6. 汇付和托收业务都属于商业信用，是因为（　　）。
   A．银行不参与业务　　　　　　　　　B．出票人开立的汇票不是银行汇票
   C．银行不承担保证付款的义务　　　　D．银行不审核单据
7. 汇付方式中简称"D/D"的是（　　）。
   A．信汇　　　　B．电汇　　　　　C．票汇　　　　　D．邮汇

8. 承兑交单方式开立的汇票是（　　）。
   A. 即期汇票　　　　B. 远期汇票　　　　C. 银行汇票　　　　D. 商业汇票
9. 信用证的特点不包括（　　）。
   A. 信用证是一种银行信用　　　　B. 信用证是一个自足文件
   C. 信用证是纯粹的单据买卖业务　　　　D. 信用证与货物严格相符的业务
10. 在信用证付款方式下，银行付款的原则是出口商提交的单据（　　）。
    A. 与买卖合同的规定相符
    B. 与信用证的规定相符
    C. 与信用证规定和买卖合同的规定同时相符
    D. 与合同规定或信用证的规定相符
11. 信用证的第一付款人是（　　）。
    A. 进口人　　　　B. 开证行　　　　C. 议付行　　　　D. 通知行
12. 在分批均匀交货的大宗交易中，为节省开证费用易使用（　　）。
    A. 对开信用证　　　　B. 备用信用证
    C. 跟单信用证　　　　D. 循环信用证

三、判断题

1. 国际货款支付方式中，D/A 比 D/P、L/C 风险都要大。（　　）
2. 信用证业务中，议付行和付款行承担的责任是一样的，只要对信用证进行了付款，都无追索权。（　　）
3. 一张不可撤销的信用证，在任何情况下都不可撤销或修改。（　　）
4. 汇票的开票行为是指出票人签发汇票的行为。（　　）
5. 汇票、本票和支票都是无条件的付款命令，涉及的主要当事人有出票人、受票人和收款人三方。（　　）
6. 保兑信用证，开证行和保兑行同时负有第一付款责任。（　　）
7. 对于出口商来说，前 T/T 比后 T/T 风险大，因此，在进出口业务中，出口商更愿意采用后 T/T 进行货款结算。（　　）
8. 托收业务中，一般是通过银行来进行托收的，所以托收属于银行信用。（　　）
9. 光票是指不随附任何单据的汇票。（　　）
10. 在一般情况下，汇票一经付款，出票人对汇票的责任即告解除。（　　）

四、案例分析与计算

1. 我国某公司向外国某商进口一批钢材，货物分两批装运，支付方式为不可撤销即期信用证，每批分别由中国银行开立一份信用证。第一批货物装运后，卖方在有效期内向议付银行交单议付，议付行审单后议付了货款，中国银行也对议付行做了偿付。我方在收到第一批货物后，发现货物品质不符合合同规定，要求开证行对第二份信用证项下的单据拒绝付款，但遭到开证行拒绝。请问：开证行拒绝是否有道理？

2. 我国南京某公司向日本客商出口一批货物，日本客商按时开来不可撤销即期议付信用证，该证由设在我国境内的外资 B 银行通知并加具保兑。南京公司在货物装运后，将全套合格单据交 B 银行议付，收妥货款。但 B 银行向开证行索偿时，得知开证行因经营不善已宣布破产。

于是，B 银行要求南京公司将议付款退还，并建议南京公司直接向买方索款。请问：南京公司如何处理？为什么？

3．天津天宏出口公司出售货物一批给香港大昌公司价格条件为 CIF 香港，付款条件为 D/P 见票后 30 天付款，天宏公司同意大昌公司指定香港汇丰银行为代收行。天宏公司在合同规定的装船期限内将货物装船，取得清洁提单，随即出具汇票连同提单和商业发票等委托中国银行通过香港汇丰银行向香港大昌公司收取货款。货到目的港，大昌公司认为货物与合同不符，拒不付款赎单，导致天宏公司的货物滞留码头。

请据此回答下列的问题：
（1）本案采用的是什么付款方式？
（2）在大昌公司不付款赎单的情况下，香港汇丰银行是否应当去码头提货？
（3）在大昌公司不付款赎单的情况下，香港汇丰银行应如何处理？

第十章 进出口商品的检验

Chapter Ten

学习目标

▲ 了解进出口商品检验的意义和作用
▲ 掌握进出口商品检验的时间和地点
▲ 了解进出口商品检验机构的类型
▲ 掌握我国进出口商品检验的程序、内容、方法和标准
▲ 掌握我国进出口商品检验证书的种类
▲ 能正确订立进出口合同中的检验条款

导入案例

2014年,韩国政府对华招标采购大蒜,临沂市兰陵县十几位蒜农首次合伙中标,对韩国出口大蒜。2014年12月初,蒜农们备好货后,由韩国官方质检机构——韩国农水产食品流通公社专职质检人员对大蒜进行检验,检验合格后封箱,并在每个箱子上打上了该公司的铅封,之后装入集装箱发运。

2014年12月7日,首批大蒜运出,12月9日到达韩国釜山港;第二批大蒜于2014年12月14日发运,12月16日到港。让蒜农没想到的是2 200吨大蒜进港后通过了检疫、食品安全等部门的检查,韩国农管所以大蒜"重斑点超标"为由要求他们一次性将全部大蒜退回,最终两批大蒜都没有通过检验,被要求返送回中国。两千多吨大蒜在釜山港一天的仓储费用就是8万多元,无奈之下,蒜农们把情况反映到了兰陵县政府,为尽量减少损失,县政府通过紧急协调贷款等方式帮助他们把蒜运回国内销售,但出口每吨六千七、八百元的大蒜内销每吨要下降近3 000元,在"割肉止损"的同时,当地政府也专门聘请律师并向韩国驻青岛领事馆递交材料进行维权。

进出口商品检验(Import/Export Commodity Inspection)是指由国家/地区设立的检验机构或向政府注册的独立机构,对进出口货物的质量、数量、规格、包装、安全性能、卫生等进行检验、鉴定,并出具证书的工作。其目的是经过第三者证明,保障对外贸易各方的合法权益。我国海关及相关部门规定,重要进出口商品,非经检验发给证件的,不准输入或输出。

合同中的检验条款是国际货物销售合同中的重要条款,它是交易双方磋商和合同订立的主要内容,也是交易双方履行合同的依据。

第一节 进出口商品检验的意义和作用

进出口商品检验是指对进出口商品的品质、规格、重量、数量、包装、安全性能、卫生方面的指标及装运技术和装运条件等项目实施检验和鉴定,以确定其是否与贸易合同、有关标准

规定一致，是否符合进出口国/地区有关法律和行政法规的规定，简称为"商检"。

商检是一个国家/地区为保障国家/地区安全、维护国民健康、保护动物、植物和环境而采取的技术法规和行政措施。国际货物买卖中的商检是货物进出口过程中的重要环节，它不仅是买卖双方交接货物、支付货款、发生纠纷时进行索赔的重要依据，也是运输、保险、通关放行的重要依据。

一、进出口商品检验的意义

对进出口货物实施检验是世界各国/地区的通行做法。各国/地区法律及国际规约（包括条约、公约、合约、协定、规则、声明）都赋予出入境检验以公认的法律职责。

1. 出口商品检验能有效把好出口产品质量关

检验机构对出口商品的质量、数量、规格、卫生、安全性能等进行检验，把好质量关，能够有效地维护出口商品信誉和促进出口商品质量的提高，增强出口企业在国际市场上的竞争力，推动出口贸易发展。

2. 进口商品检验能有效把好进口产品质量关

检验机构对进口商品的质量、数量、规格、卫生、安全性能等进行检验，把好质量关，能有效维护国内消费者的权益。同时，还可以防止动植物传染病、寄生虫病和植物危险性病虫害随着进口产品进入我国，在国内传播，保障农林渔业生产和人民健康。

3. 商品检验是使国际贸易活动能够顺利进行的重要环节

在国际货物买卖中，买卖双方身处不同的国家/地区，难以当面交接货物；并且商品要经过长途运输，途中可能还会多次装卸，难免会发生货物短损残缺甚至灭失等问题，尤其是在凭单证交接货物的象征性交货条件下，买卖双方对所交货物的品质、数量、重量、包装等问题更容易产生争议，而这也会涉及收发货人、运输部门、装卸部门、保险公司等多方面的责任。因此，为了明确责任的归属，查明货损的原因和程度，避免纠纷或出现争议后能够妥善解决，就需要一个有资格的、公正的第三方即商品检验机构对货物进行检验或鉴定，以维护国际贸易双方的合法权益。

因此，商品检验是进出口货物交接过程中不可缺少的一个重要环节，为买卖双方交接货物、结算货款、通关计税和索赔理赔提供了依据。

二、进出口商品检验的作用

1. 通关验放的有效证件

大多数国家/地区为了维护本国的政治经济利益，对一些重要的进出口商品的品质、数量、包装、卫生、安全检验制定了严格的法律法规，在这些商品进出口时，必须由当事人提交符合规定的检验证书和有关证明手续，海关才准予进出口。

2. 买卖双方结算货款的依据

有些进出口合同明确规定检验部门出具的品质证书、重量或数量证书等是买卖双方最终结算货款的重要依据，凭检验证书中确定的商品等级、规格、重量、数量计算货款。

3. 计算运输、仓储等费用的依据

检验的货载衡量工作所确定的货物重量或体积（尺码吨），是托运人和承运人间计算运费的有效证件，也是港口仓储运输部门计算栈租、装卸、理货等费用的有效文件。

4. 办理索赔的依据

检验机构在检验中发现货物品质不良，或数量、重量不符，违反合同有关规定，或者货物

发生残损、海事等意外情况时，检验后签发的有关品质、数量、重量、残损的证书是收货人向各有关责任人提出索赔的重要依据。

5．计算关税的依据

检验机构出具的重量、数量证书，具有公正、准确的特点，是海关核查征收进出口商品关税时的重要依据之一。残损证书所标明的残损、缺少的商品可以作为向海关申请退税的有效凭证。

6．作为证明情况、明确责任的证件

检验机构应申请人申请委托，经检验鉴定后出具的货物积载状况证明、监装证明、监卸证明、集装箱的验箱、拆箱证明，对船舱检验提供的验舱证明、封舱证明、舱口检视证明，对散装液体货物提供的冷藏箱（舱）的冷藏温度证明、取样和封样证明等，都是为证明货物在装运和流通过程中的状态和某些环节而提供的，以便证明事实状态，明确有关方面的责任，也是船方和有关方面免责的证明文件。

7．作为仲裁、诉讼举证的有效文件

在国际贸易中发生争议和纠纷，买卖双方或有关方面协商解决时，商检证书是有效的证明文件。当自行协商不能解决，提交仲裁或进行司法诉讼时，商检证书是向仲裁庭或法院举证的有效文件。

第二节 进出口商品检验的时间和地点

在国际贸易中，进出口商品检验的时间和地点是检验条款的核心问题，它关系到买卖双方在检验标准、检验机构、检验权、检验结果和索赔等诸多问题的认定，涉及买卖双方的切身利益。目前，国际贸易中，进出口商品检验的时间和地点的规定方法主要有以下几种：

1．出口国/地区产地检验

出口国/地区产地检验指由卖方按照买卖双方的约定，在货物产地完成检验，并以产地检验的结果作为交易双方交接货物的依据。卖方只承担货物离开产地前的责任，对于货物离开产地后的运输途中发生的一切变化，卖方不承担任何责任和风险。

2．装运港（地）检验

装运港（地）检验指由买卖双方约定的商检机构在装运港（地）完成对货物的检验，检验合格后，出具相应的检验报告或证明作为卖方交付合格货物的依据。这种做法又被称为以"离岸品质和离岸数量"为准。

前两种方式都是在出口国/地区完成货物检验的，最终以卖方的检验结果为准，排除了买方对货物的检验权，对卖方有利，对买方较为不利。

3．目的港（地）检验

目的港（地）检验是指进出口货物运到目的港（地）之后，再由买卖双方约定的商检机构完成货物的检验。此种方法以买方的检验结果作为交货品质和数量的依据，因此又被称为以"到岸品质和到岸数量"为准。

4．买方营业处所或最终用户所在地检验

有些货物，如大型机械、成套设备、精密复杂的仪器进口，不宜在使用前拆包检验，或者需要安装调试后才能进行检验，需要将这类货物的检验延后到买方营业处所或最终用户所在地，最终以双方约定的检验机构在买方营业处所或最终用户所在地完成检验后出具的检验证书作为交货的依据。

目的港（地）检验和买方营业处所或最终用户所在地检验是在进口国/地区完成货物检验的，实际上是买方享有货物的最终检验权，卖方承担了到货品质、到货数量的责任。这两种检验时间和地点的规定方法对买方有利，对卖方较为不利。

5. 出口国/地区检验，进口国/地区复检

"出口国/地区检验，进口国/地区复检"的做法兼顾了买卖双方的检验权利。按合同规定，由出口国/地区双方约定的检验机构对货物进行首次检验，检验结果作为卖方交付货物和要求银行付款的依据；货物运抵进口国/地区后，再由进口国/地区双方约定的检验机构完成对货物的复检。如果进口国/地区的检验发现货物不符合合同要求，且系卖方责任，买方有权在索赔有效期内对卖方提出索赔。

对于大多数国际货物买卖中，规定"出口国/地区检验，进口国/地区复检"较为公平、合理，因为它既认可卖方检验的有效性，又确认了买方收到货物后的检验权，易于被买卖双方接受，在国际贸易中最为常用。

第三节 进出口商品检验机构

在国际贸易中，交易双方通常需要独立的第三方机构对货物进行检验，这种根据客户的委托或有关法律、法规的规定对进出境商品进行检验、鉴定和管理的机构就是商品检验机构，简称检验机构或商检机构。

一、国际上商品检验机构的类型

国际上的商品检验机构种类繁多，名称各异，有的称为公证行，有的称为实验室，还有的称为宣誓衡量人。根据检验机构的性质不同，大体可以分为官方检验机构、半官方检验机构和非官方检验机构。

1. 官方检验机构

官方检验机构指由国家或地方政府投资，按照国家有关法律法令对出入境商品实施强制性检验、检疫和监督管理的机构。一般情况，各国/地区至少都存在一家官方检验机构，如美国食品药物管理局、英国标准协会、日本的通商产业省和农林水产省。

2. 半官方检验机构

半官方检验机构指由一些有一定权威的、由国家/地区政府授权、代表政府行使某项商品检验或某一方面检验管理工作的民间机构，如美国安全检测试验所。

3. 非官方检验机构

非官方检验机构指由私人创办的、具有专业检验和鉴定技术能力的公证行或检验公司，如英国劳氏质量认证有限公司、瑞士通用公证行。

二、我国的商品检验机构

1998年前，我国的出入境检验检疫工作由我国国家进出口商品检验局、农业部动植物检疫局、卫生部卫生检疫局三个部门分工负责。1998年3月，我国将上述三个部门合并组建成中华人民共和国出入境检验检疫局。2001年4月，国家质量技术监督局与国家出入境检验检疫局合并，成立了中华人民共和国质量监督检验检疫总局（简称国家质检总局）。国家质检总局及其设在各地的分支机构（通常称为国家商检部门）主管我国出入境商品检验工作。

2018年4月20日，为了贯彻执行党中央国务院下发的《有关深化党和国家机构改革方案》，落实国务院机构改革方案，原国家质检总局的出入境检验检疫管理职责和队伍正式并入中国海关总署。"关检合并"后，海关正式成为我国进出口商品的官方检验机构。

根据《中华人民共和国进出口商品检验法》（以下简称《商检法》），"国务院设立进出口商品检验部门（以下简称国家商检部门），主管全国进出口商品检验工作。国家商检部门设在各地的进出口商品检验机构（以下简称商检机构）管理所辖地区的进出口商品检验工作。"我国商检机构的基本任务，是实施进出口商品法定检验、公证鉴定、监督管理进出口商品检验工作。

根据《商检法》，"进出口商品检验应当根据保护人类健康和安全、保护动物或者植物的生命和健康、保护环境、防止欺诈行为、维护国家安全的原则，由国家商检部门制定、调整必须实施检验的进出口商品目录并公布实施。""列入目录的进出口商品，由商检机构实施检验。"

经国家商检部门许可的检验机构，可以接受对外贸易关系人或者外国检验机构的委托，办理进出口商品检验鉴定业务。中国检验认证集团（简称中检集团，英文缩写CCIC）是经国务院批准设立、国务院国资委管理的中央企业，是以"检验、鉴定、认证、测试"为主业的综合性质量服务机构，创建于1980年。经过40年的发展，中国检验认证集团已经成为"中国第一，世界知名"的国际化检验检测认证企业集团，以独立第三方地位办理进出口商品的检验和鉴定业务。

第四节 我国进出口商品检验的程序、内容、方法和标准

进出口货物报关报检

一、进出口商品检验程序

一般来说，进出口商品检验的程序包括申报、抽样、检验检疫、签发证书四个环节，必要时还须进行卫生除害处理（检疫处理）。

1. 申报

2018年关检融合之后，原有的报检申请和报关申请合并成报关申请。在通关环节，货主或其代理人通过计算机系统向海关传送报关单数据，即电子申报。当前，大多数企业选择通过国际贸易单一窗口平台的"关检数据录入"界面，一次录入货物（报关、报检）申报数据完成申报，随后等待海关对企业联网申报的报关单及随附单证的电子数据进行无纸审核。在申报环节，不需报检的进出口货物只需完成报关单中报关内容的填报，需要报检的进出口货物则需完成报关单中报关和报检两部分的填报。国际贸易单一窗口平台的"关检数据录入"界面将原有报关单和报检单申报数据进行优化整合，最大程度地简化了申报项目，减少了企业录入项。

电子申报中，随附的单证主要包括基本单证和特殊单证两大类。基本单证主要包括外贸合同、商业发票、装箱单、货运单据、信用证等，特殊单证主要包括进口许可证、加工证书贸易登记手册、特定减免税证明、原产地证等。

2. 抽样

海关收到货物的报关信息，审核无误后，由海关派出检验工作人员及时赶赴货物存放地或运输工具上进行现场检验鉴定。如需抽样的货物，则采用"双随机"的方法抽取样品进行留存，供后续检验用。抽样时，需要货主或其代理人、运输或存储方，配合海关工作人员在现场完成操作。

3. 检验检疫

海关对已报检的进出口货物，通过感官、物理、化学、微生物等方法进行检验检疫，以判定所检对象的各项指标是否符合有关强制性标准或合同及买方所在国官方机构的有关规定。进出口商品检验检疫一般包括现场查验和目的地或产地检验两个环节。现场查验内容包括货证相符情况、产品包装、标签版面格式、产品感官性状、运输工具、集装箱或者存放场所的卫生状况；目的地或产地检验则是通过把货物运输到工厂或指定地点完成检验。

4. 卫生除害处理（检疫处理）

按照我国《卫生检疫法》及其实施细则、《动植物检疫法》及其实施细则的有关规定，海关对来自传染病疫区或动植物疫区的有关出入境货物、交通工具及废旧物品等进行卫生除害处理（检疫处理）。

5. 签发证书

出境货物，经检验检疫合格的，办理货物通关手续；经检验检疫或口岸核查货证不合格的，签发出境货物不合格通知单。

入境货物，经检验检疫合格的，或经检验检疫不合格但已进行有效处理合格的，签发入境货物检验检疫证明。不合格需做退货或销毁处理的，签发检验检疫处理通知书；需办理索赔的，签发检验检疫证书，供有关方面对外进行索赔。

二、检验内容

进出口商品的检验内容主要是对商品的品质、规格、重量、数量、包装、安全性能、卫生方面的指标及装运技术和装运条件等项目实施检验和鉴定。接下来，对进出口商品的主要检验内容介绍如下：

1. 品质检验

品质检验是根据合同和有关检验标准规定或申请人的要求对商品的使用价值所表现出来的各种特性，运用人的感官或化学、物理等各种手段进行测试、鉴别。其目的就是判别、确定该商品的质量是否符合合同中规定的商品质量条件。品质检验包括外观品质检验和内在品质检验。

（1）外观品质检验，是指对商品外观尺寸、造型、结构、款式、表面色彩、表面精度、软硬度、光泽度、新鲜度、成熟度、气味等进行检验。

（2）内在品质检验，是指对商品的化学组成、性质和等级等技术指标进行检验。

2. 规格检验

规格表示同类商品在量（如体积、容积、面积、粗细、长度、宽度、厚度等）方面的差别，与商品品质优次无关。如鞋类的大小、纤维的长度和粗细、玻璃的厚度和面积等规格，只表明商品之间在量上的差别。由于商品的品质与规格是密切相关的两个质量特征，进出口合同中的品质条款一般都包括了规格要求。因此，规格检验是进出口商品检验的内容。

3. 数量和重量检验

数量和重量是买卖双方成交商品的基本计量和计价单位，直接关系着双方的经济利益，也是对外贸易中最敏感而且容易引起争议的因素之一。因此，数量和重量检验是进出口商品检验的内容。

4. 包装检验

商品包装的质量和完好程度直接关系着商品的质量。商品包装问题是商业部门分清责任归属、确定索赔对象的重要依据之一。包装质量检验的内容主要是内外包装的质量，如包装材料、容器结构、造型和装潢等对商品贮存、运输、销售的适宜性，包装的完好程度，包装标志的正确性和清晰度，包装防护措施的牢固度等。

5．安全卫生检验

商品的安全检验是指根据国家规定和外贸合同、标准以及进口国的法律要求，对进出口商品有关安全性能方面的项目进行检验，以保证安全使用和生命、财产安全。如电子电器类商品的漏电检验、绝缘性能检验和X光辐射等。

商品的卫生检验是指对商品中的有毒有害物质及微生物的检验。如食品添加剂中砷、铅、镉的检验，茶叶中的农药残留量检验等。

进出口商品的检验内容除上述内容外，还包括残损鉴定、集装箱检验、进出口商品的残损检验、出口商品的装运技术条件检验、货载衡量、产地证明、价值证明以及其他业务的检验。

三、商品质量检验方法

商品质量检验的方法很多，通常分为感官检验法、理化检验法、生物学检验法等。

1．感官检验法

感官检验法是借助人的感觉器官的功能和实践经验来检测评价商品质量的一种方法。也就是利用人的眼、鼻、舌、耳、手等感觉器官作为检验器具，结合平时积累的实践经验对商品外形结构、外观疵点、色泽、声音、气味、滋味、弹性、硬度、光滑度、包装和装潢等质量情况，并对商品的种类品种、规格、性能等进行识别。具体方法主要有：视觉检验、听觉检验、味觉检验、嗅觉检验、触觉检验。

2．理化检验法

理化检验法是在实验室的一定环境条件下，借助各种仪器、设备和试剂，运用物理、化学的方法来检测评价商品质量的一种方法。它主要用于检验商品的成分、结构、物理性质、化学性质、安全性、卫生性以及对环境的污染和破坏性等。

3．生物学检验法

生物学检验法是通过仪器、试剂和动物来测定食品、药品和一些日用工业品以及包装在有关人体健康安全等方面的性能的检验。

检验商品品质需采用的检验方法因商品种类不同而异，有的商品采用感官检验法即可评价质量；有的商品既需要采用感官检验法，也采用理化检验法；有的商品则需以生物学检验的结论作为评价商品质量的依据。

四、检验标准

根据《商检法》，"列入目录的进出口商品，按照国家技术规范的强制性要求进行检验；尚未制定国家技术规范的强制性要求的，应当依法及时制定，未制定之前，可以参照国家商检部门指定的国外有关标准进行检验。"在我国商品检验中，按检验标准发生作用的范围不同，可分为国际标准、国家标准、行业标准和企业标准。

1．国际标准

国际标准是指由国际上权威的专业组织制定，并为世界上多数国家承认和通用的产品质量标准。如国际标准化组织（ISO）、联合国粮农组织（UNFAO）等国际组织颁布的标准，属于推荐性标准。

2. 国家标准

国家标准是由国务院有关主管部门提出，由国家标准总局审批和公布，在全国范围内实施的标准，为强制性标准。

3. 行业标准

行业标准是在没有国家标准的情况下，由标准化主管机构制定、审批和发布的标准，如发布实施了国家标准，则该行业标准自行废止，不同行业的主管机构所颁布的标准按标准规定的范围实施。

4. 企业标准

企业标准是由企业制定和发布，在该企业范围内统一使用的标准。

《中华人民共和国出入境检验检疫行业标准》（SN标准）是由我国海关负责制定和发布的适用于出入境检验检疫的行业标准，是海关从事检验检疫工作，在实体和程序方面所遵循的尺度和准则，是评定检验检疫对象是否符合规定要求的准则。国家认证认可监督管理委员会主管全国检验检疫标准化工作，各直属海关负责所辖业务区域检验检疫标准化管理工作。

根据我国法律，商品检验标准是国家法律、行政法规规定设立的各项技术规范和强制性要求，没有强制性标准的按国际贸易合同约定的标准检验；强制性标准低于合同约定的检验检疫标准的，按照合同约定检验；没有上述标准的，按照生产国标准、有关国际标准或者海关制定的标准检验。

> **小资料**
>
> **我国进出口商品检验的法律依据**
>
> 我国进出口商品检验的法律法规依据主要是"四法三条例"：
>
> 1. "四法"
>
> （1）《中华人民共和国进出口商品检验法》（以下简称《商检法》）。
>
> （2）《中华人民共和国进出境动植物检疫法》（以下简称《动植物检疫法》）。
>
> （3）《中华人民共和国国境卫生检疫法》（以下简称《国境卫生检疫法》）。
>
> （4）《中华人民共和国食品安全法》（以下简称《食品安全法》）。
>
> 2. "三条例"
>
> （1）《中华人民共和国进出口商品检验法实施条例》（以下简称《商检法实施条例》）。
>
> （2）《中华人民共和国进出境动植物检疫法实施条例》（以下简称《动植物检疫法实施条例》）。
>
> （3）《中华人民共和国国境卫生检疫法实施细则》（以下简称《国境卫生检疫法实施细则》）。

第五节　我国进出口商品检验证书

根据《商检法》及其实施条例、《动植物检疫法》及其实施条例、《国境卫生检疫法》及其实施细则、《食品安全法》等法律法规的有关规定，对列入《出入境检验检疫机构实施检验检疫的进出境商品目录》（以下简称《目录》）以及法律、行政法规规定的进出口商品都须实施检验（简称为法定检验）。需法定检验的进口商品未经进口国官方检验机构检验或经检验不合格的，不准进境销售、使用；需法定检验的出口商品未经我国海关检验或经检验不合格的，不准出口。列入《目录》的进出口商品符合国家规定的免予检验条件，由收发货人或生产企业申请，经海关总署审查批准，可以免除检验。对法定检验以外的进出口商品，根据国家规定实施抽查检验。

在国际贸易中，由我国的商检机构或由经政府注册的、独立的、第三者身份的鉴定机构，对进出口商品进行检验，经检验合格的，可以颁发检验证书。检验证书是检验机构对进出口商品进行检验、鉴定后出具的证明文件，是卖方向银行办理议付的单据之一，是判断卖方所交货物是否与合同规定相符的证据，也是索赔和理赔必备的单据之一。国际贸易中常见的检验证书有以下种类：

（1）品质检验证书，是出口商品交货结汇和进口商品结算索赔的有效凭证。法定检验商品的品质检验证书也是进出口商品通关的合法凭证。

（2）重量/数量检验证书，是出口商品交货结汇、签发提单和进口商品结算索赔的有效凭证。出口商品的重量/数量证书也是国外报关征税和计算运费、装卸费用的证件。

（3）兽医检验证书，是证明出口动物产品或食品经过检疫合格的证件，适用于冻畜肉、冻禽、禽畜罐头、冻兔、肠衣等出口商品，是对外交货、银行结汇和进口国通关的重要证件。

（4）卫生/健康检验证书，是证明可供人类食用的出口动物产品、食品等经过卫生检验或检疫合格的证件，适用于肠衣、罐头、冻鱼、蛋品、乳制品、蜂蜜等，是对外交货、银行结汇和通关验放的有效证件。

（5）消毒检验证书，是证明出口动物产品经过消毒处理，保证安全卫生的证件，适用于猪鬃、马尾、羽毛、人发等商品，是对外交货、银行结汇和国外通关验放的有效凭证。

（6）熏蒸证书，是用于证明出口粮谷、油籽、皮张等商品以及包装用木材与植物性填充物等已经过熏蒸灭虫的证书。

（7）残损检验证书，是证明进口商品残损情况的证件，适用于进口商品发生残、短、毁等情况，可作为收货人向发货人或承运人或保险人等有关责任方索赔的有效证件。

（8）产地检验证书，是证明出口商品原生产地的证书，是出口商品在进口国通关和享受减免关税优惠待遇和证明商品产地的凭证。

（9）价值检验证书，是证明产品的价值或发票所载商品价值正确的文件。

（10）积载鉴定证书，是证明船方和集装箱装货部门正确配载积载货物，作为证明履行运输契约义务的证件，可供货物交接或发生货损时处理争议之用。

（11）生丝品级及公量检验证书，是出口生丝的专用证书，其作用相当于品质检验证书和重量/数量检验证书。

（12）货载衡量检验证书，是证明进出口商品的重量、体积吨位的证件，可作为计算运费和制订配载计划的依据。

小资料

进出口商品检验的报检范围

（1）法律、行政法规定必须由海关实施检验检疫：

1）列入《必须实施检验检疫的进出境商品目录》的货物。

2）入境废物、进口旧机电产品。

3）出口危险货物包装容器的性能检验和使用鉴定。

4）进出境集装箱。

5）进境、出境、过境的动植物、动植物产品及其他检疫物。

6）装载动植物、动植物产品和其他检疫物的装载容器、包装物、铺垫材料，进境动植物性包装物、铺垫材料。

7）来自动植物疫区的运输工具，装载进境、出境、过境的动植物、动植物产品及其他检疫物的运输工具。

8）进境拆解的废旧船舶。

9）出入境人员、交通工具、运输设备以及可能传播检疫传染病的行李、货物和邮包等物品。

10）旅客携带物（包括微生物、人体组织、生物制品、血液及其制品、骸骨、骨灰、旧物品和可能传播传染病的物品以人及动植物、动植物产品利和其他检疫物）和携带伴侣动物。

11）国际邮寄物（包括动植物、动植物产品和其他检疫物、微生物、人体组织、物制品、血液及其制品以及其他需要实施检疫的国际邮寄物）。

12）其他法律、行政法规规定须经海关实施检验检疫的应检对象。

（2）输入国家或地区规定必须凭检验检疫证书方准入境。

（3）有关国际条约规定须经海关检验检疫的出入境货物。

国际社会缔结的有关国际贸易的国际条约、公约或协定规定，须经海关检验检疫的入境货物，须经海关实施检验检疫，条约明确规定由其他检验机构检验的除外。

（4）需要申请签发原产地证明书及普惠制原产地证明书。

第六节 进出口商品检验条款的订立

商品检验条款的主要内容包括买方检验权、检验时间和地点、检验机构、检验证书、检验方法、检验标准等内容。

关于买方检验权，《联合国国际货物销售合同公约》第三十八条规定：①买方必须在按情况实际可行的最短时间内检验货物或由他人检验货物。②如果合同涉及货物的运输，检验可推迟到货物到达目的地后进行。③如果货物在运输途中改运或买方须再发运货物，没有合理机会加以检验，而卖方在订立合同时已知道或理应知道这种改运或再发运的可能性，检验可推迟到货物到达新目的地后进行。

我国法律也明确规定，除双方另有约定外，买方有权对自己购买的货物进行检验。如发现不符合规定，而且确属卖方责任，买方有权采取要求卖方予以损害赔偿等补救措施，直至拒收货物。但是，支持买方对货物的检验权并不表示它是对货物接受的前提条件，买方对收到的货物可以进行检验，也可以不进行检验，假如买方没有利用合理的机会进行检验，就是放弃了检验权，也就丧失了拒收货物的权利。

检验条款示例：由于装运港中国检验认证（集团）有限公司签发的品质（重量）检验证明书为信用证议付项下所提交单据，买方对已运货物的索赔必须在货物到达目的港后60天内提出，并且须经卖方同意的公证机构出具检验报告。（The certificates of quality and quantity(weight) issued by the China Certification & Inspection (Group) Co., Ltd. at port of shipment shall be part of the documents to be presented for negotiation under the relevant letter of credit. Any claim by the buyer regarding the goods shipped shall be field within 60 days after the arrival of the goods at the port of destination, and supported by a survey report issued by a surveyor approved by the seller.）

导入案例分析

山东社科院国际经济研究所所长李广杰表示,出口韩国的农产品货物遭退,这样的事例并不多见,但韩国在进口食品政策方面确实一直都持有保守、谨慎的态度。对于此事,由于大蒜的外观、规格、质量都是按照韩国农水产食品流通公社的标准严格生产的,而且也经过了验收,但农管所的检测结果却不同,前后检验结果不同是由于标准不同。

导致此次损失惨重的一个重要环节就是信用证,因为韩国方面不仅没有按照规定的流程开具这个担保文件,而且制订的相关条款也非常苛刻,近乎霸王条款。信用证兑付限制条款要求,货物(大蒜)到达韩国后,需要经过韩方三家检验检疫机构检查合格入关后,方能兑付90%;兑付时间上,需要韩国农水产食品流通公社开具"同意书"后才能兑付;剩余10%的货款需要经韩国农水产食品流通公社自行检验后才能兑付,如果出现失重等问题,将从这10%货款中扣除相关费用。在一般的外贸交易中,双方约定的信用证兑付条款为货物检验合格,出运后即可兑付。根据该信用证上的条款,主动权完全掌握在韩方手里,一旦退运,货款就拿不到了。

国际贸易具有高收益、高风险等特点,所以在进行对外贸易时,企业特别要注意标书的完整性,并根据标书的要求对质量严格把关,其次是对外贸易合同条款和信用证条款一定要完备。

本章小结

国际贸易合同中的检验条款是重要条款,交易双方在订立进出口合同的检验条款时,要考虑到交易双方国家/地区货物检验标准的不同,要注意检验时间和地点、检验机构的选择,还需要根据进口国/地区和出口国/地区的政策、法规,根据交易双方的要求,选择货物检验的内容和获取相应的检验证书。

检验的时间和地点是检验条款的核心问题,交易双方需要在进出口合同中约定。国际贸易中,"出口国/地区检验,进口国/地区复检"较为公平、合理,因为它既认可了卖方检验的有效性,又确认了买方收到货物后的检验权,易于被买卖双方接受,也最为常用。

检验证书通常是交易双方交接货物的重要依据,也是卖方向银行结算的凭证,还是卖方向买方索赔的有效证书。但是,不是所有的货物完成检验后,都需要申请检验证书,这需要交易双方根据进出国/地区海关对货物的检验规定以及进出口合同的约定来决定。

2018年8月1日,我国出入检验检疫机构正式并入海关。关检融合后,原有的报检和报关申报进行优化整合,全国通关一体化关检业务全面融合,大大简化了进出口货物的通关流程。

思考与练习

一、填空题

1. 进出口商品检验是指由国家/地区设立的检验机构或向政府注册的独立机构,对进出口货物的_____、_____、_____、_____、_____等进行检验、鉴定,并出具证书的工作。

2．商检机构对进出口商品实施检验的工作程序，一般包括_____、_____、_____、_____、_____。

3．需法定检验的进口商品未经进口国／地区官方检验机构检验或经检验不合格的，不准_____。

4．对法定检验以外的进出口商品，根据国家／地区规定实施_____。

5．在我国商品检验中，按标准发生作用的范围不同，可分为_____、_____、_____、_____。

6．商品质量检验的方法很多，通常分为_____、_____、_____等几个方面。

7．商品检验条款的主要内容包括_____、_____、_____、_____、_____、_____。

二、单项选择题

1．在进出口合同的检验条款中，检验时间和地点的规定使用最普遍的做法是（　　）。
　　A．出口国／地区检验
　　B．进口国／地区检验
　　C．出口国／地区检验，进口国／地区复检
　　D．出口国／地区检验重量，进口国／地区检验品质

2．如果交易双方约定装运港检验的情况下，货主在装运港装运按双方约定的检验机构对货物进行检验，该机构出具的检验证书作为决定交货货物的（　　）。
　　A．初始依据　　　　B．最后依据　　　　C．粗略依据　　　　D．次要依据

3．商检部门对进出口商品的质量、规格、等级进行检验后出具的是（　　）。
　　A．品质检验证书　　　　　　　　　B．重量检验证书
　　C．数量检验证书　　　　　　　　　D．卫生检验证书

4．在我国，凡需要法定检验出口的货物，应选择（　　）。
　　A．官方检验机构　　　　　　　　　B．非官方检验机构
　　C．半官方检验机构　　　　　　　　D．民间检验机构

5．若要使买方在目的港对所收货物无检验权，商品检验应（　　）。
　　A．以离岸品质、离岸重量为准　　　B．以到岸品质、到岸重量为准
　　C．以离岸品质、到岸数量为准　　　D．以到岸品质、离岸数量为准

6．以下不属于进出口商品检验的内容的是（　　）。
　　A．品质检验　　　　　　　　　　　B．数量检验
　　C．到货检验　　　　　　　　　　　D．包装检验

7．"离岸品质、离岸重量"是指（　　）。
　　A．装运港检验　　　　　　　　　　B．目的港检验
　　C．出口国／地区检验，进口国／地区复验　　D．装运港检验重量，目的港检验品质

三、判断题

1．法定检验是根据国家／地区规定，对进出口商品进行强制性检验。（　　）

2．商品检验是国际贸易中可有可无的环节。（　　）

3. 商品检验就是特指对商品质量的检验。　　　　　　　　　　　　（　　）
4. 凡是出口商品，必须通过检验机构检验才能出口。　　　　　　（　　）
5. 在我国，商品的商检证书必须由海关出具，才能作为议付的凭证之一。（　　）
6. 进出口商品检验的时间和地点是检验条款的核心问题。　　　　（　　）
7. 目前，我国的官方检验机构是中华人民共和国国家质量监督检验检疫总局。（　　）

四、案例分析与计算

1. 境内买方向境外的卖方购买一批货物，以信用证为支付工具。信用证特别写明要求以卖方的检验证书为交货依据。之后，卖方提交了检验人员出具的检验证书，证明他们按信用证检验了货物的数量和内容，并监督了之后的装箱。银行将该检验证书作为符合信用证要求的单据接受下来。然而货物运到目的地后，经电器测试，发现有缺陷，这些缺陷不是凭视觉能够察看出来的。买方凭合同以银行疏忽为由提出索赔。请评析此案。

2. 合同中的检验条款规定："以装运地检验报告为准。"但货到目的地后，买方发现货物与合同规定不符，经当地商品检验机构出具检验证书后，买方可否向卖方索赔？为什么？

第十一章　国际货物贸易争端与处理

Chapter Eleven

学习目标

▲ 掌握索赔、不可抗力、仲裁和贸易争端的含义
▲ 掌握索赔的依据、期限、方法和金额，能正确订立异议与索赔条款
▲ 掌握不可抗力的范围、法律后果，能正确订立不可抗力条款
▲ 掌握仲裁协议的内容和作用，能正确订立仲裁条款
▲ 掌握贸易争端的解决方式，能正确选择贸易争端解决方式

导入案例

我国进口商向哥伦比亚木材出口商订购一批木材，合同规定："如受到政府干预，合同应当延长，以至取消。"签约后适逢哥伦比亚热带雨林破坏加速，哥伦比亚政府对木材出口进行限制，致使哥伦比亚出口商在合同规定期内难以履行合同，并以不可抗力为由要求我方延迟合同执行或者解除合同，我方不同意对方要求，并提出索赔。请分析我方的索赔要求是否合理。

由于国别/地区的差异及贸易利益的冲突，合同条款订立得再详细也不能完全避免争议的出现，双方即使是严格履行了合同要求也可能发生纠纷。所以，在进出口业务中不仅要注意合同的严谨性，严格履行其应该承担的义务，还要学会纠纷的预防和处理。

为了防止争议的产生，或者出现争议后能够妥善地处理，买卖双方在交易磋商时就应对容易产生争议的条款做出明确和详细的规定，同时也应在合同中对产生争议后的处理措施以合同条款的形式加以规定。按照国际贸易业务的惯例，争议的预防和处理主要涉及索赔、不可抗力和仲裁。

第一节　索赔

索赔（Claims），是指在国际贸易业务中，因买卖双方中一方违反合同规定，直接或间接地给另一方造成了损失，受损方向违约方提出赔偿要求，以弥补所受损失。违反合同的一方受理受损方提出的赔偿要求的表示则称为理赔。

在国际贸易中，为了使索赔和理赔有据可依，买卖双方一般在合同中都订有索赔条款。合同中的索赔条款主要有以下两种规定形式：

一、异议和索赔条款

异议和索赔条款一般是针对卖方交货不符合合同规定而订立的，它规定的基本内容是：合

同一方违约时,另一方有权索赔;同时,还包括索赔的依据、索赔的期限、索赔金额等。

1. 索赔依据

索赔依据主要规定提出索赔必须具备的证据和出证机构。证据必须齐全、真实,出证机构必须符合要求。

2. 索赔期限

索赔期限是指索赔提出的有效期限。逾期索赔,违约方可不予受理。关于索赔期限的规定,主要根据不同种类货物做出合理的安排(例如,一般货物的索赔有效期为货物到达目的地后的30天或45天,机电设备仪器等为60天或90天,一般不超过180天)。

3. 索赔方法和索赔金额

因为违约情况比较复杂,签约时难以预料,因而,一般对这一条只做比较笼统的规定。

异议和索赔条款示例:买方对货物的任何异议必须于装运货物的船只到达提单指定目的港30天内提出,并须提供卖方同意的公证机构出具的检验报告。(Any claim by the buyer regarding the goods shall be filed within thirty days after the arrival of the goods at the port of destination specified in the relative B/L and supported by a survey report issued by a surveyor approved by the seller.)

二、罚金条款

罚金条款是预先在合同中规定罚金的数额或百分比率,当一方违约时,应向对方支付一定数额的罚金,以补偿对方的损失,它一般适用于卖方延期交货,或买方延迟开信用证等情况下。罚金的高低应视违约延误的时间而定,并规定上限。如延误7天罚金为0.5%,不足7天按7天算,如超过10周则可撤销合同。

罚金条款示例:如卖方不能如期交货,在卖方同意由付款行从议付的货款中扣除罚金或由买方在支付货款时直接扣除罚金的条件下,买方同意延期交货。罚金率按每7天收取延期交货货物价值的0.5%,不足7天按7天计算。但罚金不得超过延期交货货物价值的5%。如卖方未按本合同规定的装运期交货,延期10周时,买方有权撤销合同,但卖方仍应支付上述延期交货的罚金。(In case of seller's delaying delivery, the buyer shall agree to postpone the delivery on the condition that the seller agree to pay a penalty which shall be deducted by the paying bank from the payment under negotiation, or by the buyer direct at the time of payment. The rate penalty is charged at 0.5% of the value of the goods whose delivery has been delayed for every seven days, odd days less than seven days should be counted as seven days. But the total amount of penalty, however, shall not exceed 5% of the total value of the goods involved in the late delivery. In case the seller fail to make delivery ten weeks later than the time of shipment stipulated in the contract, the buyer shall have the right to cancel the contract and the seller shall still pay the aforesaid penalty to the buyer without delay.)

另外,各国/地区法律对合同的罚金条款解释不尽相同。法国、德国等大陆法系国家/地区的法律认可合同中的罚金条款,而英国、美国等英美法系国家/地区对此有不同的解释。所以,在国际贸易业务中,具体执行罚金条款时应特别注意。

第二节 不可抗力

从疫情解读不可抗力

一、不可抗力的含义和范围

不可抗力（Force Majeure），又称人力不可抗拒。它是指签订买卖合同以后，不是由于签约当事人任何一方的过失或疏忽，而是由于发生了签约当事人不能预见和预防，也无法控制和避免的意外事故。由于发生不可抗力事件，以致不能如期履行或不能履行合同，遭受意外事故的一方可根据合同或法律的规定免除不能如期履行合同或不能履行合同的责任，故合同中的不可抗力条款又称免责条款。

不可抗力是国际贸易中通用的一个业务术语，也是许多国家的一项法律规则。不可抗力事件从其范围来看，包括自然原因引起的和社会原因引起的。前者如水灾、地震、暴风雨、大雪、洪水等；后者如战争、罢工、政府禁令等。但不能简单地认为所有的自然原因和社会原因引起的事故都属于不可抗力事件。各国/地区对于上述自然原因引起的事故的解释比较一致，但对社会原因引起的事故的解释往往并不一致。因此，对于不可抗力事件的认定必须慎重，并与正常的贸易风险严格区分开来。例如，签约后，市场价格上涨或下跌，货币升值或贬值，这对当事人来说是无法控制的，但这是国际交易中常见的现象，并不是不可预见的，所以不属于不可抗力的范围。在国际贸易中，不同法律、法规对不可抗力的确切含义在解释上尽管有不同之处，但其精神原则大体相同，主要包括以下几点：①意外事故必须发生在合同签订以后；②不是因为合同当事人双方自身的过失或疏忽而导致的；③意外事故是当事人双方不能控制、无能为力的。

二、不可抗力的法律后果

不可抗力事件的法律后果一般根据不可抗力事件对合同履行的影响程度区分为两种情况：一是延期履行合同，二是解除合同。如果不可抗力事故的发生只是暂时的或在一定期限内阻碍合同的履行，只能部分履行合同或延期履行合同，但不能解除有关当事人履行合同的义务，一旦事故消除后仍需履行合同。解除合同是指不可抗力一旦发生，已经完全破坏了履行合同的根本基础，使履行合同成为不可能，即可解除合同。

对于不可抗力的法律后果，各国/地区法律和国际公约都做出了不同的规定和解释。《联合国国际货物销售合同公约》规定："当事人不履行义务，不负责任，如果他能证明此种不履行义务，是由于某种非他所能控制的障碍，而且对于这种障碍，没有理由预期他在订立合同时能考虑到或能避免或克服它或它的后果。"也就是明确了，一方当事人由于发生了其不能控制的障碍（自然灾害或意外事故），而且这种障碍在订约时无法预见、避免或克服的，便可免除当事人的责任。

英美法系国家/地区的法律将不可抗力事故称为合同落空（Frustration of Contract），是指合同签订以后，不是由于双方当事人自身的过失，而是由于发生了双方当事人意想不到的根本情况，致使签订合同的目的受挫，据此未履约，当事人得以免除责任。但是，构成合同落空是有特定条件的。大陆法系通常将不可抗力事故称为"情势变迁原则"和"契约失效原则"。它是指由于发生了当事人预想不到的变化，而不是由于当事人的原因，致使不可能再履行合同或对原来的法律效力需做响应的变更。

三、合同中不可抗力条款的订立

合同中的不可抗力条款是买卖双方关于不可抗力的有关内容所做的合同约定。各国法律都承认当事人规定的不可抗力内容的有效性。不同的合同约定的内容可能并不相同，但通常包括以下几个方面：

（一）不可抗力事故的范围

对于这个问题，一般容易引起争议，通常应当规定得具体一些，不能含糊、笼统，以防发生不可抗力事故时产生不同的解释和纠纷。

（二）不可抗力事故的法律后果

在合同的不可抗力条款中，除了应明确规定在哪些情况下可以解除合同，在哪些情况下只能变更合同，还应明确规定买卖双方都可援引的不可抗力免责条款。

（三）出具不可抗力事故证明的机构

在我国，不可抗力事故证明一般由中国国际经济贸易促进委员会或其设在各口岸的分会出具；在国外，由事故发生地的当地商会或合法的公证机构出具。

（四）事故发生后通知对方的期限

当发生不可抗力事故后，遭受事故的一方应立即通知对方（有些则要求在15天内），并在一定期限内提供不可抗力事故的证明文件，对方接到通知应及时答复，如有异议也应及时提出。

（五）不可抗力的规定方法

在我国进出口合同中，不可抗力条款大致采用三种规定方法：

1. 概括式

对不可抗力事故不做具体明确的规定。例如，由于不可抗力的原因，造成卖方不能全部或部分装运或延迟交货，卖方不承担责任。此种方法比较笼统，任意性很大，容易产生争议。

2. 列举式

对不可抗力做出具体的规定。例如，由于洪水、暴风雨、火灾、雪灾、战争的原因致使卖方不能如期交货或延期交货，卖方不承担任何责任。此种方法虽然具体明确，但不可抗力事故种类很多，难免遇到未列明的事故，发生争议。

3. 综合式

将概括式与列举式结合起来的规定方法。例如，由于洪水、暴风雨、火灾、雪灾、战争以及其他不可抗力的原因，卖方不能按期交货或延期交货，卖方不承担责任。此种方法既列明了各种不可抗力事故，又涵盖了不可抗力的所有种类，灵活科学，我国多采用此种方法。

综合式的不可抗力条款示例：如由于战争、地震、洪水、火灾、暴风雨、雪灾或其他不可抗力的原因，致使卖方不能全部或部分装运或延迟装运合同项下的货物，卖方对于这种不能装运或延迟装运本合同货物的情况不负责任。但卖方须用电报或电传通知买方，并须在15天内以航空挂号信件向买方提交由中国国际贸易促进委员会出具的证明此类事件的证明书。（If the shipment of the contracted goods is prevented or delayed in whole or in part by reason of war, earthquake, fold, fire, storm, heavy snow or other causes of Force Majeure, the seller shall not be liable for non-shipment or late shipment of the goods of this contract. However, the seller shall notify the buyer by cable or telex and furnish the latter within 15 days by registered airmail with a certificate issued by the China Council for the Promotion of International Trade attesting such event or events.）

> **小资料**
>
> **《联合国国际货物销售合同公约》关于不可抗力的规定**
> 《联合国国际货物销售合同公约》第79条（4）款规定：不履行义务的一方必须将障碍及其对该方履行义务能力的影响通知另一方。如果该项通知在不履行义务的一方已知道或理应知道此障碍后一段合理时间内仍未为另一方收到，则不履行义务一方对由于另一方未收到通知而造成的损害应负赔偿责任。我国《合同法》规定：当事人一方因不可抗力不能履行合同的，应当及时通知对方，以减轻可能给对方造成的损失，并应当在合理期限内提供证明。

第三节 仲裁

一、仲裁的含义

为了预防买卖双方产生争议以及明确产生争议后如何处理，在合同中除了订立索赔和异议条款、罚金条款和不可抗力条款，还可订立仲裁条款来处理争议问题。仲裁（Arbitration）是指合同双方当事人把经友好协商或第三者协调未能解决的争议自愿交给双方同意的第三者（仲裁机构）进行裁决。仲裁裁决具有法律效力，双方当事人必须遵照执行。

二、仲裁协议的含义及内容

当事人采取仲裁方式解决纠纷，应当达成仲裁协议。仲裁协议是指当事人在合同中订明的仲裁条款或以其他方式达成的提交仲裁的书面协议。仲裁协议必须是书面的，其形式有两种：一种是在争议之前，买卖双方在合同中订立仲裁条款；另一种是在争议发生后，双方达成的提交仲裁的协议，该协议独立于合同之外。

仲裁协议的具体内容一般包括仲裁地点、仲裁机构、仲裁规则以及仲裁效力等。

1．仲裁地点

一般买卖双方都愿意在本国/地区仲裁，也可采用双方认可的第三国/地区仲裁。在我国的进出口业务中，应争取将仲裁地点选在我国。

2．仲裁机构

仲裁机构分常设仲裁机构和临时仲裁机构两种。常设仲裁机构是指根据一国/地区的法律或有关规定设立的，有固定名称、地址、仲裁员设置和具备仲裁规则的仲裁机构。国外比较有名的常设仲裁机构有：瑞典斯德哥尔摩仲裁院、瑞士苏黎世商会仲裁院、英国伦敦国际仲裁院、美国仲裁协会、日本国际商事仲裁协会等。我国的常设仲裁机构是中国国际经济贸易仲裁委员会和海事仲裁委员会。临时仲裁机构是指由交易双方共同指定的仲裁员自行组成临时仲裁庭，并就争议案件进行仲裁，在争议解决以后即告解散。

3．仲裁规则

仲裁规则是指进行仲裁的手续和做法。一般按照合同选定的仲裁机构的仲裁程序、规则办理。

4．仲裁效力

仲裁裁决具有法律效力，其裁决是终局性的，双方当事人必须遵守。如败诉方不执行裁决，胜诉方可向法院申请强制执行。

三、仲裁协议的作用

按照我国和多数国家的仲裁法的规定，仲裁协议的作用主要表现在以下三个方面：

（1）表明双方当事人在发生争议时自愿提交仲裁。仲裁协议约束双方当事人在协商和调解失败时，只能以仲裁方式解决争议，不得向法院起诉。

（2）仲裁协议是仲裁机构取得对争议案件的管辖权的依据。无仲裁协议，仲裁机构无权受理仲裁。

（3）仲裁协议可排除法院对争议案件的管辖权。世界上大多数国家/地区的法律都规定法院不受理争议双方订有仲裁协议的争议案件。

四、合同中的仲裁条款

合同中的仲裁条款一般明确规定仲裁地点、仲裁机构、仲裁规则和裁决效力。

仲裁条款示例：一切因执行本合同所发生的或与本合同有关的争议，双方应友好协商解决。如协商不能解决时，应提交上海中国国际经济贸易仲裁委员会，按照该会仲裁规则进行仲裁。仲裁裁决是终局的，对双方都有约束力。（All dispute arising from the performance of or relating to this contract, shall be settlement through amicably negotiation. In case no settlement can be reached through negotiation, the case shall be submitted to the China International Economic and Trade Commission, Shanghai, China, for arbitration in accordance with its Rules of Arbitration. The arbitral is final and binding upon both partners.）

> **小资料**
>
> **中国国际经济贸易仲裁委员会仲裁范围**
>
> 仲裁委员会以仲裁的方式，独立、公正地解决契约性或非契约性的经济贸易等争议。根据《中国国际经济贸易仲裁委员会仲裁规则》第三条的规定，仲裁委员会受理下列争议案件：①国际的或涉外的争议案件；②涉及我国香港特别行政区、澳门或台湾地区的争议；③国内争议案件。根据《中国国际经济贸易仲裁委员会金融争议仲裁规则》第二条的规定，仲裁委员会受理当事人之间因金融交易发生的或与此有关的争议，包括但不限于下列交易：①贷款；②存单；③担保；④信用证；⑤票据；⑥基金交易和基金托管；⑦债券；⑧托收和外汇汇款；⑨保理；⑩银行间的偿付约定；⑪证券和期货。

第四节　贸易争端解决机制

在国际贸易中，买卖双方往往会因为彼此之间的权利和义务问题引起争端或争议。

一、产生贸易争端的原因

在国际贸易的实际业务中，产生争端是屡见不鲜的现象，其原因是多方面的，主要有以下几种情况：

（1）买方违约。买方不执行合同规定的义务，如不开信用证、不受领货物、不付款等。

（2）卖方违约。卖方不履行合同规定的义务，如不提供合同和信用证规定的单据、不交货、迟交货、所交货物部分或全部不符合合同的要求等。

（3）买卖双方均有疏忽、过失引起的违约行为。

（4）买卖双方对合同中的某些条款的理解有分歧，如对买卖双方国家的法律或国际惯例的解释不一致等。

二、违约的含义和分类

（一）违约的含义

违约（Breach of Contract）是指买卖双方中的一方违反合同的行为。违约产生的原因有两种：一种是由于买卖双方中的一方的故意行为而造成的违约；另一种是买卖双方中的一方因疏忽过失而造成的违约。买卖合同是对当事人双方都具有约束力的法律文件，任何一方违约都应承担违约的法律责任，受损方有权根据合同和有关法律规定提出损害赔偿要求。

（二）违约的分类

不同的法律体系对违约的分类不同，主要分为以下几种：

（1）美国法律从违约的性质和带来的结果，将违约划分为轻微的违约（Minor Breach of Contract）和重大的违约（Material Breach of Contract）两种。

轻微的违约是指债务人尽管在履约中有些缺陷，但债权人已从履约中得到了该交易的主要利益，在此情况下受损方可要求赔偿损失，但不能拒绝履行合同义务或解除合同。重大的违约是指债务人没有履约或履约有缺陷，致使债权人不能得到该交易的主要利益，在此情况下，受损方可解除合同，同时还可要求损害赔偿。

（2）大陆法系国家/地区一般将违约分为不履行合同（又称给付不能）和延迟履行合同（又称给付延迟）。

不履行合同是指债务人因种种原因不可能履行其合同；延迟履行合同是指债务人履行期已届满且是可能履行的，但其没按期履行其合同义务。违约方是否要承担违约责任，要看其是否有归责于该方的过失。违约方若有过失则承担违约责任，而只要违约方能证明自己无过错就可以不承担任何责任。

（3）《联合国国际货物销售合同公约》把违约区分为根本性违约（Fundamental Breach）和非根本性违约（Non-Fundamental Breach）。

根本性违约，是指"一方当事人违反合同的结果，例如一方当事人使另一方当事人蒙受损失，以致实际上剥夺了其根据合同规定有权期待得到的东西，即为根本性违约，除非违反合同的一方并不预知而且同样一个通情达理的人处于相同情况中也没有理由预知会发生这种结果"。它是由于当事人的主观行为给另一方当事人造成实质性的损害（Substantial Detriment），如卖方完全不交付货物，或买方无理由拒收货物、拒付款，即为根本性违约。那么，受损方就可以宣布合同无效或要求损害赔偿。非根本性违约是指违约的状况尚未达到根本违反合同的程度，受损方只能要求损害赔偿，而不能宣告合同无效。上述的这种区分是从违约后果的严重性及可预见性出发来判断的。

（4）《中华人民共和国民法典》合同编的规定。《民法典》合同编既没有根本性违约，也没有违反要件，或与之对应的概念。根据《民法典》合同编第五百六十三条规定，有下列情形之一的，当事人可以解除合同：①因不可抗力致使不能实现合同目的；②在履行期限届满前，当事人一方明确表示或者以自己的行为表明不履行主要债务；③当事人一方延迟履行主要债务，经催告后在合理期限内仍未履行；④当事人一方延迟履行债务或者有其他违约行为致使不能实现合同目的；⑤法律规定的其他情形。

三、贸易争端的解决方式

当争端产生时，应首先采用友好协商方式解决。如协商无法解决，则视情况采取第三者调解（Conciliation）、提交仲裁（Arbitration）或进行司法诉讼（Litigation）等方式进行处理。

1. 协商

协商是指交易双方进行磋商，双方都做出一定的让步，在彼此都认可的基础上达成和解协议。此方法无须经过法律程序，不必支付相应的司法费用，可以避免双方陷入关系紧张的局面，有利于今后的继续合作。此法是解决争议的最好途径。

2. 调解

调解是指争议发生后，纷争各方无法自行协商解决，由无利害关系的第三方出面从中斡旋，促成纷争各方之间达成和解。与仲裁和诉讼相比，其优点是时间快、费用低、程序少，但有一定的局限性。如不是在法院或仲裁机构的主持下进行的调解不具有司法强制力。当然，实践证明，这也是解决争议的一种好办法。

3. 仲裁

国际贸易中的争议，如友好协商、调解都未成功且双方不愿意诉诸法院解决，可采用仲裁办法。其优势在于程序简便、结案较快、费用开支较少，能独立、公正、迅速地解决争议，给予当事人充分的自治权。它还具有灵活性、保密性、终局性和裁决易于得到执行等优点，从而为越来越多的当事人所选择并采用。我国历来提倡以仲裁的方式解决国际商事争议。早在1956年，中国的涉外商事仲裁机构便已宣告成立。该机构在审理案件中坚持根据事实、依照法律和合同规定、参照国际惯例，公平合理地处理争议和做出裁决，其裁决的公正性得到国内外的一致公认。中国已成为当今世界上主要的国际商务仲裁中心之一。在中国进出口合同中一般都订有仲裁条款，以便在发生争议时，通过仲裁方式解决争端。

4. 诉讼

交易双方发生争议后，通过协商和调解均不能解决，或争议涉及的金额巨大或后果严重，合同中又没有签订仲裁条款，则双方当事人的任何一方都可以向有管辖权的法院起诉，申请判决。法院做出的判决具有强制约束力，败诉方必须无条件地履行。一般而言，除非绝对必要，交易双方应尽量避免选择诉讼来解决争议，尤其是在海外诉讼，这主要是由于：诉讼时间漫长，易造成存货的堆积与交易的中断；诉讼会造成重大的成本负担，不仅是诉讼费用，荣誉和公共关系方面的损失更是难以计量；难以收到所判决的罚款；在外国法院可能会受到不公正的待遇。

> **导入案例分析**
>
> 按照国际惯例，政府颁布禁令属于不可抗力，发生不可抗力事件，哥伦比亚出口商依据合同规定向我方提出延迟或者取消合同的要求，有据可依，我方的索赔要求不合理。

📝 本章小结

在国际贸易中，买卖双方往往会因为彼此之间权利和义务问题引起争议。按照国际惯例，买卖双方可以通过在合同中订立索赔条款、不可抗力条款和仲裁条款来预防和处理争议。合同中的索赔条款主要有两种规定形式：异议与索赔条款和罚金条款。不可抗力条款大致采用三种规定方法：概括式、列举式和综合式。我国多采用综合式。仲裁条款一般明确规定仲裁地点、仲裁机构、仲裁规则和裁决效力。仲裁裁决具有法律效力，其裁决是终局性的。贸易争端解决的方式主要有：协商、调解、仲裁和诉讼。

思考与练习

一、填空题

1. 不可抗力条款属于_____条款。
2. 买卖双方发生争端的原因，主要有三种情况：_____、_____和_____。
3. 如果发生不可抗力事件，可免除其相应责任，即有_____和_____两种后果。
4. 合同中仲裁条款的规定方法有_____和_____。
5. 进出口货物买卖中发生争议，其解决方法有_____、_____、_____或_____。
6. 《联合国国际货物销售合同公约》把违约区分为_____和_____。

二、单项选择题

1. 2020年一位欧洲商人代其客户向我某纺织品进出口公司订购衬衫并达成价值40万美元的合同，由于合同中计价和结算货币美元到2021年已升值30%，使其损失达10万美元，按照合同规定的交货期是2021年7月31日以前，在临近交货期时，如果我公司推迟几天交货，则（　　）。
   A. 对方就可能拒收货物　　　　　B. 对方不可能拒收货物
   C. 对方会来电索赔　　　　　　　D. 没有关系

2. 在合同中对卖方较为有利的索赔期限可规定为（　　）。
   A. 货物运抵目的港（地）后若干天内
   B. 货物运抵目的港（地）后卸离海轮后若干天
   C. 货物运抵最终目的地后若干天内
   D. 货物装上船后若干天

3. 当卖方遭遇不可抗力事件，按照法律和惯例（　　）。
   A. 可以免除交货责任
   B. 只能延展交货日期
   C. 有时可以免除交货责任，有时可以延展交货日期，视具体情况而定
   D. 可以减少交货的数量

4. 我方与德商签订一笔进口机器零件的合同。合同签订以后，德商安排两间工厂同时投入生产。在生产过程中，其中一间工厂由于意外事故遭受火灾，完全丧失了生产能力，德商（　　）。
   A. 因遇不可抗力事故，可要求解除合同
   B. 因遇不可抗力事故，可要求延期履行合同
   C. 因遇不可抗力事故，可要求延期履行合同，但我方有索赔的权力
   D. 不属于不可抗力的范围，我方应要求德商按期履行合同

5. 仲裁协议是仲裁机构受理争议案件的必要依据。仲裁协议（　　）达成。
   A. 必须在争议发生之前
   B. 只能在争议发生之后
   C. 既可以在争议发生之前，也可以在争议发生之后
   D. 必须在争议发生的进程中

6. 仲裁裁决的效力是（　　）。
   A. 终局的，对争议双方具有约束力　　　　B. 非终局的，对争议双方不具有约束力

C．有时是终局的，有时是非终局的　　　D．一般还需法院最后判定
7．在我国的进出口合同中，关于仲裁地点的规定，我们应力争（　　）。
　　A．在中国仲裁　　　　　　　　　　B．在被告国仲裁
　　C．在双方同意的第三国仲裁　　　　D．在对卖方有利的国家仲裁
8．中国国际经济贸易仲裁委员会是我国的（　　）。
　　A．官方性常设仲裁机构　　　　　　B．民间性常设仲裁
　　C．官方性临时仲裁机构　　　　　　D．民间性临时仲裁机构
9．发生不可抗力的法律后果是（　　）。
　　A．解除合同　　　　　　　　　　　B．延迟履行合同
　　C．解除合同或延迟履行合同　　　　D．既不解除合同，也不延迟履行合同
10．发生（　　）时，违约方可以援引不可抗力条款要求免责。
　　A．战争　　　　　　　　　　　　　B．世界市场价格上涨
　　C．货币贬值　　　　　　　　　　　D．生产制作过程的过失

三、判断题

1．在双方交易中，买方收货后发现货物与合同规定不符时，在任何时候都可以向卖方索赔。（　　）
2．某公司的进口设备到货后，发现与合同规定不符，但卖方及时对设备进行了修理，使其达到了原定标准，在此情况下，买方不能再提出任何其他要求。（　　）
3．《联国国际货物销售合同公约》规定，如果一方当事人根本违反合同，另一方当事人可以宣告合同无效，并要求损害赔偿。（　　）
4．在我国进出口合同中，关于不可抗力事件的范围，通常都采用概括式与列举式相结合的规定办法。（　　）
5．一旦在合同订立后出现不可抗力事故，遭受损害的一方当事人即可解除合同。（　　）
6．合同双方发生争议而经过友好协商不能解决时，就可由任何一方主动向仲裁机构提请仲裁。（　　）
7．我国的对外贸易合同的仲裁条款规定，允许双方在仲裁裁决后向上一级仲裁庭和法院上诉。（　　）
8．仲裁是解决国际经贸争议的唯一有效途径。（　　）
9．由于仲裁和诉讼均是终局性的，所以仲裁机构和法院对其裁决均有强制执行。（　　）
10．只要支付了罚金，即可不履行合同。（　　）
11．不可抗力事故的范围包括所有"自然力量"和"社会力量"引起的灾害和意外事故。（　　）
12．异议与索赔条款不仅约束卖方的履约行为，而且也约束买方的履约行为。（　　）

四、案例分析与计算

1．一国 A 出口公司与另一国 B 进口公司订立了一份原料买卖合同。合同中规定 7 月份交货。但 6 月 10 日 A 公司失火，生产设备及仓库全部烧毁。到 8 月 1 日 B 公司未见来货，便向 A 公司查询并催其交货。此时 A 公司将失火情况如实通知 B 公司，并以不可抗力为由要求解除合同。请问：A 公司的要求是否合理？为什么？

2．我国某出口公司向外商出口一批货物，合同中明确规定，如果在履约过程中发生争议，经友好协商不能解决的，即将争议提交中国国际经济贸易仲裁委员会在北京进行仲裁。后来，双方就商品的品质发生争议，外商在其所在地法院起诉我方，法院也发来了传票，传我方公司出庭应诉。请问：对此，我方应如何处理？

3．国内某研究所与法商签订了一项进口合同，欲引进一台精密仪器，合同规定9月份交货，但到了9月15日，法国政府宣布，该仪器属于高科技产品，禁止出口，自宣布之日起15天生效。后法商来电以不可抗力为由要求解除合同。请问：法商的要求是否合理？我方应如何处理较为妥当？

4．某国外贸易商以FOB价向我国某厂订购一批货物，在买卖合同中规定若工厂未能于7月底之前交运，则工厂应赔付货款5%的违约金。后工厂交运延迟5天，以致贸易商被其买方索赔货款的3%。请问：在这种情况下，贸易商是否可向工厂索赔，索赔5%还是3%？

5．有一美国公司A向外国一贸易商B购买一批火鸡，供应圣诞节市场。合同规定卖方应在9月底以前装船。但是卖方违反合同，推迟到10月7日才装船。结果圣诞节销售时机已过，火鸡难以销售。因此，买方A拒收货物，并主张撤销合同。请问：在这种情况下，买方有无拒收货物和撤销合同的权利？

Passage 4
第四篇

国际货物贸易合同的签订与履行

第十二章 国际货物贸易合同的签订

Chapter Twelve

> **学习目标**
>
> ▲ 掌握交易磋商的四个步骤——询盘、发盘、还盘和接受的含义、特点、生效条件与失效等内容
> ▲ 了解不同法律体系对交易磋商环节的不同规定
> ▲ 掌握合同成立的条件、书面合同的形式和内容

> **导入案例**
>
> 江苏省海企远东工业进出口有限公司（以下简称海企远东）是一家服饰进出口公司，其产品包括成人服装、儿童服装、运动服、工作制服等。德国泛顺陵贸易进出口有限公司（以下简称泛顺陵）主要向德国的大型超市供货。海企远东欲与泛顺陵建立贸易关系，准备出口一批儿童运动服套到德国，双方就交易条件展开了多轮磋商，最终达成交易。

国际贸易合同是交易双方履约的最主要依据。在合同签订前，交易双方应本着求同存异、互利共赢的原则，充分沟通。因此，交易磋商是国际货物买卖过程中必不可少的重要环节。在国际贸易的实际操作过程中，外贸合同签订前的工作包括建立贸易关系、询盘、发盘、还盘、接受等环节。

第一节 交易磋商

交易磋商

在国际贸易中，交易磋商是指贸易双方为买卖某种商品通过面谈、信函、传真、电子邮件、电话等各种方式，就交易的各项条件进行商谈，以便达成交易。一般来讲，交易磋商的步骤包括询盘、发盘、还盘和接受四个部分。

一、建立贸易关系

通常，国际贸易中想要获得新客户，主要有以下途径：商品展销会、企业名录、网络平台、银行、保险公司、贸易刊物、媒体广告、合作伙伴介绍、商会介绍等。

寻找新的客户进行了解、沟通和谈判，是每一个外贸公司拓展业务的第一步。信函是企业为了促进生产与销售，针对目标客户发函向对方表达希望建立贸易关系（Establish Business Relations）的愿望的商务文书。能够正确书写希望建立贸易关系的信函是对外贸从业者的基本要求。

建立贸易关系的信函通常包括：①告知对方得到其名称和地址的途径；②介绍自己的公司；③介绍自己的产品；④告知对方查询本公司资信状况的途径。

例：海企远东写信给泛顺陵要求建立贸易关系。

Dear sirs,

We obtained your name and address at Canton Fair.

We have been specialized in clothes import and export for 15 years, and our products are welcomed at home and abroad.

As to our credit standing, please refer to the Bank of China, Nanjing Branch.

We look forward to your early reply.

Yours faithfully,

通常，贸易的一方收到建立贸易关系的信函后，都会做出积极的回复。

例：泛顺陵收到建立贸易关系的信函后，回复如下。

Dear sirs,

Thank you for your letter of 19th this month. It is our great honor to enter into business relations with you.

We are trying to expand our child market recently. We will be glad if you can send us your latest children clothes' catalogues and price lists.

Your early reply will be highly appreciated.

Yours faithfully,

二、交易磋商的步骤

国际贸易中的交易磋商通常包括四个环节，即询盘、发盘、还盘和接受，其中达成交易不可缺少的两个基本环节和必需的法律步骤是发盘和接受。

（一）询盘

询盘（Enquiry）又称询价，是指买方或卖方为了购买或销售某项商品，向对方询问有关交易条件的表示。在国际贸易的实际业务中，一般多由买方主动向卖方发出询盘。可以询问价格，也可询问其他一项或几项交易条件以引起对方发盘，目的是试探对方交易的诚意和了解其对交易条件的意见。

询盘的内容可涉及价格、规格、品质、数量、包装、装运以及索取样品等，而多数是询问价格。所以，业务上常把询盘称作询价。

询盘通常包括：①说明所询盘的货物名称，包括规格、数量等；②询问其他贸易条款；③期待得到发盘。

询盘不是每笔交易的必经程序，交易双方可以不经询盘，直接向对方发盘。

例：泛顺陵对儿童运动服套装进行询盘。

Dear sirs,

We are interested in your children's sports wears.

If possible, please airmail us some samples for summer and winter. And we want to know whether you have any discount for the order quantities which are more than 500 pieces.

We look forward to your early response.

Yours faithfully,

（二）发盘

发盘（Offer）在国际贸易实务中也称报盘、发价、报价。法律上称之为"要约"，是买卖双方中的一方（发盘人），向对方（受盘人）提出交易条件，并愿意按这些条件与受盘人达成交易、订立合同的一种表示。在发盘的有效期内，一经受盘人无条件接受，合同即告成立，发盘人承担发盘条件中履行合同义务的法律责任。

1. 一项有效的发盘必须具备的条件

（1）发盘是向一个（或几个）特定受盘人提出的订立合同的建议。普通的商业广告、商品目录、价目单等不能构成有效的发盘，因为它们没有特定的发盘对象，只能视为邀请发盘。英美法系中规定：向公众发出的商业广告，只要内容明确，在某些场合下也视为发盘。大陆法系则规定：凡向公众发出的商业广告，不得视为发盘。《联合国国际货物销售合同公约》（以下简称《公约》）采取了折中态度，规定商业广告如带有"本广告构成发盘"或"将售予最先支付货款的公司"等字样也视为发盘。

（2）发盘的内容必须十分确定，一旦受盘人接受，合同即告成立。如果内容不确定，即使对方接受，也不能构成合同成立。

《公约》第十四条规定"……一个建议如果表明货物并且明示或暗示地规定数量和价格或规定如何确定数量和价格，即为十分确定。"因此，发盘至少要包含商品的名称、数量、价格这三个条件，才构成一项有效的发盘。

（3）发盘人必须表明承受按发盘条件与对方成立合同的约束意思。例如：

① 使用表示发盘的术语，如"发盘""不可撤销发盘""递盘""不可撤销递盘""订购""订货"等。

② 明确规定有效期，如"……限××日复到有效"。

注意：若发盘中带有保留条件和限制性条件，如"仅供参考""以我方最后确认为准"等字样的发盘都不构成发盘，而只是邀请发盘。

（4）发盘必须送达受盘人。根据《公约》规定，发盘于送达受盘人时生效。如发盘由于在传递中遗失以至受盘人未能收到，则该发盘无效。

在实际业务中，如果内容不十分确定，或没有表明承受约束的意旨，或不是向一个（或几个）特定的人发出的，则此建议可视作发盘的邀请。

2. 发盘的有效期

在国际贸易中，所有的发盘都有有效期，受盘人应在有效期内接受发盘，否则发盘无效。

发盘有效期是发盘人受其发盘约束的期限。国际贸易中，发盘有效期有两种表现形式：明确规定有效期限或采用合理期限。明确规定有效期限，能减少争议发生，还能促进成交，较为常用，这种发盘不能撤销；采用合理期限，交易双方容易产生争议，但在对方没有接受发盘前可以撤销。采用何者，应视情况，不能一概而论。

明确规定有效期时，有效期长短需要慎重考虑：有效期太短，对方无暇考虑；有效期长，发盘人承受风险较大。适度把握有效期长短对交易双方都很重要。当事人必须根据货物、市场情况、双方距离以及通信方式不同合理确定。一般说来，发盘有效期以3～5天和明确有效期的起止日期和到期地点最为适宜。

规定有效期的方法主要有：

（1）发盘可以规定最迟接受期限。

（2）发盘可以规定一段接受期间。

3. 发盘的撤回

发盘的撤回是指发盘人在发出发盘之后，在其尚未到达受盘人之前，即在发盘尚未生效之前，将发盘收回，使其不发生效力。由于发盘没有生效，因此发盘原则上可以撤回。《公约》规定："一项发盘，即使一项不可撤销的发盘都可以撤回，只要撤回的通知在发盘到达受盘人之前或与其同时到达受盘人。"实际业务中，如果一项发盘有误，可按《公约》规定采取措施以更快的通信联络方式将发盘撤回（发盘尚未到达受盘人）。例如，以信函方式所做的发盘，在信函到达之前，即可通过电子邮件等方式将其撤回。

4. 发盘的撤销

发盘的撤销指发盘人在其发盘已经到达受盘人之后，即在发盘已经生效的情况下，将发盘取消，废除发盘的效力。在发盘撤销这个问题上，英美法国家和大陆法国家存在着原则上的分歧。《公约》为协调解决两大法系的矛盾，一方面规定发盘可以撤销，另一方面对撤销发盘进行了限制。《公约》第16条第1款规定："在合同成立之前，发盘可以撤销，但撤销通知必须于受盘人做出接受之前送达受盘人。"而公约第16条第2款则规定："下列两种情况下，发盘一旦生效，即不得撤销：①发盘中已经载明了接受的期限，或以其他方式表示它是不可撤销的；②受盘人有理由信赖该发盘是不可撤销的，并已经本着对该项发盘的信赖行事。"

《公约》的规定主要是为了维护受盘人的利益、保障交易的安全。我国是《公约》缔约国，我国外贸企业在与其他缔约国企业进行交易时，一般均适用《公约》。

5. 发盘的终止

发盘的终止指发盘失去效力。发盘终止有以下情况：

（1）受盘人拒绝而导致失效。若受盘人在拒绝后又在有效期内表示接受，仅视为原受盘人做出的一项新发盘，原发盘人不受原发盘约束。

（2）发盘人有效撤回或撤销发盘而导致失效。

（3）规定的接受期限已满而导致失效。

（4）"合理期限"已过而导致失效。

（5）因不可抗力事件而导致失效。例如，有关部门国家政府突然颁布禁止进出口该发盘中的商品的法令。

（6）在发盘接受前，双方当事人丧失了行为能力，或死亡，或法人破产，导致失效。

实际业务中，不论哪种原因导致发盘终止，此后发盘人均不再受其发盘的约束。

例：海企远东写信给泛顺陵的发盘如下。

Dear sirs,

We are pleased to know from your E-mail of yesterday that you are interested in our products, especially children's sports wears. We are now making you an offer as follows, subject to your reply reaching here before 19th, February.

Commodity: children's sports wear (on the 8th page in your illustrated catalogue)

Price: 47 EUR per set

Quantities: 1 000 set

Payment: L/C at sight

Packing: every set in a poly bag, 12 set in a case

> Shipping Mark: At seller's option
> Date of shipment: 22th, October
> Looking forward to your confirmation.
>
> Yours faithfully,

（三）还盘

还盘（Counter-offer），也称还价，是受盘人对发盘条件不同意或不完全同意而提出修改、限制或增加新条件的表示。还盘实质上是对原发盘的某种程度的拒绝，也是受盘人以发盘人身份所提出的新发盘。因此，一经还盘，原发盘即失效，新发盘取代它成为交易谈判的基础。如果另一方对还盘内容不同意，可以进行反还盘（或称再还盘）。还盘可以在双方之间反复进行，还盘的内容通常仅陈述需变更或增添的条件，对双方同意的交易条件无须重复。在国际贸易中，往往经过多次的还盘、反还盘，交易双方才最终达成协议。

通常，一方的发盘经还盘以后应视为失效，发盘人不再受原发盘的约束；同时，受盘人在还盘中对原发盘有任何改变，或对原发盘有任何减少和增加，都是对原发盘的拒绝；受盘人在还盘以后又愿意接受原发盘，发盘人可以确认，也可以拒绝受盘人的请求。

受盘人在收到发盘后，一般有两种处理办法：①完全同意发盘所提出的交易条件，并及时向对方发出接受通知，达成交易；②不同意发盘人在发盘中所提出的条件，并向发盘人提出自己的修改条件，即还盘。

此外，有条件的接受是指受盘人在答复对方发盘时，在表示"接受"的同时，又附加上某种条件，这是还盘的另一种形式，实际上也是对原发盘的拒绝。

> **例：** 泛顺陵写信给海企远东的还盘如下。
>
> Dear sirs,
>   Thank you for your offer.
>   We regret to inform you that we can't accept your price which is obviously higher than the market price.
>   We hope you can give us the most competitive price.
>
> Yours faithfully,

（四）接受

接受（Acceptance）是受盘人在发盘的有效期内，无条件地同意发盘中提出的各项交易条件，愿意按这些条件和对方达成交易的一种表示。接受在法律上称为"承诺"，接受一经送达发盘人，合同即告成立。双方均应履行合同所规定的义务并拥有相应的权利。

接受方式，指受要约人将其接受的意思表示传达给要约人所采用的方式。对一项要约做出接受，合同即告成立，因此接受以何种方式做出非常重要。一般说来，法律并不对接受必须采取的方式做规定，而只是规定接受应当以明示或者默示的方式做出。

1. 有效接受应具备的条件

（1）接受必须是由特定的受盘人做出。

通常，一项发盘都会明确规定受盘人，即特定的人或团体，因此，接受必须由该发盘指定的人群做出才构成有效的接受。任何第三方做出的接受仅视为一项新的发盘，原发盘人可以接受，也可以拒绝。

（2）接受必须以一定的形式表示出来。

接受可以口头或书面，或用行动表示。如，接到老客户发盘后，立即发货或开立信用证，则接受生效，合同宣告成立。

（3）接受应当是无条件的。

受盘人在答复中使用了"接受"字眼，但是又对发盘的内容做了增加、限制或修改。这在法律上被视为有条件的接受，不能成为有效的接受，视作还盘。

（4）接受的通知要在发盘的有效期内送达发盘人才有效。

2. 接受中对发盘条件的变更

实质性变更：对交易的价格、支付、质量、数量、交货地点和时间、赔偿责任范围、解决争端等进行添加、限制或修改。

非实质性变更：要求对方提供某些单据或增加单据分数、提供样品、唛头刷制等。

如果是非实质性变更，《公约》规定能否构成有效的接受，要取决于发盘人是否反对。如果发盘人不反对，那么就是有效的接受，而不是还盘。如果还盘时，对交易条件进行了实质性变更，则视为对原发盘的拒绝。

3. 逾期接受

发盘通常会规定有效期，受盘人须在有效期内接受。即使发盘没有规定具体的有效期，根据国际贸易习惯，也应在"合理时间"内接受才有效。逾期接受通常被认作是无效的接受。《公约》认为逾期接受原则上时无效的，但是存在例外。

《公约》第21条规定：如果发盘人毫不延迟地用口头或书面形式通知对方，此接受视为有效；或载有逾期接受的信件或者其他书面文件表明自传递正常能够及时到达发盘人的情况下寄出的，那么这项逾期接受仍具有接受的效力，除非发盘人毫不延迟地用口头或书面的形式通知受盘人，认为该发盘已经失效。

4. 接受的生效

对于接受的生效，大陆法系和英美法系采用不同原则：大陆法系采用"到达生效"原则，即接受的信函必须在规定时间内送达受盘人，接受方生效；而英美法系采用"投邮生效"原则，即接受的信函一旦发出，立即生效。《公约》对书面形式接受的情况采用"到达生效"原则。我国采用"到达生效"原则。

此外，如果在规定的有效期内做出的接受行动，接受自行动做出时刻起生效。

由于国际上对接受生效的时间存在不同的规定，为避免发生纠纷，发盘一般应明确规定以收到接受的信函时间为准。

5. 接受的撤回

如果采用"到达生效"，一项接受只有送达发盘人时才生效，因此，在它生效之前，接受可以撤回。如果撤回的通知于接受到达受盘人之前，或同时到达，该接受可以撤回。

而在英美法系中，由于采用"投邮生效"原则，接受一经投邮立即生效，合同就此成立，也就不存在接受的撤回了。

> **例**：海企远东写给泛顺陵的接受信函如下。
>
> Dear sirs,
>
> We have received your counter offer. Even though your price is much lower than ours, we still hope this is a good start for our business. We accept your counter offer. Other terms as per your E-mail dated April 5, 2021.
>
> Yours faithfully,

> **小资料**
>
> **大陆法系和英美法系的区别**
>
> 世界各国沿用的法律体系基本上可分为两类：大陆法系和英美法系。中国内地采用大陆法系。大陆法系又称罗马法系、民法法系、法典法系或罗马日耳曼法系，是承袭古罗马法的传统，仿照《法国民法典》和《德国民法典》的样式而建立起来的法律制度。欧洲大陆上的法、德、意、荷兰、西班牙、葡萄牙等国和拉丁美洲、亚洲的许多国家的法律都属于大陆法系。而我国香港地区和英联邦国家采用的是英美法系，又称英国法系、普通法系或判例法系。两大法系的主要差异有：
>
> （1）法律渊源。从法律渊源传统来看，大陆法系具有制定法的传统，制定法为其主要法律渊源，判例一般不被作为正式法律渊源（除行政案件外），对法院审判无约束力。而英美法系具有判例传统，判例法为其正式法律渊源，即上级法院的判例对下级法院在审理类似案件时有约束力。
>
> （2）法典编纂。从法典编纂传统来看，大陆法系的一些基本法律一般采用系统的法典形式。而英美法系一般不倾向用法典形式，其制定法一般是单行的法律和法规。当代英美法系虽然学习借鉴了大陆法系制定法传统，但也大都是对其判例的汇集和修订。
>
> （3）法律结构。从法律结构传统来看，大陆法系的基本结构是在公法和私法的分类基础上建立的，传统意义上的公法指宪法、行政法、刑法以及诉讼法；私法主要是指民法和商法。而英美法系的基本结构是在普通法和衡平法的分类基础上建立的。从历史上看，成文法代表立法机关（议会）的法律，普通法主要代表审判机关（法官）的法律（判例法）。所谓衡平法是在普通法不能弥补损失的情况下所适用的法律，衡平法是对普通法的补充规则。
>
> （4）法律适用。从法律适用传统来看，大陆法系的法官在确定事实以后，首先考虑制定法的规定，而且十分重视法律解释，以求制定法的完整性和适用性。而英美法系法官在确定事实之后，首先考虑的是以往类似案件的判例，将本案与判例加以比较，从中找到本案的法律规则或原则，这种判例运用方法又称为"区别技术"。

第二节　合同的签订

国际贸易合同在国内又被称外贸合同或进出口贸易合同，即营业地处于不同国家或地区的当事人就商品买卖所发生的权利和义务关系而达成的书面协议。

国际贸易合同受国家法律保护和管辖，是对签约各方都具有同等约束力的法律性文件，是解决贸易纠纷，进行调节、仲裁与诉讼的法律依据。国际贸易合同属于社会交往中比较正式的契约文体，具有准确性、直接性和法定效力性等特点。

一、合同有效成立的条件

合同对当事人构成的约束力是建立在法律基础上的。因此，合同必须符合法律规范才能得到法律的承认和保护。各国的法律对于合同的成立，都要求具备一定的条件，即所谓合同有效成立的条件，但各国的要求不完全相同，综合来看主要有以下几项：

1. 合同当事人的意思表示要一致

意思表示一致是通过要约（Offer）和承诺（Acceptance）而达成的。交易一方向另一方提出要约，另一方对该项要约表示承诺，双方的意思表示达成一致，合同即告成立，对双方均产生法律约束力。如果有要约，没有承诺，合同就不成立。即使双方相互要约（Cross Offer），意思表示正好一致，合同仍不成立。

要约和承诺在国际贸易实务中被称作发盘和接受。判定国际贸易合同是否成立，不仅要看有无发盘和接受，还要看发盘和接受这两个行为是否成立。

2. 对价和约因的规定

对价（Consideration）是英美法中有关合同成立所必须具备的一个要素。按英美法系解释，合同当事人之间存在着我给你是为了你给我的关系。这种通过相互给付，从对方那里获得利益的关系称作对价。例如，在货物买卖合同中，买方付款是为了获得卖方的货物，而卖方交货是为了获得买方的货款。

约因（Cause）是大陆法系中提出的合同成立要素之一。它是指当事人签订合同所追求的直接目的。例如，在货物买卖合同中，买卖双方签订合同都要有约因。买方的约因是获得货物，卖方的约因是获得货款。

在国际贸易合同中，要有对价或约因，法律才承认合同的有效性；否则，合同得不到法律的保障。

3. 合同当事人必须有订立合同的能力

国际贸易合同一般是在法人之间签订的。《中华人民共和国对外贸易法》规定我国的对外贸易经营者是依法从事对外贸易经营活动的法人、其他组织或者个人。其中，法人是由自然人组织起来的，它必须通过自然人才能进行活动，因此，代表法人的自然人必须具备订立合同的能力。另外，法人本身也必须具有一定的行为和能力。法人采取的最普遍的具体形式是公司。

4. 合同标的和内容必须合法

各国法律都规定合同不得违反法律，不得违反公共政策和公共秩序，并不得损害社会公共利益。这里的公共利益是广义的，包括公众安全、优良习惯和道德规范。在国际贸易中对违禁品，如毒品、走私物品、严重败坏社会道德风尚的物品等签订贸易合同是不合法的；与国家明令禁止的贸易对象国签订贸易合同也是不合法的。

对于不合法的合同，在当事人之间，没有权利和义务关系。一旦双方当事人发生争议或纠纷，任何一方都不能上诉。法律对这种合同不予承认和保护。同时，如果法律认为必要时，还要追究当事人的刑事责任，没收买卖的货物。

5. 当事人必须在自愿和真实的基础上签订合同

合同是双方当事人意思表示一致的结果。根据各国的法律规定，如果由于各种原因或事实，构成当事人表示的意思不是自愿和真实的，合同则不成立。

6. 合同形式的法律规定

在大陆法系中，把合同形式分为要式合同（Formal Contract）和不要式合同（Informal

Contract）。所谓要式合同是指依照法律的规定，应按其规定的形式和程序成立的合同。例如，必须由双方当事人签字，并由证人或公证机关证明的合同。不要式合同，可以用口头，或者书面，或者包括人证在内的其他证明形式的合同，而不一定要采用书面形式。在英美法系中，虽没有要式和不要式的划分，但也有相同的概念。例如，在英美法系的分类中，有签字蜡封的合同。该合同应属于一种按要求的形式和程序订立的合同，它与大陆法系中的要式合同相似。美国的《统一商法典》规定，凡是价金超过 500 美元的货物买卖合同，须以书面形式作成，但仍保留了例外，如卖方已在实质上开始生产专为买方制造的、不宜售给其他买方的商品，则该合同虽然没有采取上面的形式，但仍有约束力。

《公约》对于国际货物买卖合同的形式，原则上不加以任何限制。《公约》第 11 条明确规定，买卖合同无须以书面订立或证明，在形式方面不受任何其他条件的限制。《公约》的这一规定既兼顾西方国家的习惯做法，也是为了适应国际贸易发展的特点。因为许多国家贸易合同是以现代通信方法订立的，不一定存在书面合同。但《公约》允许缔约国对该条的规定提出声明予以保留。

买卖双方在以函电成交时，任何一方当事人如果要以签订书面合同作为合同成立的依据，都必须在发出要约或在承诺通知中提出这一保留条件。这时，合同的成立并不是在双方函电达成协议时成立，合同应于签订书面合同时成立。如果任何一方当事人都没有提出签订书面合同作为合同成立的依据，则按合同相关法律的一般原则，合同应于双方的函电达成协议时成立，即当载有承诺内容的信件、电报或电传生效时，合同即告成立。

二、书面合同的形式和内容

通常，书面合同主要采用两种形式：①条款完备、内容较全面的正式合同（Sales Contract）；②内容较简单的确认书（Sales Confirmation）。在实际业务中，书面合同的作用主要表现在：①作为合同成立的证据；②作为履行合同的依据；③有时作为合同生效的条件。

书面合同的内容可分为约首、本文和约尾三个部分：

1. 约首

约首是合同的首部，包括合同的名称、合同号码（订约日期、订约地点）、买卖双方的名称和地址以及序言等内容。序言主要是写明双方订立合同的意义和执行合同的保证，对双方都有约束力等。双方的名称应用全称，不能用简称，地址要详细列明，因涉及法律管辖权问题，所以不能随便填写。在我国出口业务中，除在国外签订的合同外，一般都是以我出口公司所在地为签约地址。

2. 本文

这是合同的主体部分，规定了双方的权利和义务，包括合同的各项交易条款，如商品名称、品质规格、数量包装、单价和总值、交货期限、支付条款、保险、检验、索赔、不可抗力和仲裁条款等，以及根据不同商品和不同的交易情况加列的其他条款，如保值条款、溢短装条款和合同适用的法律等。

3. 约尾

约尾是合同的尾部，包括合同文字的效力、份数、订约的时间和地点及生效的时间、附件的效力以及双方签字等，这也是合同不可缺少的重要组成部分。合同的订约地点往往要涉及合同法律依据的问题，因此要慎重对待。我国的出口合同的订约地点一般都写在我国。有时有的合同将订约的时间和地点在约首订明。

> **小资料**

《联合国国际货物销售合同公约》

《联合国国际货物销售合同公约》(以下简称《公约》)是由联合国国际贸易法委员会主持制定的,1980年在维也纳举行的外交会议上获得通过,于1988年1月1日正式生效。

1986年12月11日中国交存核准书,在提交核准书时,提出了两项保留意见:①不同意扩大《公约》的适用范围,只同意《公约》适用于缔约国的当事人之间签订的合同。②不同意用书面以外的其他形式订立、修改和终止合同。2013年1月中国政府正式通知联合国秘书长,撤回对《联合国国际货物销售合同公约》所作"不受公约第十一条及与第十一条内容有关的规定的约束"的声明,该撤回已正式生效。

《公约》第十一条内容:销售合同无须以书面订立或书面证明,在形式方面也不受任何其他条件的限制。销售合同可以用包括人证在内的任何方法证明。

《公约》的主要内容包括:

(1) 基本原则:建立国际经济新秩序的原则、平等互利原则与兼顾不同社会、经济和法律制度的原则。这些基本原则是执行、解释和修订公约的依据,也是处理国际货物买卖关系和发展国际贸易关系的准绳。

(2) 适用范围:①公约只适用于国际货物买卖合同,即营业地在不同国家的双方当事人之间所订立的货物买卖合同,但对某些货物的国际买卖不能适用该公约做了明确规定。②公约适用于当事人在缔约国内有营业地的合同,但如果根据适用于"合同"的冲突规范,该"合同"应适用某一缔约国的法律,在这种情况下也应适用《公约》,而不管合同当事人在该缔约国有无营业所。对此规定,缔约国在批准或者加入时可以声明保留。③双方当事人可以在合同中明确规定不适用该公约。(适用范围不允许缔约国保留。)

(3) 合同的订立:包括合同的形式和发盘(要约)与接受(承诺)的法律效力。

(4) 买方和卖方的权利义务:①卖方责任主要表现为三项义务,即交付货物、移交一切与货物有关的单据、移转货物的所有权。②买方的责任主要表现为两项义务,即支付货物价款、收取货物。③详细规定卖方和买方违反合同时的补救办法。④规定了风险转移的几种情况。⑤明确了根本违反合同和预期违反合同的含义以及当这种情况发生时,当事人双方所应履行的义务。⑥对免责根据的条件作了明确的规定。

导入案例分析

海企远东与泛顺陵经过反复磋商,主要磋商的重点是价格。最后,双方以儿童运动服套装每套27欧元、成交数量1 000套、即期信用证付款的交易条件达成了交易。

📝 **本章小结**

国际货物贸易合同的签订,是国际贸易中一个重要的环节。建立贸易关系、询盘、发盘、还盘、接受直到签订合同属于贸易的谈判阶段。合同的签订则意味着贸易谈判结束,贸易合同的履行即将开始。在签订合同中,一定要严格审查合同上的信息,如:买卖双方名称、单价、总价、付款货币、付款方式等信息是否与最终发盘内容是否相同。

合同范例：

国际货物买卖合同
Sales Contract

The Sellers: JIANGSU YOUYOU INDUSTRIAL CO., LTD
SOUTH ROAD, NANJING, JIANGSU PROVINCE, CHINA
The Buyers: FASHION COMPANY
DATABANKKC70/28

S/C NO. 20S39003
Date: Jun. 3, 2021
Place: QIXIA District, Nanjing, China

一、经买卖双方确认根据下列条款订立本合同：

The undersigned Sellers and Buyers have confirmed this contract in accordance with the terms and conditions as stipulated below:

海关编码 （H.S. Code）	品名及规格 （Commodity & Specification）	数量 （Quantity）	单价及价格条款 （Unit Price & Terms）	金额 （Amount）
6610500000	LADIES 100%POLYESTER PU COATED RAINJACKET L60042CAAB	11,350.0 PCS	FOB BY SEA USD16.50/PC	USD187,275.00
总金额（Total Amount）：				USD187,275.00

质量标准 Quality：AS REQUEST
溢装率 More Quantity Rate：5.00%；短装率 Less Quantity Rate：5.00%
装运期限 Shipment：Aug 12, 2021
装运口岸 Port of Loading：[装运港] Shanghai
目的地 Destination：[目的港] Rotterdam
转运 Transshipment：not allowed
分批装运 Partial Shipment：not allowed
保险 Insurance：Others
付款方式 Payments：T/T 90 Days
一般条款 General Terms and Conditions：

本合同有关内容，除双方另有协议或经卖方同意接受者外，应适用下列条款。买方任何其他合约或订单与本合同内容如有不符，应以本合同规定为准。买方如转售或代理第三者时仍应对本合同负完全履行责任。

The Sales specified in this Contract shall be subject to the following terms and conditions unless otherwise agreed upon between the Buyers and the Sellers. In case of any inconsistency of the terms and conditions between this contract and any form of contract or order or indent sent by the Buyers to the Sellers, the provisions of this Contract shall prevail. If the Buyers resell the goods to, or conclude the transaction as representative of a third party.,the Buyers shall still be responsible for the complete performance of all the obligations stipulated in this Contract.

1. 索赔 Claim：

索赔应在货到目的港后30日内提出，并须提供SGS或ITS的检验报告作为向卖方提出异议的初步证据。

Claims should be filed by the Buyers with the Seller within 30 days after arrival of the goods at destination and supported by re-inspection reports from SWISS SGS or ITS.

2. 检验 Inspection：

若买方在装船前直接去工厂检验并确认的，货到目的港后买方不得以质量为由提出索赔或拒收货物。

If the Buyers directly inspect and confirm the goods in the mills before shipment, after arrival of the goods at destination the Buyers should not refuse to accept the goods or claim for damage on the excuse of quality questions.

3. 货物不符合同的通知与处理 The notice of discrepancy：

买方如认为货物的数量或者质量与本合同约定不符，则应当在本合同第1条约定的检验期间内，将不符情形书面通知卖方并且必须同时交付上述检验报告；如没有按时提供上述检验报告，或者动用、销售争议货物的，则买方丧失宣告货物不符合同的权利；卖方接到上述通知后，如对上述作为初步证据的检验报告有异议，则买卖双方应当共同委托SGS或ITS进行复验，该复验结论对双方具有终局的约束力。

the Buyers shall, within the period of examination stipulated by Article1 in this contract, make a notice to the Sellers that the goods' quantity or quality fails to conform with the terms of this contract, and must deliver the examination reports abovementioned at the same time; if the Buyers fail to deliver the examination reports abovementioned, or use or sale the disputed goods, the Buyers loses the right to declare the goods non conform with the terms of this contract. When the Sellers receive the notice abovementioned, if there is any disagreement on the examination reports which be deemed as preliminary evidence, both parties shall entrust SGS or ITS to reexamine the disputed goods, the conclusion of reexamination should be final and biding upon both parties.

4. 货权 The Ownership：

如买方没有付清货款，则卖方对货物仍然保留所有权。

The ownership shall remain to the Sellers if the Buyers fail to pay.

5. 佣金条款 The Commission：

卖方同意按照本合同出运金额 -% 支付佣金给买方。支付方式为：- 。

The seller agrees to pay the Commission to the buyer in accordance with the contract's shipping amount of -%。The mode of payment is:-.

6. 争议解决方式和法律适用 Disputes settlement and law application：

① 任何因本合同而发生或与本合同有关的争议，应提交中国国际经济贸易仲裁委员会，按该会的仲裁规则进行仲裁，仲裁地为上海。仲裁裁决是终局的，对双方均有约束力；因仲裁而发生的仲裁费、调查费、鉴定费、律师费、差旅费等等所有费用均由违约方承担。②本合同适用中华人民共和国法律，FOB等价格术语适用《2020年国际贸易术语解释通则》，信用证则适用《跟单信用证统一惯例（国际商会600出版物）》。③本合同一式两份，双方各执一份，具有同等法律效力，在出现争议时以中文为准。

①Any disputes arising out of the contract or in connection with the contract, shall be submitted to the China International Economic and Trade Arbitration Commission for arbitration in accordance with its Rules of Arbitration, the place of arbitration shall be Shanghai. The arbitral award is final and binding upon both parties.Arbitration fees, survey fees, appraisal fees, attorney fees, traveling expenses and all other costs due to the arbitration, shall be borne by the defaulting party. ② This contract will be governed by the law of the country where the arbitration is, the terms such as FOB in the contract are based on INCOTERMS 2020, L/C are based on UCP600. ③ There are two copies of this contract with each party holding one and both have the equally legal effect. If any conflicts, shall be subject to Chinese version.

7. 联系方式的确认：双方确认下列业务联系人的电话、电邮为双方业务往来的联络方式。若有变更或增加需通过电邮方式通知另一方。买方确认有关合同文件或司法文件等的送达地址：DATABANKKC70/28 3821 AL AMERSFOORT。卖方确认有关合同文件或司法文件等的送达地址：江苏省南京市利源南路88号。

Contact confirmation: both parties achieved an agreement that the phone number, email addresses of the following contacts become the communication channel for business. If any change or addition occurs, one has the obligation to inform the other through emails. The buyer confirmed the contract documents or the address of service of judicial documents: DATABANKKC70/28 3821 AL AMERSFOORT. The seller confirmed the contract documents or the address of service of judicial document: NO.88 SOUTH LIYUAN ROAD, NANJING, JIANGSU PROVINCE, CHINA.

买方 (The Buyer)：FASHION COMPANY

卖方 (The Seller):JIANGSU YOUYOU INDUSTRIAL CO., LTD

联系人（Contact Person）：ALINE
签字或盖章（Signature or Seal）

联系人（Contact Person）：JESSICA
签字或盖章（Signature or Seal）

电话 TEL：+31(0)34 ×××32 32
电邮 Email：

电话 TEL：86-25-87×××998
电邮 Email：

思考与练习

一、填空题

1. 国际贸易中的交易磋商通常包括四个环节，即询盘、发盘、还盘和接受，其中达成交易不可缺少的两个基本环节和必需的法律步骤是_____和_____。

2. 询盘的内容可涉及价格、规格、品质、数量、包装、装运以及索取样品等，而多数是询问_____。所以，业务上常把询盘称作询价。

3. 发盘至少要包含商品的_____、_____和_____这三个条件，才构成一项有效的发盘。

4. 国际贸易中，发盘有效期有两种表现形式：_____和_____。

5. 发盘的撤回是发生发盘生效_____，而发盘的撤销是指发盘生效_____，将发盘取消，废除发盘的效力。

6. 还盘实质上是对原发盘的某种程度的拒绝。因此，一经还盘，原发盘即_____，新发盘取代它成为交易谈判的基础。

7. 一般说来，法律并不对接受必须采取的方式做规定，而只是规定接受应当以_____或_____的方式做出。

8. 接受的生效，大陆法系和英美法系采用不同的规定。大陆法系采用_____原则，英美法系采用_____原则。

二、单项选择题

1. 下列条件中，（   ）不是构成发盘的必备条件。
   A．发盘的内容必须确定   B．交易条件必须十分完整
   C．向一个或一个以上特定的人发出   D．表明发盘人愿承受约束的意思

2. 我国某外贸公司10月10日向国外某客商发盘，限10月15日复到有效，10月13日接到对方复电"你10日电接受，以获得进口许可证为准"。该接受（   ）。
   A．相当于还盘
   B．在我方缄默的情况下，则视为接受
   C．属于有效的接受
   D．属于一份非实质性变更发盘条件的接受

3. 按《联合国国际货物销售合同公约》的规定，一项发盘在尚未送达受盘人之前是可以阻止其生效的，这叫发盘的（   ）。
   A．撤回   B．撤销   C．还盘   D．接受

4. 某公司星期一对外发盘，限对方星期五复到有效，客户于星期三回电还盘并邀该公司电复。此时，正值该商品国际市场价格上涨，故该公司未予答复。客户又于星期四来电表示接受我公司星期一的发盘，在上述情况下（   ）。
   A．接受有效   B．接受无效
   C．如我方未提出异议，则合同成立   D．属有条件的接受

5. 我某出口公司对外发盘，外商于发盘有效期复到，表示接受我方的发盘，但外商对发盘的内容做出一些修改，下列内容的修改不属于实质性变更发盘的是（   ）。
   A．提供的装箱单份数   B．货物的包装
   C．货物的数量   D．交货时间与地点

6. 我国某出口公司于10月5日以电报对英国某公司发盘，限8日复到有效。对方于8日以电报发出接受通知，由于电信部门的延误，出口公司于9日才收到英商的接受通知，事后该出口公司亦未表态。此时（   ）。
   A．除非发盘人及时提出异议，该逾期接受仍具有接受效力，合同成立
   B．该逾期接受无效，合同未成立
   C．只有发盘人毫不延迟地表示接受，该逾期接受才具有接受效力，否则合同未成立
   D．由电信部门承担责任

7. 根据《联合国国际货物销售合同公约》的规定，接受生效采取（   ）。
   A．﹃投邮生效﹄原则   B．签订书面合同原则
   C．口头协商原则   D．﹃到达生效﹄原则

8. 英国某商人 3 月 15 日向国外某客商用口头发盘，若英商与国外客商无特别约定，国外客商（　　）。
　　A. 任何时间表示接受都可使合同成立
　　B. 应立即接受方可使合同成立
　　C. 当天表示接受即可使合同成立
　　D. 在两三天内表示接受可使合同成立

三、判断题

1. 无论是大陆法系还是英美法系都认为凡向公众发出的商业广告，不得视为发盘。（　　）

2. 在国际贸易中，所有的发盘都有有效期，受盘人应在有效期内接受发盘，任何情况下的逾期接受都是无效的。（　　）

3. 在实际业务中，如果内容不十分确定，或没有表明承受约束的意旨，或不是向一个（或几个）特定的人发出的，则此建议可视作发盘的邀请。（　　）

4. 实际业务中，由于交易双方当事人丧失了行为能力，或死亡，或法人破产，此后发盘人可不再受其发盘的约束。（　　）

5. 如发盘无规定有效期，则受盘人可在任何时间表示接受。（　　）

6. 有条件的接受是指受盘人在答复对方发盘时，在表示"接受"的同时，附加上某种条件，只要这些附加条件不是实质性的变更，这种接受构成有效的接受。（　　）

7. 判定国际贸易合同是否成立，不仅要看有无发盘和接受，还要看发盘和接受这两个行为是否成立。（　　）

8. 在我国，销售合同无须以书面订立或书面证明，在形式方面也不受任何其他条件的限制。（　　）

四、案例分析与计算

1. 东方自行车有限公司于 5 月 8 日收到来自澳大利亚的悉尼奥兰芝贸易公司的询盘函，就自行车产品"蓝鸟"系列进行询盘。请根据以下信息向悉尼奥兰芝贸易公司写一封报盘函。

品名：自行车"蓝鸟"系列
单价：120 美元 / 辆 CIF 悉尼
规格：女式
付款方式：不可撤销即期信用证
包装：内衬防水纸纸箱，1 辆 / 箱
最小起订量：300 辆
折扣：订单数量 600～999 辆，2% 折扣；1000～1499 辆，2.5% 折扣；1500 辆及以上，3% 折扣
装运期限：收到 L/C 后 20 日内装运
报盘有效期：客户 5 月 25 日前回复有效

2. 我国某进出口公司向国外某客商询价，不久后我方接到外商发盘，有效期到 8 月 22 日。我方于 8 月 24 日用电传表示接受对方的发盘，对方一直没有回信，后因该商品供求关系发生变化，价格上涨较多，8 月 26 日对方突然来电表示合同成立，并要求我方必须在 8 月 28 日前将预货款

支付，否则，我方将要承担违约责任。

请问：合同是否成立？为什么？

3. 3月15日，我国A公司向美国客商G公司发盘：报童装200打，每打CIF旧金山100美元，8月份装运，即期信用证付款，25日复到有效。3月22日收G公司答复如下：你方15日发盘已收到，你方报价过高，若降至每打90美元可接受。A公司次日复电：我方报价已是最低价，降价之事歉难考虑。3月26日G公司又要求航邮一份样品以供参考。29日，A公司寄出样品，并函告对方：4月8日前复到有效。4月3日，G公司回函表示接受发盘的全部内容，4月10日送达A公司。A公司视其为逾期接受，故未做任何表示。7月6日，A公司收到G公司开来的信用证，并请求用尽可能早的航班出运。此时因原料价格上涨，公司已将价格调整至每打110美元，故于7月8日回复称：我公司与你方此前未达成任何协议，你方虽曾对我方发盘表示接受，但我方4月10日才收到，此乃逾期接受，无效。请恕我方不能发货。信用证已请银行退回。如你方有意成交，我方重新报价每打CIF旧金山110美元，9月份交货，其他条件不变。7月12日G公司来电：我方曾于4月3日接受你发盘，虽然如你方所言，4月10日才送达你方，但因你我两地之邮程需3天时间，尽管我方接受在传递过程中出现了失误，你我两国均为《联合国国际货物销售合同公约》的缔约国，按《公约》第二十一条第2款规定，你方在收到我方逾期接受后未作任何表示，这就意味着合同已经成立，请确认你方将履行合同，否则，一切后果将由你方承担。请分析G公司的上述观点是否正确？

4. 2020年10月，我国A公司销售经理X先生与乙国B公司采购经理Y先生在电话中协商了A公司向B公司出售其M产品的事宜。之后，A公司正式向B公司发出了书面要约（发盘）。A公司考虑到其今后可能每年出售给B公司的数量，此次给予了B公司8%的折扣，并特别指出这次折扣如此大，是给予所有客户中的最低价格，而A公司一般给予老客户的折扣是4%。B公司接受了要约，双方于11月7日签订了购买100吨A公司M产品的合同。2021年3月底前交货，采用CIF条件，合同金额为160000美元。该合同如约履行完毕。

2021年5月2日，Y给X打电话，表示要购买1000吨A公司的M产品。X提出由于市场因素现在单价提高到了1700美元／每吨，Y表示接受。电话交谈后，Y于5月3日通过电传向X发出合同确认书（要约）。合同条款与第一个合同基本一致，只是装船日期、数量不同，产品单价为1700美元，但未提及折扣。此外，该确认书还指出"11月7日合同中的支付、运输条件和其他类似条款适用于本合同"。与此同时，X也给了Y一份确认书，不同之处在于明确了1700美元单价的折扣为4%。但Y于6日收到文件后即电告X，折扣应为8%。X于9日的回复中指出，8%只是给予第一笔交易的折扣，而没有打算或者承诺将来的交易也是8%。Y于10日的电传指出，B公司购买A公司产品的主要原因恰恰是出于8%的折扣。若不给予8%的折扣，B公司将向原供货商购买，请X立即答复。X于12日的答复仍坚持8%只是给予第一笔交易的，并表示A公司的价格在同行业中是最低的。但Y未对此做出回复。X于27日再次询问B公司的意图。Y于6月2日回复称，其已购买了C公司的产品。于是A公司向B公司提出索赔，但遭拒绝。

请问：双方的主张各是什么？B公司需要赔偿吗？

第十三章　国际货物贸易出口合同的履行

Chapter Thirteen

学习目标

▲ 掌握国际货物贸易出口合同履行的基本程序，能正确履行出口合同
▲ 掌握催证、审证和改证等信用证落实工作，能正确审证
▲ 掌握备货和检验的工作流程，能按合同规定完成备货和检验
▲ 掌握租船订舱、投保、报关和装运的要点，能正确办理出口环节相关手续
▲ 掌握出口结汇使用的单据种类，能正确缮制结汇单据

导入案例

我国某公司与外商按 CIF 条件签订一笔大宗商品出口合同，合同规定装运期为 9 月份，但未规定具体日期。外商拖延开证，我方见装运期快到，从 8 月底开始，连续多次电催外商开证。9 月 5 日，收到开证行的简电通知，我方因怕耽误装运期，即按简电办理了装运。9 月 28 日，外方开来信用证正本，正本上对有关单据做了与合同不符的规定。我方审证时未予注意，交银行议付时，银行也未发现，开证行即以单证不符为由，拒付货款。你认为，我方应从此事件中吸取哪些教训？

买卖合同的订立，只是表达了双方当事人各自的经济愿望，只有履行了所订立的合同，才能实现双方当事人各自的经济目的。重合同、守信用是对外经济贸易活动的重要原则，也是外贸工作者的基本信条。在我国的对外贸易中，只有遵循以上原则，认真履行合同，才能确保我国对外贸易取得良好的经济效益，保持我国外事的良好形象。

当然，一份合同的有效履行，需靠买卖双方共同来保证。因此，一方当事人在认真履行合同义务时，还需随时关注另一方当事人履行合同的情况，要求对方也切实履行规定的义务，并对违约行为采取必要的应对措施。

出口履约流程

在我国的出口贸易中，以 CIF 贸易术语和凭信用证支付货款的合同居多。以此为例，出口合同的履行主要包括以下几个环节：落实信用证；备货和验货；租船订舱、投保、报关和装运；制单结汇。各环节之间又有着密切的内在联系。因此，只有切实做好每一个环节的工作，才能确保出口合同的圆满完成。

第一节　落实信用证

在凭信用证支付货款的合同履行中，落实信用证是卖方的重要工作。落实信用证通常要做好催证、审证和改证三项工作。

一、催证

一般来说，在凭信用证支付货款的合同中，都订立有买方开信用证的时间，买方应严格按照合同的规定申请开立信用证，这也是卖方履约的前提。如果信用证能较早或按时开到，则不需卖方催开信用证。但是，如果遇到下述情况，卖方可以提醒或催促买方及时开立信用证：①买方由于遗忘或资金不足或销售受阻等原因未按合同规定日期开证，而卖方又不愿要求买方损害赔偿或宣告合同无效，卖方可以催促买方开证；②卖方已备妥货物，船期也有保证，可商请买方提前开证；③装运期较长，船次较少，卖方应在通知买方预计装运日期的同时，催请买方开证，以免买方延迟开证而延迟了船期。

二、审证

信用证是一种银行信用的付款保证文件，但银行的付款保证是以受益人提交的各种单据符合信用证条款为条件的，因此，信用证的各项条款内容直接影响受益人收汇的安全。一般而言，由于信用证是以买卖合同为基础的，其所列条款应当与买卖合同一致。但在实际业务中，也常常出现来证内容与合同规定不一致的情况。产生这种情况的原因可能是：开证申请人或开证行工作上的疏忽；或者是买方国家和地区的习惯做法；或者是开证人对我国政策不了解；或者是市场行情变化，买方为了自身利益有意在信用证中加入一些不利于卖方的条款。为了保证收汇的安全，防止不必要的损失，审核信用证必须认真、仔细、谨慎。

实际业务中，银行和出口公司共同承担审证任务。本节主要介绍卖方审核信用证。收到信用证后，卖方应根据合同内容及《UCP600》对信用证进行认真审核。审核的内容一般包括如下几个方面：

1. 对开证行资信的审核

开证行与卖方的收汇有着密切的关系，对开证行的审核包括两方面的内容：①政策上的审核。凡国家政策上规定不准与之进行经济来往的国家和地区的银行来证，不能接受；载有歧视性内容的信用证，应予以退回，或请客户修改。②开证行资信情况的审核。开证行的资信情况与信用证收汇密切相关，开证行良好的资信情况是保证安全收汇的重要条件。卖方应通过各种方式积极了解开证行的资信情况和经营作风，一旦发现开证行资信欠佳的情况，应酌情采取适当措施，如卖方可另找银行对原证加以保兑，或在信用证中加列索偿条款。

2. 对开证行付款责任的审核

根据《UCP600》的规定，凡是信用证都是不可撤销的。但应注意，如果来证对开证行应负责任加列其他条款，如规定"须待货物清关后方始生效""须待货物到达目的地并经主管当局检验合格后方可生效"等。这些条款背离了信用证凭单付款的原则，卖方应请买方申请修改。

3. 对信用证金额、币种的审核

信用证金额应与合同中规定相一致。信用证中的单价与总值要准确，大小写内容要一致，币种要与合同一致。若合同订有商品数量的"溢短装"条款时，信用证金额也应按溢短装部分规定相应的机动条款。如果信用证未按此规定，装货时不能使用溢短装权利。

4. 对信用证兑用方式、截止日和交单地点的审核

按《UCP600》规定，信用证必须规定可在其处兑用的银行，或是否可在任一银行兑用。信

用证必须规定其是以即期付款、延期付款、承兑还是议付的方式兑用。信用证不得开成凭以申请人为付款人的汇票兑用。信用证必须定一个交单的截止日，规定的承付或议付的截止日将被视为交单的截止日。可在其处兑用信用证的银行所在地即为交单地点；可在任一银行兑用的信用证其交单地点为任一银行所在地。除规定的交单地点外，开证行所在地也是交单地点。为了收汇安全，在我国的出口业务中，一般要求在中国境内选择交单地点。如果信用证未规定兑用的银行或兑用方式或截止日或交单地点，则需要通知买方改证。

另外，受益人需要注意，运输单据出单后向信用证指定银行提交单据兑用的时间，须由受益人或其代表在不迟于发运日之后的 21 日内交单，但是在任何情况下都不得迟于信用证的截止日。

5．对信用证中装运条款的审核

信用证中的分批装运和转运条款必须与合同规定相符。一般而言，买方都不愿意接受转运的条款，因为货物在转运途中，既延误时间、增加成本，又可能出现货损货差。合同中如规定部分装运或分期装运，那么在审核信用证时，应注意每批装运的时间是否留有足够的间隔。《UCP600》中对部分装运、分期装运和转运条款的规定在前面章节中已有所叙述，在此不再赘述。

6．对信用证中保险条款的审核

信用证中保险险别、投保金额和保险单据等条款应与合同规定相符。在实际业务中，如果遇到来证要求投保的险别超出合同规定，或保险责任扩展至内陆，要考虑能否接受，有的还需与保险公司联系后方能确定。如果信用证未规定投保险别，按《UCP600》规定，银行将接受提交的保险单据。在这种情况下，出口企业只需要按合同规定进行投保。

信用证应规定所需投保的险别及附加险（如有的话），信用证一般要求受益人提交保险单或预约保险项下的保险证明书或者声明书，暂保单将不被接受。

7．对信用证中有关货物情况的审核

信用证中出口货物的品名、规格、数量、包装、贸易术语等条款应与合同一致，要注意是否有特殊条款，应结合合同与实际情况认真研究，做出是否修改的决定。

8．对信用证要求的单据的审核

应对信用证要求受益人提交议付的单据种类、份数及填制方法等进行仔细审核，注意单据能否办到，有无特殊要求，如"发票、产地证须由第三国签发"或"提单目的港要加注指定码头"等。对单据的审核是一项很重要的工作，关系到日后与银行结汇能否顺利进行。

9．对开证申请人和受益人的审核

对开证申请人和受益人的名称和地址应仔细核对，防止张冠李戴、错发错运。如信用证使用受益人的旧名称、旧地址，应立即要求对方改证，以免影响收汇。

10．对信用证软条款情况的审核

虽然《UCP600》对于信用证独立性及其单据审核标准做了说明，但实际中仍然存在软条款现象。信用证软条款易使受益人处于不利和被动地位，导致受益人履约和结汇存在风险隐患。因此，如果信用证中含有软条款，应要求开证申请人修改。

除了对上述各项内容进行审核外，还应对信用证中汇票付款期限、汇票付款人等条款进行认真审核。

> **小资料**
>
> **信用证软条款**
>
> 信用证软条款（Soft Clause），有时也称为"陷阱条款"（Pitfall Clause），是指信用证中含有信用证附条件生效的条款，或者规定要求信用证受益人提交某些难以取得或不合理的单证的条款等。含此类条款的信用证，使得作为出口方的受益人收取货款的权益无法得到保障。带有软条款的信用证实质上变相成为可撤销信用证，银行中立担保付款的职能完全丧失，易造成单证不符而遭开证行拒付。实践中常见的软条款类型如下：
>
> （1）规定信用证暂时不生效，开证行另行指示或通知后信用证方能生效。如"待进口许可证签发后通知生效""待货样经申请人确认后生效"或"待装船期、船名及装载数量通知后生效"等。
>
> （2）信用证中设置受益人无法顺利取得的单据。如规定货物检验证书由开证申请人或其指定人签发，并由开证行核实，或非普惠制下受惠的产品要求提交普惠制产地证等。
>
> （3）信用证中无明确的保证付款条款，或对银行的付款、承兑行为规定了若干前提条件。如开证行付款以买方承兑卖方开立的汇票为条件或者表示货物清关后才支付、收到其他银行的款项才支付等。
>
> （4）信用证中规定有关运输事项（如船名、装船日期、装卸港等）须以开证申请人修改后的通知为准。
>
> （5）信用证前后条款互相矛盾，受益人无论如何也做不到单单一致。

三、改证

对信用证全面审核后，如果没有问题，卖方就可以进行下一步的各项工作。如果信用证存在问题，则须对信用证进行修改。修改信用证内容直接关系到各当事人的权利和义务的改变。因此，凡是对信用证在其有效期内的任何修改都须取得各有关当事人的同意方能生效。当受益人提出修改信用证，则应首先征得开证申请人的同意，再由开证申请人通知开证行办理修改手续，然后修改通知书经原通知行转交受益人。如果在同一份信用证中有多处条款需修改，应一次一并提出，尽量避免因考虑不周而反复多次提出修改，否则不仅增加双方的手续和费用，而且会影响卖方的企业形象。开证申请人也可提出修改信用证，在这种情况下，须经受益人同意后，由开证行发出修改通知书经原通知行转达受益人，经受益人明确表示接受后方为有效。需要注意，受益人对涉及两项以上的修改条款要么全部接受，要么全部拒绝。

在实际业务中，有时对信用证进行修改，应区别问题的性质，须同运输、保险、商检部门取得联系共同研究后做出妥善处理。

第二节 备货和检验

交付货物是卖方最基本的义务之一，卖方落实信用证后，应根据买卖合同和信用证的规定准备好应交付的货物。备货工作主要包括：组织货源、催交货物、验货、刷唛等。在备货过程中，要求当事人的行为不仅要完全符合合同和信用证的规定，而且还应符合合同的默示条件，即依照诚信原则或根据交易习惯或根据国际惯例来履行义务。

一、备货

具体而言，在备货工作中，应特别注意以下几个方面的问题：

1. **货物的品质必须与合同及信用证规定相符**

如果合同或信用证中的品质条款是以规格、等级、标准等文字说明表示的，则所交货物的品质必须与合同或信用证规定的规格、等级、标准等文字相符；如凭样品达成的合同，则所交货物必须与样品一致；如既凭文字说明，又凭样品达成的合同，则所交货物两者均须相符。

合同中的品质条款是买卖双方交接货物的品质根据，卖方所交货物的实际品质既不能低于合同规定，也不宜高于合同规定，否则均可构成违约行为。

2. **货物的数量必须与合同或信用证规定一致**

按合同或信用证规定数量交付货物，是履行合同的主要条件之一，也是直接关系买卖双方预期利益实现的重要条件。因此，《联合国国际货物销售合同公约》对此做了较严格的规定，如"卖方交付的货物必须与合同所规定的数量相符……"。对于卖方少交或多交货物做了具体规定，概括起来是：如卖方少交货物，买方有权要求卖方限期补交或同时要求损害赔偿，但一般不能宣告撤销合同或拒收全部货物；如卖方多交货物，买方可以收取全部货物，也可以拒绝收取多交部分的货物，如果买方收取多交部分的货物，则必须按合同基价交付货款。

在实际出口业务中，考虑到货物的性质、运输条件、环境等因素，买卖双方磋商订约时，通常在合同中订立货物数量增减范围条款，如为"约"量，应不超过双方形成的习惯幅度，或按《UCP600》货物的数量可有10%的增减幅度，但以不超过信用证允许的金额为限。如为"溢短装条款"，则数量上就可在规定机动幅度内有所伸缩。在信用证未以包装单位件数或货物自身件数的方式规定货物数量时，如果合同和信用证中既未订立溢短装条款，也未使用"约"量，则在支取金额不超过信用证金额的条件下货物数量允许有5%的增减幅度。

3. **货物的包装必须符合合同或信用证的规定**

在备货过程中，对货物的内外包装和装潢都要认真核对和检查，以免造成违约而影响收汇。尤其要注意以下几个方面的问题：

（1）注意包装是否良好，如发现包装不良或破损，应及时进行修整或更换包装，以免装运时取得不清洁提单，影响收汇。

（2）注意运输标志或唛头的刷写，应符合合同的规定。另外，对合同未做要求的唛头刷写部位、文字大小、图案字迹、使用颜料均应按行业惯例予以认真对待。

（3）注意进口国对内外包装及衬垫物的规定。

（4）注意在内外包装的包装装潢上应考虑进口国当地居民的爱好和习惯。

4. **备货时间应与合同或信用证规定的装运期衔接**

货物备妥的时间必须适应合同或信用证规定的装运期限。如果交货量大，应抓紧时间，积极备货。任何提前或延迟发货均可能遭到买方拒收、索赔甚至宣告合同无效。

二、检验

通常情况下，出口货物备妥后均须进行检验，取得检验合格证后，海关方能放行。出口商品依情况须按国家规定或合同规定进行数量、重量、质量、规格、卫生等方面的检验，有些特殊商品还须进行特殊检验，如危险货物的包装容器，应申请包装容器性能检验。

凡属法定检验的出口商品，须按照国家规定由出入境检验检疫机构进行相应的检验检疫，才能装运出口。凡不属于法定检验范围的出口商品，但出口合同或信用证中规定须进行检验的商品，也应按规定由商检机构进行检验，取得检验合格证书后，方能凭以装运出口并议付货款。凡非法定检验商品，合同或信用证也未规定须检验出证的，则应视不同情况，分别由有关检验机构或生产部门、供货部门或外贸企业自行检验合格后装运出口。

出口货物的报验工作由以下几个程序构成：

1. 申报

应填制出境货物报关单，注明需检的项目，同时应附上外贸合同或销售确认书或订单、信用证、装箱单、发票以及其他必要的单证，一并提交检验检疫机构。

2. 检验

检验检疫机构按收到的出境货物报关单，对出口商品进行相应项目的检验，还可根据生产单位检验或外贸部门验收的结果换证。

3. 出证

商品检验合格后，由检验检疫机构出具检验证书。若检验不合格，由检验检疫机构签发"不合格通知单"，报检单位可重新加工后申请复验。

一般货物的检验检疫证书从发证日起60天内有效。应注意，发货人应在检验证书有效期内报运出口，如果超过有效期，应重新报检，重新检验，经检验合格后才能出口。

出境货物最迟应在出口报关或装运前7天申报；需隔离检疫的出境动物在出境前60天预报，隔离前7天申报；法定检验检疫货物，除活动物需由口岸检验检疫机构检验外，原则上应坚持产地检验检疫。

> **小资料**
>
> **出入境检验检疫正式划入海关**
>
> 根据国务院机构改革方案，原国家质量监督检验检疫总局的出入境检验检疫管理职责和队伍划入海关总署。自2018年4月20日起，原各出入境检验检疫局统一转隶到海关总署，以海关名义统一对外办公。其以保护国家整体利益和社会利益为衡量标准，以法律、行政法规、国际惯例或进口国的法规要求为准则，对出入境货物、交通运输工具、人员及事项进行检验检疫、管理及认证，并提供官方检验检疫证明，居间公证和鉴定证明的全部活动。
>
> 企业在海关注册登记或备案后，将同时取得报关报检资质。根据《海关总署关于企业报关报检资质合并有关事项的公告》，此次改革合并的范围主要是对检验检疫自理报检企业备案与海关进出口货物收发货人备案合并为海关进出口货物收发货人备案，检验检疫代理报检企业备案与海关报关企业注册登记或者报关企业分支机构备案合并为海关报关企业注册登记和报关企业分支机构备案。检验检疫报检人员备案与海关报关人员备案同步合并为报关人员备案。相关企业、人员可通过"单一窗口"填写申请信息，通过系统查询办理结果，到所在地海关任一业务现场提交申请材料，即可取得报关报检双重资质。"一次登记、一次备案"真正实现，以前分属关检两个单位办理的注册登记或备案手续成为历史。

第三节 租船订舱、投保、报关和装运

在落实了信用证，备妥货物后，CIF贸易术语条件下，出口方需办理租船订舱、投保、报关和装运等手续。

一、租船订舱

如果出口货物数量较小，可预订班轮部分舱位运输；如果出口货物数量较大，可租订整船

运输。在实际业务中，租船订舱工作一般委托货运代理人办理，货运代理人与货主之间是委托代理关系，其接受货主的委托，代表货主办理货物的检验、租船订舱、报关等手续。

在我国外贸出口业务中，出口方通常委托具有国际业务的运输公司或其他经营外贸运输代理业务的企业（简称外运机构）办理。本节主要介绍使用班轮运输方式订舱的基本程序。

1．出口企业填写出口货物托运单

外运机构每月定期编印出口船期表分发各外贸出口企业，表内列有航线、船名、航次、离港日期、抵港日期、沿途停靠港、截至收单期等内容，供各外贸出口企业作为租船订舱的参考。外贸出口企业在落实信用证，备妥货物后，即可根据合同和信用证条款，填写出口货物托运单，在截至收单期前送交外运机构，委托其代为订舱。托运单也是外运机构凭以向船公司或其代理订舱配载的依据。

2．船公司或其代理签发装货单

外运机构在收到出口货物托运单后，会同轮船公司或其他代理，结合船期、货物性质、装运港、目的港等情况，安排船只和舱位，然后由轮船公司或其代理签发装货单。签发装货单则表示船公司接受托运人订舱装货的请求。因此，外贸出口企业或外运机构收到装货单则意味着订舱手续完成，运输合同即告成立。

3．船长或大副签发大副收据

轮船到达后，货物经海关查验放行装船后，由船长或大副签发大副收据。大副收据又称收货单，是载货船舶的船长或大副签发给托运人的表明货物已装船的临时收据。托运人凭大副收据向外运代理公司交付运费后换取正式提单。大副收据是海洋运输业务中的主要货运单证之一，它是划分船货双方责任的依据，同时也是托运人换取已装船提单的依据。

二、投保

投保即办理保险，其主要目的是，一旦货物在运输途中发生了风险和损失，可以得到经济补偿。在以 CIF 贸易术语为条件的出口合同履行中，出口方在货物装船前，须按合同和信用证规定向保险公司办理投保手续，以取得约定的保险单据。保险单据是出口方据以向银行议付货款的重要单据之一。

出口方在办理投保手续时，应首先填写运输投保单，注明投保险别、保险金额、索赔地点、投保日期、货物名称、运输路线、船名、开航日期等内容。保险公司接受投保后，根据投保单内容签发保险单或保险凭证，并计算出保险费，出口方向保险公司缴纳保险费取得保险单据，据此出口货物的投保手续即告完成。在实践中，由于我国各进出口公司和中国人民保险公司的业务量较大，为简化手续，一般不填写保险单，而是利用出口货物明细表代替投保单，但仍需加注配舱回单的内容及投保险别和保险金额，保险公司接受投保即签发保险单或保险凭证。

三、报关

出口人在落实信用证，备妥货物后，就应当办理租船订舱手续，准备报关工作。

报关是指进出口货物在进出关境时，进出口商向海关申报，请求海关查验放行货物的行为。报关有进口报关和出口报关之分，两者的报关程序基本相同。出口报关主要包含以下几个环节：

1．货物申报

出口货物的发货人除海关特准外，应在装货的 24 小时以前向运输工具所在地的海关申报。除需紧急发运的鲜活商品，维修和赶船期的特殊情况之外，在装货前 24 小时以内申报的货物一律暂缓受理。

在海关注册的出口企业可以自己办理报关手续，也可以委托专业报关企业或其他代理报关企业办理，而未在海关注册的出口企业只能委托代理办理报关手续。

出口企业或其代理人首先应根据出口货物情况如实填写出口货物报关单（报关单的格式见章后所附表13-1），提交海关，并随附必要的单据，请求海关办理出口手续。随附报关单的单据主要有：发票、装箱单、减免税证明文件、法定检验商品检验证书、出口货物许可证、产地证以及海关认为必要时需查阅的证件。以确定出口货物是否合法，申报内容是否正确，申报单位是否齐全和有效等。

2．单据审核

海关在接受申报时，依据国家对进出口货物的有关政策和法令规章对申报的内容及随附的单证的真实性、齐全性和一致性进行审核。

3．货物查验

海关审核完毕单据，就要以出口报关单为依据，对出口货物进行实际的核对查验。核查出口货物的名称、品质、规格、包装、数量、唛码等是否与报关单和其他单据相符，以防非法出口、走私等。

海关一般于规定的时间，在海关监管的码头、机场、车站、邮局等地点对出口货物进行查验。必要时，也可由海关派员到发货人的仓库查验。海关查验时，报关单位应派员到现场协助搬运、拆封货物或提供相关单据文件。

4．征税放行

海关对出口货物进行查验后，按海关关税税则规定，对应征出口关税的商品计算应缴纳关税税额。报关单位按时缴纳关税后，海关在装货单上盖放行章交发货人签收，发货人即可凭此将货物装运出境。

发货人缴清关税，经海关签印放行称为清关或通关。

四、装运

货物清关后，托运人凭盖有海关放行章的报关单和装货单办理货物装船。装船完毕后，由船长或大副向托运人签发大副收据，内列收到的货物实际情况，表明货物已装妥。托运人凭大幅收据向船公司或其代理换取提单。

第四节 制单结汇

货物装运出境后，出口方应立即按照信用证的规定，缮制各种单据，并在信用证规定的交单期送交银行议付货款。

在信用证业务中，银行只凭信用证规定提交的单据付款，因此，出口企业在制单时，应遵循"正确、完整、及时、简明、整洁"的原则。

（1）正确：制作的单据必须做到"单证一致，单单一致，单同一致"，即单据与信用证规定一致，单据与单据之间一致，单据与合同规定一致。此外，单据应能真实地反映货物的实际情况。

（2）完整：信用证规定的各项单据必须齐全，不能短少。单据的份数、单据内列的各项内容都必须完整无缺。

（3）及时：出口企业应在信用证规定的交单期之内将单据送交银行议付货款，并尽可能提前将单据送交银行，因为这样即使单据经银行审核后发现有差错，也可有充裕的时间予以更改，从而保证收汇的安全。

（4）简明：在做到单据完整的前提下，单据的内容力求简洁明了，应按信用证要求和国际惯例填写，切勿加列不必要的内容，以免弄巧成拙。

（5）整洁：单据的布局要美观大方，缮写或打印的字迹要清晰，单据表面要洁净，更改的地方要加盖校对章。有些内容如提单、汇票等单据的金额、数量等主要内容，一般不宜有更改。

出口外贸业务中，涉及的单据种类很多，应根据不同的交易和信用证规定而向银行提交相应的单据。比较常见的单据有如下几种：

一、汇票

汇票（Draft）是国际贸易结算中一种常用的支付工具，其种类和使用已在前面章节中有所叙述，在此不再赘述，以下就汇票在制作时应注意的几个问题做一介绍。

（1）出票条款。出票条款，即出票根据，一般包含三项内容：开证行名称、信用证号码和开证日期。上述三项内容应与信用证一致。

（2）汇票金额与币种。汇票金额与币种应与信用证和发票上一致，并且注意大小写金额应相同。

（3）付款人。付款人应按信用证规定填写开证行或议付行或进口商。如果付款人为进口商，银行将视此种汇票为一项额外的单据。如果信用证未指定付款人，应填写开证行。

（4）受款人。在信用证方式下，汇票的受款人通常为议付行或出口商的往来银行或出口方。

（5）出票人。汇票的出票人通常为信用证的受益人。

二、商业发票

商业发票（Commercial Invoice）简称发票，是出口方向进口方开具的凭以收款的发货价目清单。它是买卖双方交接货物和结算货款的依据，也是进出口报关必须提交的单据之一。在即期信用证或即期托收业务中不要求提供汇票的情况下，常以商业发票替代汇票作为付款的依据，商业发票是全套单据的核心，它全面反映了所交货物的情况。

《UCP600》对商业发票的要求是：必须由受益人出具；必须出具成以申请人为抬头；必须与信用证的货币相同，且无须签名等。

在实际业务中各进出口公司所采用的发票没有统一的格式，但其内容大致相同。一般包括如下几部分：

（1）出票人名称。发票出票人是出口方。在发票的顶端，一般印就有出口方的名称和地址。

（2）发票抬头。习惯上商业发票的抬头人是开证申请人。

（3）发票号码、发票开票日期、合同号码、信用证号码。发票号码由出口方自行编制。发票开票日期不能迟于提单的签发日期，也不能迟于信用证规定的交单期，并且应在信用证的有效期内。合同号码和信用证号码应根据合同中列明号码和信用证中列明号码如实填写。

（4）装运港（地）和目的港（地）。装运港（地）和目的港（地）应按信用证规定填写。如需转运的，转运地点也应明确表达出来。

（5）运输标志（唛头）。如果信用证有规定的，必须按照规定填写。如果没有规定，可自行设计。注意发票的唛头与其他单据应保持一致。

（6）货物的名称、数量、规格与包装。发票上的货物名称、数量、规格与包装的填写必须与信用证规定完全相符；而所有其他单据上货物的描述可使用统称，只要不与信用证规定相抵触。

（7）单价与总值。单价与总值必须准确填写，单价中还应标明贸易术语，并应注意单价、数量、总值之间必须吻合。

（8）其他说明。有时信用证会要求在发票上加注一些特殊说明，如要求在发票中列明运费、保险费或注明货物的原产地等内容，在缮制发票时，可将上述内容填于发票的商品描述栏内。

商业发票的格式见章后所附表 13-2。

三、提单

提单（Bill of Lading，B/L）的含义和作用已在前面章节中有所叙述，在此仅就缮制提单时和审核直接提取的提单时，应注意的问题做一说明。

（1）提单的种类。提单无论是"Ocean B/L"，还是"Marine B/L"，只要符合信用证规定，银行均可接受。

（2）托运人。托运人一般为出口企业，有时也可以外运机构作为托运人。

（3）收货人。这是提单中较为重要的一栏，应严格依照信用证规定填写。在实际业务中，提单大多作成"凭指示（To order）"抬头。

（4）提单号。提单号通常是由船公司编写。

（5）装货港、卸货港。装货港和卸货港应具体填写，不能笼统填写。

（6）唛头。如果信用证有规定的，应严格按照规定填写，并与发票上所列相一致。

（7）货物名称、包装及件数。货物名称可用统称，但不得与信用证规定相抵触。货物包装及件数按实际情况填写。

（8）运费。运费一栏填运费支付情况，在 CIF 和 CFR 条件下注明"运费预付（Freight Prepaid）"，在 FOB 条件下注明"运费到付（Freight to Collect）"。

（9）正本提单份数。按信用证规定填写，并用大写。

（10）提单签发日期及签发地点。已装船提单的签发日期，为装船结束日期，应不迟于信用证规定的装运期。提单的签发地点按实际装运地点填写。

（11）签署。由承运人或其代理人，船长或其代理人签署。

四、保险单

保险单（Insurance Policy）也是出口方向银行议付货款所提交的单据之一，它是保险公司根据投保人提供的投保单编制的。出口企业应对保险单的下列内容进行审核：

（1）保险单日期不得迟于提单日期。

（2）被保险人名称通常是信用证的受益人。

（3）唛头、货物名称、数量、包装应与发票规定一致。

（4）保险金额。除非信用证另有规定，保险金额不应低于 CIF 或 CIP 的 110%。金额大小写应一致。

（5）保险费。一般注明"按商定（As arranged）"。

（6）运输工具、开航日期、运输起讫地点，应与提单一致。

（7）承保险别。按照投保单填写，并应与信用证规定相一致。

（8）保险理赔代理人由保险公司指定在目的地的代理人，赔付地点在货物目的地。

（9）保险公司签章。

五、装箱单

装箱单（Packing List）又称包装单，是作为商业发票的补充，详细描述货物包装的单据，主要作为进口地海关验货以及进口商提货的凭据。除散装货物外，装箱单一般为结汇不可缺少的单据。装箱单并无统一的格式，可根据货物种类和进口商要求而依据商业发票的大体格式制作。

一般情况下，装箱单除了合同编号、发票号码以外，还可包含：商品的名称、唛头、包装类型、颜色、尺寸、货物数量、包装数量、重量、体积等。

出口企业在制作装箱单时，需要注意以下内容：

（1）装箱单名称。单证名称应按照信用证规定使用。通常用"PACKING LIST"；如信用证要求提供重量单，则名称应写为"WEIGHT LIST"；如信用证要求提供尺码单，则名称应写为"MEASUREMENT LIST"。

（2）号码和日期。一般须填写发票号码与发票日期（如信用证未做规定，也可不注明出单日）；同时须标注该批货物的合同号和信用证号码。

（3）出单人名称和地址。注明出口商的名称和地址。除非信用证特别要求，否则银行可接受装箱单表面无抬头人。

（4）抬头人名称和地址。注明进口商的名称和地址。除非信用证特别要求，否则银行可接受装箱单表面无抬头人。

（5）唛头。填写唛头应与发票、提单、信用证和实物印刷完全一致；有时也可以只标注"AS PER INVOICE NO.×××"；若信用证未规定唛头，则出口商可自拟，或表示为"N/M"（NO MARKS）；当货物为散装货时，应表示为"N/M"。

（6）货物描述和包装方式。货物描述要求与发票一致；货名如果有总称，可以先注总称，然后逐项列明详细货名，并逐一注明每一包装件的货名、规格、品种；也可以只使用货物的统称。该栏目同时还应标注货物的包装方式及包装规格。

（7）箱号。箱号（C/NO.）即包装件号，应填写不同货号商品的包装序列号。有的信用证规定装箱单中应注明件号为"1-UP"。

（8）数量。应注明包装件内每件所包装货物的数量。如果货物有各种不同规格，则应将每种不同规格对应编号的包装件内的数量分别表示出来。

（9）包装件数。注明该批货物最大外包装件的件数。如果货物包装规格不同，则应将每种不同规格对应编号的包装件数分别表示出来。

（10）毛重、净重、体积。毛重应注明每个包装件的毛重和此包装件内不同规格、品种、花色货物各自的总毛重；净重应注明每个包装件的净重和此包装件内不同规格、品种、花色货物各自的总净重；体积则要求注明每个包装件的尺寸和总体积，计量单位是立方米，且数值通常需要保留三位小数。

（11）小写合计。此栏是对上述数量、包装件数、毛重、净重、尺码的合计，应采用小写，并纵向对齐。

（12）大写合计。此栏应采用文字描述，标注该单货物的总包装件数或总数量的合计，并以"ONLY"结束。

（13）自由处理区。自由处理区位于单据格式下方空白处，一般填写信用证中关于装箱单的特殊加注要求或出口商的声明文句，或者用于表达格式中其他栏目不能或不便表达的内容。

（14）签署。由出具装箱单的单位和负责人签字盖章，且签章应与发票签章一致。如果信用证无特别规定，装箱单、重量单和尺码单可不予签署。但当包装单据中含有证明文句时，则必须签署。如信用证规定包装单为中性包装时，则此栏应空白不签章。当信用证规定可以接受第三方单据时，装箱单也可由除受益人和厂家之外的任何第三方签发，但需注意其签名应为手签。

装箱单的格式见章后所附表 13-3。

六、检验证书

检验证书（Inspection Certificate）是由商检机构出具的关于货物品质、数量、重量、包装、卫生方面的证明文件。商检证书的名称及所列项目和检验结果应与合同及信用证规定相一致，以保证安全收汇。注意，商检证书出证日期不得迟于提单日期。

七、产地证明书

产地证明书（Certificate of Origin）是一种证明货物原产地或制造地的证明文件，它是供进口国海关核定进口货物的生产国别，从而确定应征进口税率的依据。

产地证一般有普通产地证、普惠制产地证和其他区域性优惠产地证。

（1）普通产地证。又称一般原产地证，在我国一般由中国国际经济贸易促进会或海关签发。

（2）普惠制产地证。发达国家向发展中国家提供普惠制优惠关税待遇的商品，须提供普惠制产地证，作为进口国海关减免关税的依据。我国的普惠制产地证书面格式称为 FORM A（格式 A），由海关签发。

（3）其他区域优惠产地证。FORM B（中国-亚太原产地证）、FORM E（中国-东盟原产地证）、FORM F（中国-智利原产地证）、FORM R（中国-秘鲁原产地证）等。

我国的普惠制产地证书（格式 A）见章后所附表 13-4。

八、领事发票

领事发票（Consular Invoice）是由进口国设在出口国的领事馆签发的一种特殊发票，这种发票证明出口货物的详细情况。使用领事发票的作用主要是进口国海关估价完税、核定货物原产地并据以征收差别关税的依据。

九、受益人证明

受益人证明（Beneficiary's Certificate）是根据信用证条款，由出口商签发的用来证实有关内容的书面证明，以便证明自己履行了信用证规定的任务或证明自己按信用证的要求办事，如证明所交货物的品质、证明运输包装的处理、证明已按要求寄单等。具体包括：寄出有关的副本单据、船样、样卡、码样、包装标签；商品已经检验；已发出装船通知等。

在进出口业务中除了上述一些常见单据外，还可能涉及其他一些单据，如装运通知副本、邮政/快递收据等。

在许多国家，出口方除了履行合同的程序外，还需要办理出口退税工作。出口退税是指对报关出口的货物退还在国内各生产环节和流转环节按税法规定缴纳的增值税和消费税，即出口环节免税且退还以前纳税环节的已纳税款。出口退税政策是为了增强本国商品在国际市场上的竞争力。在我国，出口企业申报出口退税时，税务局参考外汇局提供的企业出口收汇信息和分类情况，依据相关规定，审核企业出口退税。

---- 导入案例分析 ----

我方吸取的教训有：在出口合同中一般应明确买方开到信用证的期限，而在本合同中却未做出此项规定，欠周到；装运期为 8 月份，而出口公司直到 7 月底才开始催证，为时过晚；8 月 5 日收到简电通知后，即忙于装船，过于草率；收到信用证后理应认真地、逐字逐句地加以审核，而我方工作竟如此疏忽大意。

本章小结

在以 CIF 条件和即期信用证支付货款的出口合同下,出口方履行合同的程序通常要包括以下几个环节:落实信用证;备货、检验;租船订舱、投保、报关和装运;制单结汇。即证、货、运、款四个主要环节,每一个环节有其自身的特点,彼此之间又有着密切的内在联系。落实信用证是出口方的重要工作,出口方通常要做好催证、审证和改证三项工作。交付货物是出口方最基本的义务之一,备货工作主要包括:组织货源、催交货物、验货、刷唛等。租船订舱工作可由出口方自行办理,但一般委托货运代理人办理。出口报关包含以下几个环节:货物申报、单据审核、货物查验和征税放行。托运人凭大副收据向船公司或其代理换取提单。货物装运出境后,出口方应立即按照信用证的规定,缮制各种单据,并在信用证规定的交单期内送交银行议付货款。出口企业在制单时,应遵循"正确、完整、及时、简明、整洁"的原则。出口外贸业务中,涉及的单据种类很多,比较常见的单据有:汇票、商业发票、提单、保险单、装箱单、检验证书、产地证明书和海关发票等。

表 13-1　中华人民共和国海关出口货物报关单

预录入编号:		海关编号:		(××海关)		页码/页数:	
境内发货人	出境关别		出口日期		申报日期		备案号
境外收货人	运输方式		运输工具名称及航次号		提运单号		
生产销售单位	监管方式		征免性质		许可证号		
合同协议号	贸易国(地区)		运抵国(地区)		指运港		离境口岸
包装种类	件数	毛重(千克)	净重(千克)	成交方式	运费	保费	杂费
随附单证及编号							
标记唛码及备注							
项号	商品编号	商品名称及规格型号	数量及单位	单价/总价/币制	原产国(地区)	最终目的国(地区)	境内目的地	征免
特殊关系确认:		价格影响确认:		支付特许权使用费确认:		自报自缴:	
报关人员	报关人员证号		电话			海关批注及签章	
	兹申明对以上内容承担如实申报、依法纳税之法律责任						
申报单位		申报单位(签章)					

表 13-2　商业发票

Issuer:				******company			
				COMMERCIAL INVOICE			
To:				Invoice No.		Date:	
				S/C No.		L/C No.	
Transport details:	From			Term of Payment:			
	To			Term of Price:			
	by				Currency		USD
Customer No.	Po.No		Description of goods	Quantity	Package	Unit Price	Amount

TOTAL AMOUNT IN WORDS:
G.W / N.W:
Packed in:
Marks:
ISSUED BY

表 13-3　装箱单

Issuer:				******company				
				PACKING LIST				
To:				Invoice No.	Date:			
				S/C No.	L/C No.			
Transport details:	From			Term of Payment:				
	To			Term of Price:				
	by				Currency		USD	
Customer No.	Po. No	Description of Goods	Quantity	Package	G.W(KGS)	N.W(KGS)	Measurement(CM)	

G.W/N.W:
Packed in:
CBM:
Marks:
ISSUED BY

表 13-4　普惠制产地证明书（格式 A）

1. Goods consigned from (Exporter's business name, address, country)	Reference No. **GENERALIZED SYSTEM OF PREFERENCES** **CERTIFICATE OF ORIGIN** **(Combined declaration and certificate)** **FORM A** Issued in <u>THE PEOPLE'S REPUBLIC OF CHINA</u> See Notes overleaf			
2. Goods consigned to (Consignee's name, address, country)				
3. Means of transport and route (as far as known)	4. For official use			
5. Item number	6. Marks and numbers of packages	7. Number and Kind of package; description of goods	8. Origin Criterion (see Note overleaf)	9. Gross Weight or other quantity	10. Number and date of invoices
11. Certification 　　It is hereby certified, on the basis of control carried out, that the declaration by the exporter is correct. Place and date. signature and stamp of certifying authority	12. Declaration by the exporter 　　The undersigned hereby declares that above details and statements are correct; that all the goods were produced in CHINA and that they comply with the origin requirements specified for those goods in the Generalized System of Preferences for goods exported to <u>(importing country)</u> -- Place and date. signature and stamp of certifying authority			

思考与练习

一、填空题

1. 在货物装船以后，由船长或大副签发的收货单即称为_____。

2. 我国出具一般原产地证书的机构为_____或_____。

3. 在实际业务中，如买方不按时开来信用证，卖方有必要进行_____工作。

4. 实际业务中，_____和出口公司共同承担审证任务。

5. _____是卖方开立的载有货物名称、数量、价格等内容的清单，作为买卖双方交接货物、结算货款的主要单证。

6. 信用证中加列一些看似无所谓但实际是无法满足的信用证付款条件，这些条件通常称为_____。

7. 制单时，在提单的运费项目中，如为 CIF 和 CFR 条件，在提单上应注明_____；如为 FOB 条件，应注明_____。

8. 对于结汇单据，一般要本着_____、_____、_____、简明、整洁的原则来制作和审核。

9. 适用于一般商品的普惠制单据主要是_____。

10. _____是全套结汇单据的核心，是缮制其他出口单据的主要依据。

二、单项选择题

1. 一份 CIF 合同下，合同与信用证均没有规定投保何种险别，交单时保险单上反映出投保了平安险，该出口商品为易碎品，因此，（　　）。
   A．银行将拒收单据　　　　　　　　B．买方将拒收单据
   C．买方应接受单据　　　　　　　　D．银行应接受单据

2. 信用证修改通知书的内容在两项以上者，受益人（　　）。
   A．要么全部接受，要么全部拒绝　　B．可选择接受
   C．必须全部接受　　　　　　　　　D．只能部分接受

3. 商业发票的抬头人一般是（　　）。
   A．受益人　　　B．开证申请人　　　C．开证行　　　D．卖方

4. 海关发票及领事发票（　　）。
   A．都是由买方国家有关部门提供的
   B．都是由卖方国家有关部门提供的
   C．前者是由买方国家提供，后者是由卖方国家提供
   D．前者是由卖方国家提供，后者是由买方国家提供

5. 出口报关的时间应是（　　）。
   A．备货前　　　　　　　　　　　　B．装船前
   C．装船后　　　　　　　　　　　　D．货到目的港后

6. 海运提单中货物的描述（　　）。
   A．必须与信用证规定完全一致
   B．必须使用货物的全称
   C．只要与信用证对货物的描述不相抵触，可使用货物的统称
   D．必须与商业发票的填写完全一致

7. 出口公司收到银行转来的信用证后，侧重审核（　　）。
   A．信用证内容与合同是否一致　　　B．信用证的真实性
   C．开证行的政治背景　　　　　　　D．开证行的资信

8. 信用证的基础是买卖合同，当信用证与买卖合同不一致时，受益人应要求（　　）。
   A．开证行修改　　　　　　　　　　B．开证申请人修改
   C．通知行修改　　　　　　　　　　D．议付行修改

9. 信用证开出后，对方要求修改某些条款，则应（　　）。
   A．区别情况处理　　　　　　　　　B．不得批准
   C．按统一规定处理　　　　　　　　D．在半月内处理

10. 如果信用证未规定交单期限，则认为在运输单据签发日期后（　　）天内向银行交单

有效，但不能迟于信用证有效期

  A．7   B．15   C．21   D．30

11．向出口方索赔时，在以下的索赔依据中不必出具的是（ ）。

  A．提单   B．装箱单   C．发票   D．保险单

12．进口货物的质量与合同规定不符，则进口方应向（ ）提出索赔。

  A．卖方   B．承运人   C．保险公司   D．银行

三、判断题

1．催开信用证的方式除了直接向国外买方发出通知外，还可请银行和驻外机构配合协助催证。（ ）

2．审核信用证时，对于不符合合同规定的条款或不能接受的内容，受益人可以直接向开证行提出修改。（ ）

3．受益人接到信用证修改通知时，应做出接受或拒绝的表示。根据《UCP600》，受益人的沉默或不表态不等于对修改通知的接受。（ ）

4．同一信用证如有多处修改，原则上只能一次性提出；对于修改通知，可以接受其中一部分，也可以全部接受。（ ）

5．保险单的签发日期不得迟于提单出单日期。（ ）

6．开证行可以拒绝接受超过信用证总金额的商业发票。（ ）

7．修改信用证时，可不必经开证行而直接由申请人修改后交给受益人。（ ）

8．信用证修改申请只能由受益人本人提出。（ ）

9．商业发票无须签字。（ ）

10．凡迟于信用证有效期提交的单据，银行有权拒付。（ ）

11．汇票无论份数多少，每份具有同等效力。（ ）

12．《UCP600》规定正本单据必须注有"Original"字样。（ ）

13．海运提单要求空白抬头和空白背书，就是指不填写收货人和不要背书。（ ）

四、案例分析与计算

1．某外资企业出口货物一批，买卖合同与信用证均规定为 CIF 条件，货物装运后，出口企业在向轮船公司支付全额运费后取得了由船公司签发的已装船清洁提单。但制单人员在提单上漏打了"Freight Prepaid"字样。当时正遇市场价格下跌，开证银行根据开证申请人意见，以所交单据与信用证不符为由拒付货款。后几经交涉，最终以减价了案。对此，试予评论。

2．我国按 CFR 条件出口一批化工原料，国外开来信用证规定装运期为 3/4 月，未注明可否分批。我订舱时因数量较大，没有足够的舱位，而必须分 2～3 批装运。对此，我方是否应要求外商改证？

3．我国某进出口公司与日商在某年 11 月按 CIF 条件签订一份 10 万元棉布的合同，支付方式为即期信用证，日商于次年 3 月上旬通过银行开来信用证，经审核与合同相符，其中保险金额是发票金额加一成。我方正在备货期间，日商通过开证行送来一份信用证修改书，内容为将保险金额改为按发票金额加三成。我方按原证规定投保、发货并于货物装运后在信用证有效期内向议付行提交全套装运单据。议付行议付后将全套单据寄开证行，开证行以保险单与信用证修改书不符为由拒付。请问：开证行拒付的理由对否？为什么？

4. 我国某出口公司与外商就某商品按 CIF、即期信用证付款条件达成一项数量较大的出口合同，合同规定 11 月装运，但未规定具体开证日期，后因该商品市场价格趋降，外商便拖延开证。我方为防止延误装运期，从 10 月中旬起即多次电催开证，终于使该商在 11 月 16 日开来了信用证。但由于该商品开证太晚，使我方安排装运发生困难，遂要求对方对信用证的装运期和议付有效期进行修改，分别推迟 1 个月。但外商拒不同意，并以我方未能按期装运为由单方面宣布解除合同，我方也就此作罢。请问：我方如此处理是否适当，应从中吸取哪些教训？

5. 我国某外贸公司以 CIF 鹿特丹与外商成交出口一批货物，按发票金额 110% 投保一切险及战争险。售货合同中的支付条款只简单填写 "Payment by L/C"（信用证方式支付）。国外来证条款中有如下文句 "Payment under this Credit will be made by us only after arrival of goods at Rotterdam"（该证项下的款项在货到鹿特丹后由我行支付）。受益人在审证时未发现，因此未请对方修改删除。我某外贸公司在交单结汇时，银行也未提出异议。不幸 60% 货物在运输途中被大火烧毁，船到目的港后开证行拒付全部货款。对此，应如何处理？为什么？

第十四章 国际货物贸易进口合同的履行

Chapter Fourteen

学习目标

- ▲ 掌握进口合同的履行程序，能正确履行进口合同
- ▲ 掌握开立信用证的流程，能正确填写信用证开证申请书
- ▲ 掌握办理运输和办理保险的方式，能按合同规定完成相关工作
- ▲ 掌握审单和付款的要点，能根据合同规定完成付款
- ▲ 掌握进口报关、验收和拨交的要点，能正确完成货物进口报关纳税、验收手续
- ▲ 掌握进口索赔对象的确定和索赔期限，能正确完成索赔工作

导入案例

国外 G 公司以 CIF 价格条件引进一套德国产检测仪器，因合同金额不大，合同采用简式标准格式，保险条款一项只简单规定"保险由卖方负责"。到货后，G 公司发现一部件变形影响其正常使用。G 公司向外商反映要求索赔，外商答复仪器出厂经严格检验，有质量合格证书，非他们责任。后经商检机构检验认为是运输途中部件受到振动、挤压造成的。G 公司于是向保险代理索赔，保险公司认为此情况属"碰损、破碎险"承保范围，但 G 公司提供的保单上只保了"协会货物条款"（C），没保"碰损、破碎险"，所以无法索赔付。G 公司无奈只好重新购买此部件，既浪费了金钱，又耽误了时间。

买方与卖方经交易磋商达成一致意见签订进口合同后，双方都必须严格按合同规定履行各自的义务。买方开立信用证是履行合同的前提条件。买方应履行支付货款和受领货物的义务，同时还应随时关注卖方履行义务的情况，督促卖方履行交货、交单及转移货物所有权的义务。本章以 FOB 贸易术语和信用证方式支付货款的进口合同为例，介绍进口合同的履行程序，主要包括如下几个环节：开立信用证；办理运输与保险；审单和付款；报关、验收和拨交；进口索赔。

第一节 开立信用证

进口履约流程

一、开立信用证的时间

在信用证支付方式下，进口方应首先在合同规定的时间内到银行办理开证手续。如合同规定在装运期前若干天开立信用证并送达，进口方应按期向开证行提出申请并考虑信用证邮递的时间；如合同规定在出口方确定交货期后开证，进口方应在接到出口方通知后再行向银行申请开证；如合同规定在出口方领得出口许可证或支付履约保证金后开证，进口方应在收到出口方已领到许可证的通知或收到保证金后向银行申请开证。

二、开立信用证的程序

（1）开证申请人填写开证申请书。开证申请书是进口商为通过银行向出口商开立信用证而向开证银行提交的申请文件，由进口商按照开证银行提供的标准格式来填写。开证申请书的内容是开证行对外开立信用证的依据，因此，它的内容必须与进口合同的内容严格一致，这样才能保证信用证的内容与进口合同的内容一致，保证进口业务顺利进行。开证申请书的内容必须完整，其主要内容包括信用证种类、信用证号码、信用证有效期及到期地点、信用证金额、开证申请人和受益人、通知银行、各种单据、汇款条款、货物条款等。开证申请书中还必须明确说明据以付款、承兑或议付的单据种类、文字内容及出具单据的机构等。

（2）开证申请人向开证银行提交进口合同副本，交付一定的押金或提供保证人，并支付开证手续费。进口商向银行提出开证申请，还可能根据需要提交保证金进账单、保证金存款协议书、营业执照、法人代码证书、法定代表人的身份证明、财务报表和审计报告。

（3）开证行对开证申请书内容进行审核，对开证申请人的资信进行调查后，依据开证申请书内容开立信用证。银行则按开证申请书的内容开立信用证。信用证的内容是以合同为依据开立的，与合同内容应当一致。因此，合同条款如品质规格数量、价格、交货期、装运期、装运条件及装运单据等，都应在信用证中做出规定。

三、信用证的修改

信用证正本由开证行通过通知行交给出口方，同时开证行将一份副本信用证交给进口方作为审核备查之用。出口方收到信用证后，提出修改请求，如要求展延装运期和信用证有效期或变更装运港等，经进口方同意，即可向开证行办理改证手续。信用证开立后，如需要修改，应立即向开证行递交修改申请书，要求开证行办理修改信用证的手续。

第二节 办理运输与保险

一、办理运输

以 FOB 贸易术语成立的合同，一般由买方办理运输。在我国进口业务中，租船订舱工作可委托对外贸易运输公司或其他外运代理机构办理，也可直接向中国远洋运输公司办理。

如果合同规定出口方应在交货前一定时间内将预计装货期通知进口方，那么进口方在接到此项通知后，应及时办理租船订舱手续。在办妥租船订舱手续后，应于规定的期限，将船名、船期通知出口方，以便出口方做好装货准备。进口方还应随时了解和掌握出口方备货和装货前的准备工作，及时督促做好催装工作。对于大宗货物或重要的物资，在交货期前一两个月就应电催装运，必要时可委托我驻外商务机构或派员督促出口方按时履行交货义务。货物装运后，出口方应及时向进口方发出装船通知，以便进口方办理保险和接货准备。

> **小资料**
>
> **国际货运代理**
>
> 国际货运代理（International Freight Forwarding Agent）简称国际货代，是指国际货运代理组织接受进出口货物收货人、发货人的委托，以委托人或自己的名义，为委托人办理国际货物运输及相关业务，并收取劳务报酬的行业。

从国际货运代理的基本性质看，其主要是接受委托方的委托，安排有关货物的运输、转运、仓储、装卸等事宜。国际货代一方面与货物托运人订立运输合同，另一方面又与运输部门签订合同，对货物托运人来说，其又是货物的承运人。相当部分的货代掌握各种运输工具和储存货物的库场，在经营其业务时办理包括海陆空在内的货物运输。

国际货运代理的主要业务范围：

（1）代表发货人：①选择运输路线、运输方式和适当的承运人；②向选定的承运人提供揽货、订舱；③提取货物并签发有关单证；④研究信用证条款和所有政府的规定；⑤包装；⑥储存；⑦称重和量尺码；⑧安排保险；⑨将货物的港口后办理报关及单证手续，并将货物交给承运人；⑩做外汇交易；⑪支付运费及其他费用；⑫收取已签发的正本提单，并付发货人；⑬安排货物转运；⑭通知收货人货物动态；⑮记录货物灭失情况；⑯协助收货人向有关责任方进行索赔。

（2）代表收货人：①报告货物动态；②接收和审核所有与运输有关的单据；③提货和付运费；④安排报关和付税及其他费用；⑤安排运输过程中的存仓；⑥向收货人交付已结关的货物；⑦协助收货人储存或分拨货物。

（3）作为多式联运经营人：收取货物并签发多式联运提单，承担承运人的风险责任，对货主提供一揽子的运输服务。

（4）其他服务：如根据客户的特殊需要进行监装、监卸、货物混装和集装箱拼装拆箱运输咨询服务、特种货物的运输服务及海外展览运输服务等。

二、办理保险

以 FOB 贸易术语成立的合同，一般由进口方负责办理投保手续，具体的货物运输保险有两种方式：

1．预约保险

大部分外贸进口企业都与保险公司签订有预约保险合同。在预约的保险合同中对货物的投保险别、保险费率、适用的保险条款、保险费及赔偿支付方法等均做了明确的规定。外贸进口企业接到国外出口商的装运通知后，只需按要求填写进口货物装货通知，将船名、启运日期、启运口岸、航线、商品名称、数量、金额等必要内容一一列明，提交保险公司，保险公司则自动对该批货物承保责任。这种预约保险的保险方式，手续简便，能保证货物及时投保。

2．逐笔投保

在没有与保险公司签订预约保险合同的情况下，对进口货物则需逐笔投保。外贸进口企业在收到出口方的发货通知后，应立即向保险公司办理投保手续，选择适当的保险险别，确定投保金额、保险费率、适用条款、保险费及赔偿支付方法等，填写投保单，保险公司接受承保后签发一份正式保单，投保即告成立。如外贸进口企业没能及时向保险公司投保，货物在投保之前的运输途中发生损失时，保险公司不予赔偿。

保险公司对海运货物的责任期限，一般是从货物在国外装运港装上海轮起生效，到保险单载明的国内目的地收货人仓库或后者存储所为止。如货物未抵达规定仓库或储存处所，则以货物卸离海轮后 60 天为止，如不能在此期限内转运，可向保险公司申请延期，延期最高为 60 天。

第三节 审单和付款

货物装运后,出口方将汇票和全套装运单送交当地信用证指定议付银行议付货款,议付行随即将汇票和全套货运单据转寄开证行或其指定的付款行。开证行收到寄来的单据后,必须按"单内相符,单证一致,单单一致"的原则合理审慎地审核单据。开证行只对单据表面上是否与信用证规定条款一致和单据与单据间是否一致负责,而对单据的真伪性不负责任,也对单据涉及的有关当事人的资信情况不负责任。因此,当开证行审核单据后认为单据表面上符合要求,开证行即履行付款义务;如单据表面上与信用证规定条款不符,一般情况下,开证行将与进口方联系告知不符情况,进口方表示可以接受,即可指示开证行付款;进口方不能接受,也可指示开证行拒付或采取货到检验后付款,或采用由国外议付行通知发货人更正单据后再付款或凭受益人或议付行出具担保书后付款等变通的方法。

根据《UCP600》规定,如果开证行或保兑行(如有的话)或其他指定银行决定拒绝接受单据,则必须在收到单据次日起 7 个银行工作日以内,以电信方式或其他方式,通知寄单银行或受益人(如单据由受益人直接向银行提交),并说明银行据以拒收单据的所有不符点,还须说明单据是否保留以待交单人处理,或退还交单人。

开证行履行付款义务的同时,即通知进口方向开证行付款赎单,进口方则付款获得单据,以便报关、接货。

第四节 进口报关、验收和拨交

一、进口报关

进口货物须通过设有海关的地方进境,接受海关的监管。因此,当进口货物的收货人或其代理人抵达卸货港后,应办理进口报关手续。

进口报关法定申报时限为自运输工具申报进境之日起 14 天内,超过 14 天期限未向海关申报的,由海关自第 15 天起按日征收进口货物完税价格的 0.5‰的滞报金。滞报金的起征点为人民币 50 元。超过 3 个月未向海关申报的,由海关提取变卖。加收滞报金目的在于加速口岸疏运、提高海关通关效率、促使进口货物收货人按规定时间申报。其计算公式为

$$应征滞报金金额 = 进口货物完税价格 \times 0.5‰ \times 滞报天数$$

进口报关时,须填写进口货物报关单,报关单的内容应如实反映货物的情况,瞒报、伪报或申报不实的,经查实将受法律制裁。收货人或其代理人向海关提交进口货物报关单时还应随附其他单据,如提货单、发票、装箱单、进口货物许可证、减免税证明或海关认为有必要提供的进口合同、厂家发票、产地证明等文件。

海关接受申报后,对进口货物的报关单和随附的单据审核后,认为单证完整一致,即可对进口货物进行实际的核对查验以确认货物是否与报关单所列一致。查验进口货物应在海关规定的时间和海关监管区域内的仓库、场地进行,进口货物的收货人或其代理人应该到场协助海关查验。必要时海关也可派员到收货人的仓库场地查验,进口货物申报人在进口货物接受海关查验后,应当在海关签发税款缴款书后的次日起 7 个工作日内向指定银行缴纳税款。

进口货物在办完向海关申报,接受查验,缴纳关税等手续后,由海关在货运单据上签字或盖章放行,这种行为称为结关或放行。进口货物的收货人或其代理人持海关签章放行的货运单

据在港区办理提取货物的手续。未经海关放行的货物，任何单位和个人不得提取。

对于应纳关税的单位或个人，如在规定的期限内未向海关缴纳依法应缴纳的税款，海关依法在原应纳税款的基础上，按日加收滞纳税款。滞纳金是海关税收管理中的一项行政强制措施。按照《海关法》和《关税条例》的规定，纳税人或其代理人应当自海关填发税款缴款书之日起15天内缴纳税款。逾期缴纳的进口货物的关税，由海关按日征收税款的0.5‰的滞纳金，滞纳金起征额为50元。其计算公式为：

$$关税滞纳金金额 = 滞纳关税税额 \times 0.5‰ \times 滞纳天数$$

小资料

自理和代理报关企业的区别

（1）自理报关单位是经经贸管理部门批准，有进出口经营权的企业。自理报关单位可以对外签约，并只能向海关办理本身所签约项下的进出口货物的报关手续，不能代办其他单位签约的货物报关手续。

（2）代理报关企业是具有有关部门批准的对外贸易仓储运输、国际运输工具、国际运输工具服务及代理等业务经营权，兼营报关服务业务的企业。代理报关企业是历史沿袭而成的，如外运、外代公司等。其只能代理该企业所承揽的货物的报关业务。

二、验收

凡属法定检验的进口货物，或非法定检验而合同约定须进口方复验的进口商品，或既非法定检验商品，又非合同约定检验的商品在口岸卸货时已残损或短缺的，都应向商品检验机构申请检验。收货人或其代理人收到货物后必须在规定的期限内，填写进口商品检验申请书，提交商检机构并随附进口合同、发票、装箱单、提单、报关单等单据。商检机构实施检验，检验合格的，出具检验合格证书；检验不合格的，签发检验证书，收货人可持检验证书索赔。

三、拨交

如果进口方进口的货物是销售给国内用户的，则在完成了上述手续后，进口方即可将进口货物拨交国内用户。如果用户约定在卸货港口接货，由外运机构就地办理拨交手续，进口方直接与用户进行结算；如果用户不在卸货港口接货，则进口商安排国内运输，将货物转运国内，在约定地点拨交给用户，运输费用由国内运输公司与进口方结算，进口方再与国内用户办理结算手续。

第五节　进口索赔

在进口业务中，有时会由于卖方的违约行为，或由于运输过程中承运方的过失，或由于运输过程中的自然灾害、意外事故等造成货物的损失，致使买方的利益受损，在这些情况下，买方有权向责任方提出索赔。

一、向卖方索赔

由于卖方违反合同规定，比如：交货数量不足，所交货物品质规格部分或全部与合同规定不符；包装不良致使货物受损，未按期交货或拒不交货等。在这些情况下，买方可视情况轻重而采取不同的补救措施，如果卖方的违约行为已构成根本违约，则买方有权宣告合同无效，同时要求损害赔偿，进行索赔。如果卖方的违约行为未构成根本违约，则买方可要求卖方交付替代物，或要求卖方对货物进行修理，或要求降价，或要求交付替代物，同时要求损害赔偿，进行索赔。

买方向卖方索赔时，应备妥足够的证据，如公证报告、检验证书、破损证明、提单副本、发票、装箱单等证明文件。并且，买方应在合同规定的索赔期限内提出索赔，逾期提出，卖方有权不受理。如果合同中没有规定索赔期限，而货物检验中又不易发现货物缺陷的，按《联合国国际货物销售合同公约》规定，买方行使索赔权的最长期限是自实际收到货物之日起不超过2年；而我国法律规定，自当事人知道或者应当知道其权利受到侵犯之日起4年为限。

二、向承运人索赔

在进口业务中，如果到货数量少于提单所载数量，或货物的残损、遗失是由于承运人造成的，则应向承运人提出索赔。

索赔时，买方应向承运人提交港务局签发的理货报告和大副签发的短缺或残损证明，以及提单副本、发票、装箱单、检验证书等证明文件。向承运人提出索赔的期限为货物到达目的港交货后1年之内，逾期失效。

三、向保险公司索赔

凡属下列情况之一的均可向保险公司索赔：由于自然灾害、意外事故或运输途中其他事故致使货物受损，并且属于承报险别责任范围内的；凡承运人不予赔偿或赔偿金额不足抵补损失的部分，并且属于承保险别责任范围内的。

索赔时，应提交保险单，保险公司的检验报告，并随附索赔清单、发票、装箱单，提单副本等证明文件。向保险公司提出索赔的期限为被保险货物在卸货港全部卸离海轮后2年内。

导入案例分析

G公司业务人员想当然地以为合同规定卖方投保，卖方一定会保"一切险"或伦敦"协会货物条款"（A），按照《2020年通则》的解释，在CIF条件下，如果合同没有具体规定，卖方只需要投保最低责任范围险别，即平安险或伦敦"协会货物条款"（C）就算履行其义务。

经验教训：

（1）当进口合同使用CIF、CIP，由卖方投保的价格术语时，一定要在合同上注明按发票金额的110%投保的具体险别以及附加险。

（2）进口合同尽量采用CFR、CPT等价格术语，由买方在国内办理保险。

（3）根据货物的特点选择相应的险别和附加险。

本章小结

在以FOB贸易术语和信用证方式支付货款的进口合同下，进口方履行合同的程序包括：申请开立信用证；办理运输与保险；审单和付款；报关、验收和拨交；进口索赔。信用证应在合同规定的期限内开立。进口方办理货物运输保险有两种方式：预约保险和逐笔投保。在国际贸易出口业务中，可能由于各种原因使货物遭受损失，由此给买方带来经济上的损失，买方可在索赔期限内向责任方如卖方、承运方或保险公司等提出索赔，同时须注意对不同的责任方提出索赔的期限是不同的。

思考与练习

一、填空题

1. 我国《海关法》规定，进口货物的收货人应当自运输工具申报进境之日起_____天内填写进口货物报关单向海关申报。超期未报的，由海关征收滞报金。
2. 进口货物到货后，进口公司可委托货运代理公司或报关行或自行根据进口单据填制_____，向海关申报。
3. 从国际货运代理的基本性质看，其主要是接受_____的委托，安排有关货物的运输、转运、仓储、装卸等事宜。
4. 进口合同签订后，进口方按合同规定填写_____向银行办理开证手续。
5. 按照《海关法》和《关税条例》的规定，纳税人或其代理人应当自海关填发税款缴款书之日起_____天内缴纳税款。
6. 进口索赔可能的对象有_____、_____和_____。
7. 以 FOB 贸易术语成立的合同，进口方负责办理投保手续，具体的货物运输保险有两种方式：_____和_____。

二、单项选择题

1. 申请开证前，要落实的事情是（   ）。
   A. 进口批准手续及外汇来源   B. 货物入境通关手续
   C. 货物检验手续   D. 货物的保险手续
2. 信用证开立后，应由一家通知行进行通知，确定通知行的做法是（   ）。
   A. 由进口商和出口商商定   B. 由受益人选择
   C. 由开证行指定   D. 由开证申请人指定
3. 在 CIF 价格条件下，开证申请书应表明要求卖方提交的提单有（   ）字样。
   A. 运费已付   B. 保费已付   C. 清洁提单   D. 运费未收
4. 填写开证申请书，应写明对信用证的各项要求，内容要明确、完整，无词意不清的记载，应与合同条款的具体规定（   ）。
   A. 必须严格一致   B. 可以略加修改
   C. 可以抛开   D. 可以超越
5. 进口企业审单时，单证一致的同时，还必须单单一致，在单据中处于中心地位的单据是（   ）。
   A. 提单   B. 汇票   C. 商业发票   D. 保险单
6. 信用证的开证时间，如果合同只规定最后装运期，那么买方应在合理的时间内开证，这个时间是（   ）。
   A. 在发票日之前
   B. 装运期的最后一天
   C. 不晚于保险单日期
   D. 一般掌握在合同规定的交货期前半个月或一个月开到卖方
7. 开立信用证时要注意信用证和合同一致，必须做到或标明（   ）。
   A. 使用"参阅第××号合同"或"第××号合同项下货物"等条款

B．以对外签订的买卖合同（包括修改后的买卖合同）为依据，合同中规定要在信用证上明确的条款都必须列明

C．将有关合同作为信用证附件附在信用证后

D．标明信用证是合同的附属文件

8．在信用证支付方式下，只要单据表面与信用证条款相符合，开证行就必须按规定付款，所以，进口人应尽量做到（　　）。

A．在申请开证时，应按合同有关规定转化成有关单据，具体规定在信用证中

B．只要在信用证申请书详细阐明即可，不用列明应提交与之相应的单据

C．与出口人建立深厚的友谊

D．委托一个机构全权监督出口方的行为

9．信用证开出后，对其中条款的修改，下列说法正确的是（　　）。

A．不容许任何形式的修改

B．只能在一定范围内修改

C．在信用证有效期内，任何一方的任何修改，都必须经买卖双方协商一致同意后，由申请人通过开证行办理修改

D．买卖双方都可直接要求开证行修改

10．进口货物单据的审核，是进口合同履行过程中的一个重要环节。如采用信用证支付方式，一般审核单据的单位是（　　）。

A．只由开证行审核即可

B．只由进口企业审核即可

C．只由议付行审核即可

D．由开证银行和进口企业共同对货物单据进行审核

三、判断题

1．开证申请书既是开证行开立信用证的根据，又是开证行与开证人之间法律性的书面契约。　　　　　　　　　　　　　　　　　　　　　　　　　　　　　　　　　　（　）

2．开证申请书中信用证金额，可用数字或文字其中一种形式表示，并且要表明币种。
　　　　　　　　　　　　　　　　　　　　　　　　　　　　　　　　　　　　　（　）

3．信用证内容一般都依据《UCP600》开出，所以没有必要注明各项条款符合该惯例的规定和解释。　　　　　　　　　　　　　　　　　　　　　　　　　　　　　　　　（　）

4．申请开证中对所需要的单据条款，包括所需单据的种类、份数、出具单据的机构，以及其他特殊要求都要注明。　　　　　　　　　　　　　　　　　　　　　　　　　（　）

5．按《联合国国际货物销售合同公约》规定，买方行使索赔权的最长期限是自实际收到货物之日起不超过2年。　　　　　　　　　　　　　　　　　　　　　　　　　　（　）

6．进口人在向银行申请开证时，只要填写开证申请书即可，不必递交进口合同的副本以及所需附件，如进口许可证。　　　　　　　　　　　　　　　　　　　　　　　　（　）

7．进口贸易如以信用证为主要支付方式，由于它是以符合信用证规定的货运单据为条件支付货款，所以有较大风险。　　　　　　　　　　　　　　　　　　　　　　　　（　）

8．如以CIF和FOB贸易术语成交，进口商在接到国外出口商发来的装船通知后，即应填制投保单或预约保险启运通知书向保险公司投保。　　　　　　　　　　　　　　（　）

9. 按 FOB 术语成交的进口合同，货物采用海洋运输，就由卖方负责租船订舱工作。
（　）

10. 目前，我国的进口索赔工作，属于船方和保险公司责任的一般由货运代理或运输公司代办。
（　）

四、案例分析与计算

1. 北京某公司向日本某商进口一批钢材，货物分两批装运，支付方式为即期信用证，每批分别由中国银行开立一份信用证。第一批货物装运后，日商在有效期内向银行交单议付，中国银行审单后，即向该商议付货款。该公司在收到第一批货物后，发现品质与合同不符，因而要求开证行对第二份信用证项下的单据拒绝付款，但遭到中国银行拒绝。试对此予以评述。

2. 我国进口商 A 公司与美国出口商 B 公司签订合同进口木材，采用信用证方式结算。A 公司在开证申请书上注明禁止转运，并且要求提交的运输单据种类为海运提单。开证行根据开证申请书使用 SWIFT 开出信用证。B 公司提交的海运提单包含了海运全程运输，并且提单上注明"CONTAINER SHIPMENT TRANSSHIPMENT WILL TAKE PLACE"。开证行审单以后指出单据相符，对外付了款。申请人 A 公司收到单据后指出开证行未尽详细审单职责，不应对外付款，因为单据有不符点，理由是提单上显示了转运语句。请问：A 公司所提出的不符点成立吗？为什么？

3. 我国昆明市的甲公司委托青岛市的乙公司进口机床一台，合同规定买方对货物品质不符合同的索赔期限为货到目的港 30 天内。货到青岛市后，乙公司即将货转至昆明市交甲公司。由于甲公司的厂房尚未建好，机床无法安装，半年后，待厂房完工，机床装好，经商检机构检验，发现该机床均系旧货，不能很好运转，遂请乙公司向外提出索赔，外商置之不理。对此，我方应吸取什么教训？

4. 某公司以 CIF 鹿特丹出口食品 1 000 箱，即期信用证付款。货物装运后，凭已装船清洁提单和已投保一切险和战争险的保险单，向银行收妥货款。货到目的港后经进口人复验，发现下列情况：

（1）该批货物共有 10 个批号，抽查 20 箱，发现其中 2 个批号涉及 200 箱内含沙门氏细菌超过进口国标准。

（2）收货人共收 998 箱，短少 2 箱。

（3）有 15 箱货物外表状况良好，但箱内共短少货物 60 千克。

试根据以上情况分析，进口商应分别向谁索赔，并说明理由。

参 考 文 献

[1] 黎孝先，王健. 国际贸易实务 [M]. 7 版. 北京：对外经济贸易大学出版社，2020.
[2] 中国报关协会. 关务基础知识 [M]. 北京：中国海关出版社有限公司，2020.
[3] 中国报关协会. 关务基本技能 [M]. 北京：中国海关出版社有限公司，2020.
[4] 中国国际商会 / 国际商会中国国家委员会. 国际贸易术语解释通则 2020[M]. 北京：对外经济贸易大学出版社，2020.
[5] 毕甫清. 国际贸易实务与案例 [M]. 3 版. 北京：清华大学出版社，2018.
[6] 陈岩. 国际贸易理论与实务 [M]. 3 版. 北京：机械工业出版社，2019.
[7] 刘珉. 国际贸易实务 [M]. 2 版. 北京：中国人民大学出版社，2019.
[8] 孙国忠，滕静涛，杨华. 国际贸易实务 [M]. 4 版. 北京：机械工业出版社，2016.
[9] 朱简，龚江洪. 报关报检实务 [M]. 杭州：浙江大学出版社，2019.
[10] 谈璐，刘红. 跨境电子商务实操教程 [M]. 北京：人民邮电出版社，2018.
[11] 林悦，徐军. 国际贸易实务 [M]. 北京：北京理工大学出版社，2018.
[12] 牛慈康. 国际贸易实务 [M]. 北京：对外经济贸易大学出版社，2017.
[13] 闵海燕，韩涌. 国际贸易实务 [M]. 北京：北京理工大学出版社，2017.
[14] 傅龙海. 国际贸易实务 [M]. 3 版. 北京：对外经济贸易大学出版社，2016.
[15] 易露霞，方玲玲，尤彧聪. 国际贸易实务案例教程（双语）[M]. 2 版. 北京：清华大学出版社，2016.
[16] 姚大伟，马朝阳. 国际贸易实务 [M]. 2 版. 上海：上海交通大学出版社，2015.
[17] 赵全海，冯晓宁. 国际贸易理论与实务 [M]. 2 版. 北京：中国人民大学出版社，2015.
[18] 易海峰. 国际贸易理论与实务 [M]. 南京：南京大学出版社，2015.